➤ 在通县寓所，与乡亲共度一九九一年春节。

刘绍棠

中国乡土文学作家。一九三六年二月二十九日生于北京通州大运河畔的儒林村。一九四八年参加革命。一九四九年开始发表作品。一九五三年加入中国共产党。--九五四年考入北京大学中文系学习。一九五六年加入中国作家协会，从事专业创作。至一九五七年被划右派时，已出版了《青枝绿叶》《山楂村的歌声》《运河的桨声》《夏天》《中秋节》《瓜棚记》《私访记》等七本书。

一九七九年右派冤案得以改正，重获创作权利。带病顽强拼搏了十八年，为后人留下了五百多万字的乡土作品。即十二部长篇小说：《春草》《狼烟》《地火》《豆棚瓜架雨如丝》《这个年月》《敬柳亭说书》《十步香草》《京门脸子》《野婚》《水边人的哀乐故事》《孤村》《村妇》。二十多部中篇小说：《蒲柳人家》《渔火》《瓜棚柳巷》《花街》《草莽》《荇水荷风》《蒲剑》《鱼菱风景》《小荷才露尖尖角》《绿杨堤》《烟村四五家》《柳伞》《年年柳色》《青藤巷插曲》《黄花闺女池塘》《碧桃》《二度梅》等。两部短篇小说集：《青枝绿叶》《蛾眉》。十一部散文短论集：《乡土与创作》《我与乡土文学》《一个农家子弟的创作道路》《我的创作生涯》《论文讲书》《乡土文学四十年》《蝈笼絮语》《如是我人》《红帽子随笔》《我是刘绍棠》《四类手记》。

《京门脸子》获得北京市优秀长篇小说奖。《敬柳亭说书》获得首届中国大众文学优秀长篇小说奖。《蒲柳人家》获得全国优秀中篇小说奖。《蛾眉》获得全国优秀短篇小说奖。中短篇小说多种被译成英、法、德、俄、日、西班牙、泰国、孟加拉、阿尔巴尼亚等国文字。

上世纪八十年代以来，不遗余力地倡导乡土文学，创作上坚持“中国气派，民族风格，地方特色，乡土题材”。他的全部作品，都是写大运河的乡土乡亲，形成了独具特色的大运河乡土文学体系。

刘绍棠文集

孤　村

刘绍棠／著

北京出版集团公司
北京十月文艺出版社

1

自从北运河边有我们鱼菱村那一天起，我们鱼菱村就有了互认干亲的习俗。

认干亲的目的各不相同，大致可分两类。一类是两家或几家之间，为了亲上加亲，好上更好，抱成一团，形成势力，完全是拉帮结伙。一类是为了逢凶化吉，消灾解难，趋福避祸，攘除克妨。大多数认干亲的人家，都属后一类。

被认作后一类干爹或干娘的人，十有八九是鳏、寡、孤、独，少年丧父，中年丧夫（妻）、老年丧子的男女，是最佳人选。

我从一九五八年暮春，到一九七八年中秋，头戴“右”字号铁帽子，猫在鱼菱村二十年三个月零四天，共收下干儿子三十六名，相当于三个班一个排，真可谓熟透的石榴满兜籽儿。

然而，我回村时只有二十挂零儿，父母健在，妻子也没有离婚，老年晚景更难预料，当干爹哪一条都不够格，何以竟能门庭若市，收下的干儿子如此众多呢？

这都怪杨二婶子打乱常规破了例，于是一发而不可收。

杨二婶子俊俏而又泼辣，我自幼就喜欢跟她亲近。在我上中学之前，她和我只有长幼之分，没有男女之别，打闹起来下手不知轻重，毫无顾忌。谁想，我上中学之后个子蹿了一头，身子粗了一圈儿，一变而为半大小伙子，杨二婶子的丈夫便警觉而多疑起来。这位比杨二婶子大九岁的杨二叔，老是怀疑杨二婶子不守妇道，一瞒二骗，跟我早有不可告人的勾当。杯弓蛇影，邻人窃斧，杨二叔越看越觉得杨二婶子心中有鬼，一动一静都活像狐媚子，打定主意捉奸拿双。

鱼菱村男女野合，夏季多在歇晌时分，扎柳棵子钻高粱地。杨二叔不怕酷暑毒热，一到歇晌便村前村后蹚柳棵子，村左村右串高粱地，晒出满头的痱粒子，全身被高粱叶子割出一道道血口；只落个捕风捉影，水中捞月，一无所得，空手而回。

他家在村西口外有二亩瓜田。白天杨二婶子看瓜，天一黑杨二叔守夜。西瓜大如斗，甜瓜一兜蜜，面瓜能当饭，香瓜醉倒人。我是个瓜痨，可以十天不吃肉，却不能一天不吃瓜，便每日都到杨家瓜园大饱口福。同时，东家子长，西家子短，天上一拳，地下一脚，跟杨二婶子打牙逗嘴儿。杨二婶子这个有夫之妇，算不算跟我调情取乐？我不知道。

瓜园四处是青纱帐，青纱帐像四堵篱墙，围住了瓜园的瓜楼。瓜楼上门板搭床，正是杨二叔的疑点。

杨二婶子这一年二十四岁，已经生下两个女儿。北运河旧俗，已经生过孩子的妇人之身，到夏天可以光膀子，连公公和大伯子也不怎么避讳。我是杨二婶子的晚辈，在她眼里又是个乳臭未干的黄口小儿，所以她在我的面前更是百无禁忌，暴露无遗。

我在瓜楼旁的伞柳浓荫下吃瓜，杨二婶子在瓜楼的门板床上给小二儿喂奶。天气热得如蒸似烤，我跟杨二婶子都被蒸烤得昏昏欲睡。有时，杨二婶子从瞌睡中睁一睁眼，正跟我偷看她的目光碰在一起，两人都哑然一笑，颇像眉目传情。我们都没想到，在一箭之外的高粱地里，杨二叔抻长了耳朵，瞪圆了眼睛，监视着瓜园里正在发生的敌情。

一个西瓜一筲水，我吃完一个西瓜，便是一筲水入肚，急忙跑进高粱地方便，解除一下水压肚胀。

突然，一簇豆丛下，有人哇呀一声。杨二叔像一只落汤鸡，连滚带爬从高粱地里窜逃而出。

“哈哈哈哈！”瓜楼上奶孩子的杨二婶子，打滚儿大笑，“高粱地里浇出了狗尿苔。”

杨二叔抹头擦脸，龇牙骂道：“你这个烂嘴娘儿们，一句话骂下两个人！”

“活该，骂的就是你！”杨二婶子从小二儿嘴里拔出奶头，翻身跳下了瓜楼，“这些日子天天歇晌时，你高粱地里蹲坑。我后脑勺子上有千里眼，你一举一动，全看见了。”

“二叔，原来您是防我偷瓜呀！”我怒火中烧，气得鼻子冒烟，“一个十斤的西瓜值多少钱，我买得起。”

“瓜舍得给你吃。”杨二婶子一声冷笑，“他贼心烂肺，是怕你偷他的老婆。”

杨二叔被揭了底，脸涨成猪肝色，恼羞成怒，反唇相讥：“你剃头挑子一头热，还知道天有多高，地有多厚吗？刘家大侄子是两榜进士的功名，当朝一品的前程，怎会看上你这个满身馊汗的丑婆儿？”

“这才算一句人话！”杨二婶子狠啐杨二叔一口，“大侄子跟我说了，他早有了对象。不是皇上王爷家的公主格格儿，也是将门虎女，千金小姐。”

“二婶子，您嘴下留情……”我想扑过去捂她的嘴，又怕杨二叔怀疑我趁机找便宜。

杨二婶子瞟了我一眼，嬉笑道：“我知道当大官儿的都是真人不露相，你那老丈人也不许你泄露天机。”

杨二叔忙说：“大侄子，挑个黄道吉日，你把侄媳妇带回村来，给乡亲们开开眼。”

“大胆！”杨二婶子喝道，“侄媳妇是兵马大元帅的女儿，上学都得一个连护卫，出城至少一个团保驾，你管得起住还是管得起吃？”

杨二叔连连摆手说：“我可担当不起。”

这个无中生有的故事，一口传十耳，不到几天就传出鱼菱村，扩散到大运河滩的几十个村庄。至今，我的乡亲们中还有不少人宁肯信其有，不愿信其无。

我戴帽回村，杨二婶子正在月子里，两个丫头之后生了个小子，没有不开张的油盐店。满月那天找瞎子算命，才知道儿子是水命，杨二叔是火命，父子水火不相容。杨二叔得个儿子是大喜，被儿子克死却又是大忧。瞎子指路，认个命硬的干爹，就可解脱。

“认谁好呢？”杨二叔犯了愁。

“刘家大侄子回来了，就认他吧！”杨二婶子眨眼就出个主意，“他犯下欺君大罪，免了死也没有坐牢，只落个削职为民，能说命不大吗？”

“辈分不合呀！”杨二叔很不情愿吃这个亏。

“仨多俩少都不懂的夯货！”杨二婶子怒骂，“为了捡条命，你还怕矮一头吗？”

“刘家大侄子的命相，降得住咱家儿子吗？”

“他是大河水命，咱家儿子是畦沟水命，还能沾他的光。”

“你怎会知道？”

“被窝里枕头边听来的！”

杨二叔一见杨二婶子暴怒，赶忙给舌头挽了个疙瘩。

两口子拎着一个猪头两只羊腿，光临窝藏我这个戴罪之身的茅庐。杨二婶礼下于我，我当然有求必应，何况在辈分上还提升了一级。我给干儿子起名叫金蛋，杨二婶子笑口大开，杨二叔也喜形于色。

2

金蛋长到两三岁，咿呀学语，蹒跚学步。这个孩子天生跟我有缘分，越是在大庭广众之下，越爱扎进我的怀抱，叫爹不止。我在杨二婶子身上并无邪念，却喜欢当众取巧，不管村头地边，还是井台磨坊，只要人多，我就命令金蛋管我叫爹管她叫娘。

杨二婶子的脸皮，虽然已经厚得能磨剃刀子，可也怕叫多了弄假成真。金蛋上小学，杨二婶子亲自起名叫正根，表明货真价实，没有半点掺假。

金蛋刚念到小学二年级，就闹开了十年内乱，鱼菱村也翻了天。造反派有两大对立阵营。杨二叔和杨二婶子牛蹄两瓣儿，各站一个营垒。

从口舌之争到动手厮打，后来更不在一张桌子上吃饭，一条炕上睡觉。两人都想离婚，可又谁也不愿先开口，怕的是有损各自阵营的名声。

杨二婶子不但比杨二叔能言善辩，而且比杨二叔大有心机妙算。几场派仗打下来，杨二婶子在他们那红满天造反团里，荣升三把手。相形之下，杨二叔可算“朽木不可雕也，粪土之墙不可圬也”。在他们那个满天红战斗队里，只是个跑龙套的，而且只是个跟着哄的四旗儿。

为了打败红满天，满天红的头目想从杨二婶子身上打开缺口。大字报糊满半条街，一条标语上写着十三个斗大的字：“杨二屋里的，你的金蛋从何而来？”还有一幅漫画，更是引人注目。四大张高粱纸粘影壁，浓墨重彩把杨二婶子画得活像《乌龙院》的阎婆惜。上身红袄儿，下身绿裤儿，两脚穿一双开绽裂帮漏底的绣花鞋。在她胯下，趴着一个头戴牛鬼蛇神高帽子，鼻梁上架着深度近视眼镜的小丑。此人是谁？不言自明。

杨二婶子心中无愧不怕半夜三更鬼叫门，杨二叔却不肯戴这顶横加头上的绿帽子。

“我那个娘儿们虽说站错队，好歹也是贫下中农；就算她是破鞋，也不许老右穿呀！”杨二叔粗脖子红脸，沿街叫骂。他肩挑水筲，手拿扫帚，把半条街的标语、漫画、大字报撕得稀烂，刷个干净。

他成了叛徒，满天红战斗队的打手把他吊在歪脖子酸枣儿树上，皮鞭子蘸凉水，打得他鬼叫连天，皮开肉绽。

鞭子抽在杨二叔身上，疼在杨二婶子心上。杨二叔的惨叫令人耳不忍闻，激怒了的杨二婶子一声呼哨，带领红满天造反团十八勇士，手持铁锹、禾杈、柳叶枪，冲过楚河汉界，解杨二叔于倒悬。

杨二叔从这一天起就趴了炕，直到三年之后晏驾归西，一直粘在炕席上揭不下来。人固有一死，或轻于鸿毛，或重如泰山，杨二叔死得其所乎？

不久，两大阵营大联合，三十六把金交椅不够分配。杨二婶子不争权不夺利，退位让贤，甘当小小老百姓。革委会的全体同人深受感动，一致决定给杨二叔每年补助三千工分。十个工分一角整，杨二叔为造反而献身，落了个特等残废，一年才只值三十元。

杨二叔死了，撇下四十岁的杨二婶子和三个儿女。寡妇门前是非多，杨二婶子立志守节，见着我冷若冰霜，寒气逼人，十足的一台低温冷柜。

她和两个女儿，甘愿一刀一刀割下身上的肉，把金蛋喂成文墨书生。可惜金蛋“孺子不可教也”，念完了小学，死活也不想再进学校。他给队里当猪倌，我给队里放牛羊，爷儿俩每天搭伴放牧在河滩上。

金蛋是个孝子，到河边捕鱼捉蟹，钻树丛打鸟捡蛋，都孝敬给我当下酒菜。河对岸，有块外村的瓜田，他冒着被抓住要挨打受罚的危险，往返河上给我偷瓜吃。

农忙时节，我有两三个月没有回北京，不知哪位口头文学家顿生奇思妙想，说我的妻子——兵马大元帅的女儿跟我离了婚。我虽被划了“右”，但是在鱼菱村不但名声不臭，而且被尊为土“圣人”；在女人眼里很像野台子戏里的落难秀才。于是，竟有好事者，把我蒙在鼓里，背后暗中悄悄给我保媒。

这一天上午，我跟金蛋趴在河滩水柳荫下，吃着他偷来的瓜，东拉西扯说闲话儿。

“干爹……”金蛋一连吞下三个鬼脸甜瓜，抬起头看眼前那一只只像浮光掠影的绿翅红头蜻蜓，“您是要搬到我家去吧？”

我没有多加思索，摇头笑道：“你家三间房子两盘炕，男女老少四口人，我才不想见缝插针哩！”

“那您为什么……打发媒人到我家？”金蛋白瞪我一眼，嘴噘得老高。

“什么，什么？”地上像是冒出狼牙钉子，扎得我打滚儿爬起来，“我打发媒人？……”

在我的诱供和逼问下，金蛋才吐露实情。原来，有位长舌妇，一天仨饱俩倒之外，便是东家子出西家子进，南家子走北家子串，最爱多管闲事贪热闹。她听说我打了光棍，可找到了大做文章的题目。就像烧煳了屁股的猴子，一会儿也坐不住，吃完饭顾不上刷锅洗碗，风风火火来到杨二婶子家。她不曾请示，未经许可，便替我向杨二婶子求婚，打算把我和杨二婶子撮合成半路夫妻。

“我那些姐姐一听就炸了窝……”金蛋比比画画，“一个抻胳臂一个抱腿，叫着号子一二三！把媒婆子扔出了街门。”

我松了口气，反倒发生了兴趣，笑问道：“你娘就一声不吭？”

“姐姐们赶走媒婆子，七嘴八舌逼我娘表态，我娘叹口气，说……”金蛋模仿他娘的声腔，“你们那刘家大哥，驴瘦架子不倒。别看眼前戴铁帽子走背字儿，有朝一日时来运转，还是高官得坐骏马得骑。我就是有心，他也无意，咱们不想跟着他鸡犬升天。”

我一阵心酸，一阵心烫。我一败涂地回了村，没有看见一张冷脸子，没有听过一句刺耳的话；乡亲们百分之百都深信不疑，我还有出头之日，被重新起用那一天。红满天造反团和满天红战斗队打得你死我活，但是双方在我身上，却没有文斗，更没有武斗。满天红战斗队那幅将我丑化的漫画，也是醉翁之意不在酒，而且此后再没有造谣生事。

“金蛋呀金蛋！”我强忍住眼泪，心情仍不平静，“你娘是个打着灯笼都难找的好女人，今生我高攀不上她，但愿来世有缘分儿。”

谁知，金蛋将此话转告了他娘，杨二婶子便不许他放猪跟我搭伴了。

金蛋当了两年猪倌，就像拔节儿的玉米，眼瞧着蹿高；到我五七年错划问题得到改正那一天，他已经是五尺五高的大汉子，队里的头等壮劳力。他报名当兵，被分配到汽车连。

我们同月同日同时告别鱼菱村。我原来的工作单位派车下乡来接我，杨二婶子带着金蛋搭车，到县城的接兵站报到。

金蛋一见我的面，咧开大嘴哭了，说：“干爹，我对不起您。”

我摸摸他脑瓜拍拍他肩膀，笑道：“好男儿志在四方，不可儿女情长英雄气短。”

“儿子……七八年……没管您叫一声好听的了。”金蛋呜呜哭道，“都是我娘……”

杨二婶子涨红了脸，骂道：“胳膊肘儿朝外拐的贼子，你敢卖娘，我打断你的腿！”

“金蛋，男子汉大丈夫要言无不尽！”我为了气一气杨二婶子，煽风点火挑唆母子不和，“你娘跟你翻脸，我送你到兵站。”

“刘家大侄子，我严正声明！”杨二婶子当过造反团的三把手，满肚子的“文革”词汇，顺口就能溜出嘴角子，“金蛋管你叫干爹，刚才是最后一声。从今以后，车回老路走旧辙，金蛋管你叫大哥。”

“过河拆桥，念完经打和尚，你……你……”我哆嗦嘴唇，手指杨二婶子的鼻头，“卸磨就杀驴！”

杨二婶子嘴角挂着冷笑，说：“当年金蛋认你当干爹，是为了保他亲爹一条命；他亲爹都过了十周年，要你这个干爹有屁用？”

3

但是，金蛋却不像他娘，眼光只有三寸远。他入伍以后填写登记表，父亲一栏虽然空缺，备注栏里却写上了我的名字。他还记得我曾是团中央的人，便在职务栏中封我为团中央领导。他们那位连长是个文艺爱好者，想象力颇为丰富，认定我是金蛋的非比一般的义父；作家而又高干，不可忽视慢待，便每个季度都向我书面通报一下金蛋的情况。

金蛋当兵三年，好比学了三年徒。除了精通汽车驾驶，还学会了锻、电、车、钳、铣、焊。自称身无分文，空着两手，一张嘴能吃遍天下。复员回家，他娘带着没出嫁的姐姐，承包果园、鱼塘、河滩地，三年已成万元户，他却看不起她们的小打小闹。马达一响，黄金万两；车轱辘一转，给个县长都不换。他主张买一辆卡车，跑长途贩运。

然而，一打听行市，她娘腰包里的一万块钱，只够买两个议价车轱辘。没有过不去的火焰山，千难万险也吓不倒金蛋。一天，他身穿西装，脚下却是帆布绿军鞋，手拎着大包小包土产，到北京找干爹来了。

在我那美其名曰书房的蝈笼斗室，父子久别重逢。

“好个孝顺儿子！”我望着绿豆、小米、红枣、瓜子儿，馋涎欲滴，一副贪相，“发了财不忘干爹，没有白当三年兵。”

“您这盒官粉红胭脂，应该擦在我娘脸上。”金蛋油嘴滑舌，嘻嘻笑道，“是我娘听说您几年够辛苦，派我前来慰劳您，还叫我劝您别为了大笊篱捞钱，玩命地写。”

“你娘想起喂我这些草料，是不是又要牵我这头老驴拉磨？”

“您料事如神。”

“我不想当她的驯服工具！”

“那您可亏情欠理。”

“此话怎讲？”

“我娘为您背了几十年黑锅！”金蛋两眼含泪，声音嘶哑，“我爹临死……都不给她平反。”

“那也是强加在我头上的不白之冤呀！”我不依不饶，“这个冤案，找谁给我改正？”

“大热的天，别急出血压高！”金蛋又一变而为“二十五孝”，抓起扇子给我扇凉，“干爹，儿子一不替我娘跟您讨债，二不替我娘向您借钱，只替我娘求您一张三寸纸条。”

“一张纸条能有何用？”

“白纸上落下您的名字，那就一字千金，成了无价之宝。”

“你给我头上扣炭篓子戴高帽儿，居心何在？”

“我想买一辆卡车，议价的买不起，平价的没处买。我娘给我指出一条明路，叫我进城找您，车就有了。”

“有一家汽车制造公司的总经理，是我的小学同学，不过多年没有来往。我给你写一封信，你碰一碰。”

“这就十有八九了。”

我打开文房四宝，八行书一挥而就，递给金蛋叮咛道：“虽有我的人情信，也要公事公办；你不许行贿送礼，给我丢人现眼。”

“人家总经理，不眼馋绿豆、小米、红枣、瓜子儿。”金蛋伸出两手，“把您的‘刘著’宝书拿出几本，亲笔签名题字，我当敲门砖，一路畅通无阻。”

我只得听他的安排，依计而行。

后来我才知道，金蛋只花了他娘那一万块钱，竟买来两辆七成新的处理卡车。

这小子精通“兵不厌诈”战术。一见我那小学同学，便移花接木，添枝加叶，藏头露尾，制造假象。我那小学同学跟我四十年不通音信，对我的情况很不了解。金蛋的闪烁其词，使我这位老同学误认他是我和前妻所生的儿子，随娘改嫁换了后爹的姓。也难怪我的老同学如此联想。当年，我们在县城的小学念书，同学中有本城子弟，也有从农村来的住宿生。农村来的学生年龄大，差不多在家里都娶了大媳妇。因而，在他的记忆里，我也可能有大媳妇在家。后来，成名成家，也就看着糟糠之妻不入眼，薄情负心离了婚，另娶了摩登时髦新女性。恻隐之心人皆有之，我这位老同学的恻隐之心格外充分。他幼年丧母，父亲给他娶了个后娘，他饱受后娘的虐待，有了后娘亲爹也冷冰冰的像后爹。因此，他的命运跟金蛋颇有相似之处，也就难免同命相怜。汽车制造公司本来就有支农任务，为什么放着河水不洗船？于是，他大笔一挥，批示他的属下，给予金蛋优惠待遇。

金蛋的两辆卡车，每年天南地北奔跑，难得回鱼菱村站一站。生意兴隆，财源茂盛，他扒倒老房，盖起二层楼和花园小院，却又常年空闲。两个姐姐都已经出嫁，老娘扔不下承包的果园和鱼塘，一年倒有八个月住在看园守塘的窝棚里。于是，这座空楼便成了我下乡专用的行宫、别墅、旅馆、驿站。

杨二婶子每天回家给我做三顿饭。

我一人独处，难免冷清寂寞，请她回来住在楼下，也算给我做伴，闷得慌时说个闲话儿。她却怕有人飞短流长嚼舌根，一身清白溅上了污泥浊水，难以洗刷干净。

“我年过半百你也六十，还怕谁下蛆？”

“人的名儿，树的影儿。红缎子绣花鞋，不踩烂泥蹚浑水。”

“你真配一座贞节牌坊。”

我虽不是鸠占鹊巢，却也是喧宾夺主，久住金蛋家于心不安，下乡不是绕道而行，就是另找住处，走动一年比一年少起来。金蛋虽不照面但大礼不亏，每年元旦春节，我的生日和他拜我为干爹那天，都能收到他的贺年片或纪念卡，署着他娘和他的名字。

这一天，我坐在院里的丁香树下看书，时间一长便打盹儿。金蛋突然破门而入，我还只当是梦中。

“干爹，儿子给您报喜来啦！”油头粉面的金蛋，像个花花公子，进门一步一鞠躬。

“喜从何来？”我沉下脸，故作冷淡，“是不是又想牵我犁几沟田？”

金蛋涎着脸笑道：“儿子怕干扰您老人家日理万机，无事不敢进这三宝殿。又是我娘叫我找您……”

“派活儿吧！”我打断他的话。

金蛋跑长途贩运，眼皮子一年比一年杂，结交了不少五行八作的朋友，明道暗道的都有。在北京朝阳门外的自由市场，他跟一位五六十岁的倒爷结成忘年交。穿堂入室，亲如一家，一来二去就把倒爷花枝招展的女儿哄上了手。倒爷之女身高一米六，倒爷便要彩礼一万六千元。姑娘本是黄花女，不是处理品，身价不能打折扣。一万六千元是一口价，少给一分也不许成亲。金蛋不是掏不起这笔身价，只是被倒爷丈人狠敲竹杠不甘心。他绞尽脑汁，无计可施，只得向老娘求救。

“我再卖一回老脸吧！”杨二婶子在儿子耳边，如此如此，这般这般。

杨二婶子的锦囊妙计，是叫金蛋只拿八千块，打着干爹的旗号，给倒爷送去。没想到，钞票一姓刘，像摇身一变成了外汇券：倒爷丈人如数收下，当即减免了那八千。

“我有这么大的神通，能使人民币增值？”金蛋自幼喜欢装神弄鬼，我不敢信以为真。

“这叫盐卤点豆腐，也叫佛受一炷香！”金蛋眉眼飞动，“我那个还没有转正的老丈人，平生服气的就是您。”

他这个倒爷岳父，一九五七年在一家工厂当学徒，只有十七岁。位卑怎敢忘忧国？他也加入了“大鸣大放”的大合唱。学徒工不配划右，开除厂籍，回归社会。于是，他从十七岁便闯开了江湖。北到漠河淘金，南到西双版纳割胶，全中国没有他没到过的角落。精通石、木、瓦、扎、土、油、漆、彩、画、糊，还兼学坑、蒙、拐、骗、扎针、正骨、气功治病。他自称小神灵儿，跟神童刘某人是拜把子兄弟。

一九七九年他的冤案也完全平反。但是，在安排工作时，工厂只算他学徒工转正，拿一级工的工资，他感到大受污辱，怀才不遇，一怒拂袖而去，又回到江湖上大显身手。目前，他已腰缠万贯。五十而知天命，打算从良归正，做个场面上有头脸的人，因而想借我的虚名，抬高一下身份。

“不费您吹灰之力，不伤您一根汗毛。”金蛋花言巧语，诱我钻圈入套，“您只要跟他合个影，在照片背面写一行字，赏光兄弟相称，就万事大吉。”

“这……这……”我顾虑重重，拿不定主意。

“您可以叫我丈人失望，不能叫我老娘伤心！”金蛋声泪俱下，大喊大叫，“她老人家为了儿子，一口黑锅背到死了。”

搬出杨二婶子，有如亮出尚方宝剑，我怎敢不俯首听命?

我不但跟倒爷先生合了影题了字，而且以男方家长之一的身份出席婚礼，跟杨二婶子假戏真做，和倒爷夫妇及一对新人，拍摄了一张大全家福照片。杨二婶子满脸喜气，年轻了十岁。

4

杨家大妹子金锭，她爹叫她金子，她娘叫她锭儿；我脚站她娘那条船，管她叫锭儿妹子。

锭儿嫁到远离我们鱼菱村的南腰眼。前几年每到春夏之交，杨花柳絮飞满了天的时节，我都到南腰眼投奔她；在这个小村住些日子，享受几天销声匿迹的乐趣。

南腰眼村小户少人穷，两条河汊子像两条胳膊环村而过，形似叫花子抱着个讨饭的瓢。几十户人家，散落在两条河汊子的岸边上，三三五五，一堆一块，横不成街，竖不成巷。水苦地瘦，满眼白花花碱皮，撒下八升收一斗。人吃半年糠菜，鸟兽更难人口夺食；老鸹不落地，兔子不坐窝。

我到南腰眼站脚，并不都是因为锭儿嫁到这个村。锭儿虽比我小十多岁，但男女有别，瓜田李下之嫌不能不防。我跟南腰眼结下不解之缘，早在锭儿下嫁之前。

当年我被划“右”，回乡务农，也曾出过几回河工，每一回都在南腰眼宿营。我在我们鱼菱村，是个四体不勤、百无一用的等外劳力，每回出河工都编在后勤班烧水，在孤儿丈二家住宿。

丈二的爹娘死得早，只念过四年小学，就给队里放牛，自个儿挣饭吃。多亏隔壁的干娘疼他像自己身上掉下来的肉，他才孤儿不孤，长成一个傻大黑粗的小伙子。放牛娃出身，力大如牛独一无二，却不是死心眼子牛脾气。爹娘给他留下三间土房一座大院。大院不到一亩，也有半亩多。丈二在院里种瓜点豆，不但吃菜不花钱，还能填补口粮不足。丈二能吃，饭菜又缺油少盐没荤腥儿，队里分给的口粮不够吃半年六个月。

一回生，两回熟，三回就当亲戚走。我几回出河工都睡在丈二的炕上，朝夕相处便亲如家人。不过，丈二管我叫大哥，却不许他干娘的两个儿子享受同等待遇，命令他们管我叫老师。

丈二干娘的两个儿子，一个叫蔫顺儿，一个叫能哥儿。我到南腰眼出河工的时候，丈二的干娘已死，蔫顺儿带着兄弟能哥儿也住三间土房，院子小一点儿。

蔫顺儿比丈二大，但是丈二看不起他，直呼其名而不叫干哥；能哥儿比丈二小，丈二只管他叫兄弟，不加干字！我听说能哥儿跟丈二是同父：丈二的爹丧妻之后没有再娶，每天晚上爬墙跨院，跟丈二的干娘同床共枕，有了能哥儿。丈二的爹死后，干娘爱屋及乌，给了丈二充足的母爱。

能哥儿在公社中学念书，两个哥哥比赛着疼他。穷家出娇子，能哥儿便是。

生人冷眼一看，就会发觉，蔫顺儿和能哥儿相似之处少，丈二和能哥儿酷似之处多。丈二和能哥儿都是高个子，浓眉大眼通鼻梁儿，宽肩细腰长腿。只不过丈二嘴大脸黑，能哥儿嘴小脸白。丈二嘴大脸黑像他娘，他娘长得黑丑；能哥儿嘴小脸白也像他娘，他娘长得白俊。他俩的身量、骨架、眉眼、神态，都像他们共同的爹。他们的爹在同辈男子堆里相貌出众，走高跷跑旱船扮演武扇，惹恼了不知多少小媳妇的汉子大姑娘的爹。蔫顺儿没有沾着他娘的光，活脱是他爹的模子刻出来的。他身子瘦小，尖嘴塌腮，缩脖溜肩眯缝眼儿，闷声不响只比葫芦多个嘴。只有一双单眼皮能从他娘脸上找到出处，却又算不得优点。

我在丈二家烧水时，锭儿正当鱼菱村铁姑娘队长，带着妹子也来挖河，而且每仗都打头阵，人称杨门女将。那时虽是初冬天气，早晨河上也有了一层冻皮，男民工望而生畏，倒吸凉气不敢下河。锭儿和她那一队铁姑娘却要一个个脱鞋扒袜子，挽起裤腿跳下河去，踩碎冰碴子掏淤泥。铁姑娘身上长的也是肉，而且是细皮嫩肉，日子一长便都闹起了妇女病。锭儿每晚睡觉之前，都到我掌管的水房灌满暖水袋，入睡以后焐肚子。顺便说一句，暖水袋是队里掏钱买的，铁姑娘人人有份儿，美其名曰劳动保护用具。

锭儿是个俊眉俏眼黑里翠，乍看看不出眉眼高低，多看几眼便觉得她颇有姿色，好看而又耐看。

当时十八岁的丈二，一见锭儿前来灌水，便黑脸涨得紫红，两眼直勾勾放光，手忙脚乱，神色慌张。我虽不敏，却是个过来人，丈二的动静瞒不过我的眼睛。虽然我知道锭儿正跟一个有妇之夫暗中相爱，但是说不出口，也不能点破。我想，挖河不过十天半月，一走之后便烟消云散，也就不打算扫丈二的兴。

锭儿暗中相爱的那个有妇之夫，年龄上比我小而比锭儿大，是个富农之子。他念过二年中专，学的是农科。全国闹饥荒，中专全部下马停办，他只得回家种地。在鱼菱村，除了我就数他认得的字儿多，二人便结成文字之交。他是学农的，我便戏呼其为“早稻田”。日本有个知名人士叫“千田是也”，于是我有时又在“早稻田”之后加上“是也”二字。想不到这个日本名字竟在全村叫开了，头一个跟着我叫的便是锭儿。

早稻田出身不好，队上并不重用他，他便在自家的自留地上大显身手。每年稻麦两茬，套种豆类，亩产一吨以上。

杜甫哀叹李白的两句诗：“世上皆欲杀，吾意独怜才。”就好像是一千多年前为锭儿写的。这个根红苗旺的贫农女儿，不顾早稻田是个黑五类，而且已有妻室，竟鬼迷心窍爱上了他。多亏此事只有我一人知道，才没闹得满村风雨，酿成塌天大祸。我这个人虽然嘴漏，对待此事却咬得住牙，守口如瓶一字不吐。

早稻田家划为富农，不是冤案也是冤枉。

他爹扛了大半辈子长工，只知脸朝黄土背朝天，爱地如命而目光短浅。土改之前，已是山雨欲来风满楼，地主富农纷纷贱价卖地，将这些祸害赶快脱手。他爹却冥顽不灵，只见满地元宝俯拾皆是，张开大嘴吃进。最后土改划了个富农成分，可算一口吃成个胖子。

早稻田不但出了家门要夹着尾巴，回到家里更得低眉顺眼。

他的媳妇一品红贫农出身，却是鱼目混珠以假乱真。一品红的爹原是地主家的一名败子，吃、喝、嫖、赌、抽白面，把家产花了个毛干爪净，分文不剩，土改时已经房无一间地无一垄，歪打正着划了个贫农。于是，一品红有恃无恐，上对公婆，下待丈夫，实行全面专政。不过，她也自知根子不正，也就腰杆子不硬，锭儿面前一品红只有低三下四。

在一品红眼里，早稻田有如鸡肋，食之无味，弃之可惜。跟着他没有好果子吃，离开他却又难找人品相等的男人。她跟早稻田三天小吵，五天大闹，离婚二字却死不吐口。害得锭儿空等一年又一年，妹子出嫁她还待字闺中，坐愁红颜老。

我头戴铁帽子，在鱼菱村修理了二十年地球，一九七九年春平反，又回到城里耍笔杆子。这时，锭儿二十九，早稻田三十八，还在打他们的持久战。又过了几年，锭儿的小妹子出嫁之后一年，我听说锭儿嫁到南腰眼，嫁给了丈二。我感到十分意外，又觉得只能如此，心里一阵子发酸。入夏，我下乡路过南腰眼村外，顺便下车进村看望锭儿。一见之下，我大吃一惊，原来锭儿已经大腹便便，眼看就要分娩。

5

丈二在公社包工队当瓦匠，到县城里盖大楼，白天上班，夜晚回家。

我没有进屋，坐在院里的五月鲜桃树下，跟锭儿说话。

“你们……你们……”我舌尖子绕弯挑字眼儿，“……这么快？”

我久经考验，深得锭儿信赖，可以跟她无话不谈，说东道西不忌口。

“不是他的。”锭儿垂下眼皮，拉长了脸子，“是他的。”

头一个他，指的是丈二；后一个他，说的是早稻田。

“这个中山狼！”我气愤地折断手中的香烟，“他刚直起两年腰，就在你身上下了黑手……”

“不能怪他，怪不得他。”锭儿伸手捂住我的嘴，眼里噙满泪花，“他那个娘儿们害得他身上无衣，肚里没食，我才心软乱了分寸……”

这二年早稻田的背字走到了头，还到农林局考了个农艺师职称，给承包大户当技术指导。亩产千斤，二八提成；亩产一千五百斤以上，三七分账。两年下来，早稻田共分得十几万斤粮食，本该过个万元户的富足日子。谁知一品红好大喜功，一心想一镢头刨出个金窖，发疯中邪似的当起二道贩子，东西南北跑买卖。这个娘儿们百分之百志大才疏，在家里无所不能，出了门就两眼发直晕头转向，人家把她卖了她还帮人家数钱。她这两年，除了落下一身肥肉，满肚子油汪汪的下水，生意上干赔三万。早稻田那十几万斤粮食都填了窟窿，有如珠穆朗玛峰扔进太平洋的马里亚纳海沟，填平还差着几千公尺。

这时，锭儿发觉自己有了身孕。她不想给早稻田雪上加霜，才主动来找丈二，嫁过来给肚子里的孩子找个爹。

我一边吸烟，一边斜着眼睛看锭儿，问道："当时你怎么断定丈二能看上你？"

"难道你忘了当年挖河时的情景？"

"我还以为你不知道哩！"

"女人的心比男人细，眼比男人尖。"锭儿苦酸地笑了一下。

"你跟丈二说没有说……"下边的话烫嘴，我吞吞吐吐。

"进门我劈头就一句：'丈二，我是带犊儿来找你的！'"锭儿满脸铁姑娘的骄傲神气，"丈二听我说完，咧着大嘴哭了，说：'锭儿，你磨扇子压手找到我门上来，是信得过我，看得起我，我给你圆这个场。'"

"丈二这个人，难得！"我赞叹道，"你可不能跟早稻田藕断丝连了。"

"他来过三封信。"锭儿冷脸寒声，"我都原封不动，没撕开信皮，整个儿交给了丈二。"

我连连点头，说："这才是以诚相待。"

"他也不看，我就划着火柴全烧了。"锭儿咬紧嘴唇，还是滴下两滴泪。

这年中秋，锭儿生下个女儿。

一年一年过得很快，我每年都到南腰眼锭儿家住一住。她的女儿一年高一头，不知不觉齐了她的腰。

我的车还没有到她家门外，站在门外的这个小丫头就远远地向院里叫喊起来："娘，我大舅又来啦！"

我成了锭儿的娘家哥哥，丈二的内兄。

锭儿从游龙起脊的青砖房里走出来，睡眼惺忪没有喜色。

刚到中年的锭儿，几年不下地，满身的懒散。丈二大把挣钱，一日三餐给她吃的是大米白面；盆里有大块的肉，盘里有大条的鱼，懒散之外又嘴馋。锭儿的脸庞圆了又圆，身腰胖了又胖；头上脚下只有肥壮，不见了俊俏。

"怎么大白天就睡觉？"我笑问道，"你这个体态，滚瓜流油了。"

"我就是那膘肥体壮的骒马。"锭儿强笑着，张嘴吐出一股怨气，"母壮才能儿肥，下个金马驹子。"

我摸不着头脑，只有干咳几声。

五间青砖红瓦的新房，满窗明光透亮的大块玻璃。屋里有沙发可坐，面前有彩电可看，虽然离暑伏还有些日子，摇头电扇早已站立墙角侍候着。我坐在沙发上吸烟喝茶，锭儿在堂屋给我做饭。她家点的是液化石油气罐。液化石油气罐在城里也还没有普及，乡村更是稀有。农家为有这个设备，不惜厚礼行贿，重金抢购，主要是为了夸富。

"你家一派财大气粗景象！"我眼花缭乱地啧啧赞叹，"丈二真够神通广大。"

"发了财又当上官儿，变成了个野心家！"锭儿气呼呼敲得炒勺叮当响，"妈的！一阔脸就变。"

我听出她心怀不满，玩笑着问道："两口子吵架拌嘴狗龇牙，马勺碰锅沿啦？”

“他一会儿甜言蜜语，一会儿横眉立目，想叫我生个二胎。”锭儿进屋放桌子摆酒，脸色焦黄眼中有泪，“他嫌恶我这个女儿，逼我给他养个自家的儿子。”

两口子之间的纷争，外人不宜多管闲事，只能逢大化小和稀泥。我啜了一口酒笑道：“等丈二从县城收工回来，我给你出气。”

“他就在隔壁，带着他的包工队，给蔫顺儿和能哥儿盖房。”锭儿脸上没有出现和颜悦色，“不许你把他带回家来，我这辈子都不想见他。”

“难道就想不出个两全之计？”我感觉事态严重，放下酒杯，停住筷子，食不甘味犯了愁。

锭儿在桌旁坐下来陪客，自个儿倒满一盅酒，仰脖儿一口喝光，说：“丈二早有个鬼点子，正借他兄弟能哥儿的嘴，在我耳边吹风。”

我以为僵局有了转机，忙说：“两口子还是和为贵。”

锭儿牵着嘴角笑了笑，说：“我不给他儿子，他也不想牛不喝水强按头，打算花钱租个娘儿们肚子，借窖烧砖。”

“畜生！”我怒气冲冲一拍桌子，锭儿面前的酒盅跳了三跳，“天下哪有这么不要脸的女人？”

“别忘了眼下是一切向钱看，有钱能使鬼推磨呀！”锭儿一杯酒入肚，满眼眶子水汪汪，似哭又含笑的怪模样儿。

这个话题，我没有深谈的兴致，便拐了弯，说：“丈二亲自带领包工队，给蔫顺儿和能哥儿盖房，够得上疼兄爱弟。”

“那是借花献佛，攀高枝儿。”锭儿从鼻孔里冷笑两声，又呸地啐了一口。

“我听得糊涂，你还是精批细讲吧！”

“丈二当上包工队长，你猜抱了谁的粗腿？”

“外来是客，我怎么知道内情？”

“副乡长。”

“难道他们之间有交易？”

“副乡长的千金小姐，想嫁给能哥儿。丈二立下军令状当媒人，一手包办了这门婚姻，副乡长就赏了他这顶乌纱帽。”

“能哥儿高兴不高兴，愿意不愿意？”

“丈二吹胡子瞪眼，他敢牙迸半个不字？”

我正想进一步调查研究，忽听街门响动，能哥儿进院喊道：“锭儿嫂子，我替哥哥讨你的回话。”

“能哥儿，进屋来！”我抢先站起身，隔着玻璃窗叫道。

能哥儿听见我的声音，没见我的人影儿，便原地站立，鞠了个躬，叫声：“刘老师！”跑进屋里。

能哥儿念过高中，虽然身处乡野，却是满脸一身书卷气和自命不凡的狂傲神态。穿牛仔裤，留长头发，在南腰眼是头一份儿。他没有考上大学，眼下在建筑工程学院念函授。丈二委任他为包工队的业务员，不但三天两趟进城，而且北上南下跑外埠，眼皮子杂路子野。

但是，风筝满天飞，放飞的人牵着线；回到南腰眼，还得在丈二的羽翼下俯首称臣。

副乡长的千金，在本地就是高干子女，娶了她有如鲤鱼跳龙门，身价倍增，万事亨通。这位千金小姐跟能哥儿从小同学，佩服能哥儿的多才多艺，喜爱能哥儿的风度翩翩。虽然靠她爹开出的后门，她在县城的一个旅游饭店当上公关小姐，每月收入甚丰，却不能忘情于这个土产美男子。丈二觉得，兄弟娶上这么个大人物的独生女儿，前途似锦不可限量，自己也能跟着沾光借重。副乡长主管乡镇企业，能有这个权倾一方的亲家爹撑腰，包工队可以财源茂盛，自己这个队长也坐的是铁桶江山。能哥儿对副乡长的女儿并无好感，认为她才貌双缺，胳肢窝又有狐臭，只不过靠老爹的人情势力才出人头地，算不得正路。但是，他天不怕地不怕，就怕丈二的脚踢和拳打。在丈二那磨盘顶头的压力下，只得屈从听命。

“能哥儿，恭喜你！”我拍着他的肩膀，半真半假地道喜，“盖新房，娶新娘，谁说福无双至？”

能哥儿一副哭相，并不领情，陡地脸色惨白，眼泪夺眶而出，面向锭儿大叫大嚷道：“嫂子，我一身软骨病，不敢惹我哥哥，你可要横不吃竖不咽，顶住我哥哥的软硬两手！”说罢，扭头跑了出去。

缺心少肺双失目，也能感觉和看出，锭儿丈二之间夫妻失和。一个不下马，一个不接鞍，还有个吃里扒外的能哥儿火上浇油，内战一触即发。我这个外姓男子，不但不宜过问，而且不应停留。酒足饭饱之后，我急忙起身告辞，遁离是非之地。

6

说时迟，那时快。转年，桃红柳绿，燕子呢喃，我又轻车熟路，来到南腰眼。

丈二的包工队，已经打进北京三环路，承包一座办公大楼的修建工程。他是一品大老板，每天晚上班早下班，在前呼后拥中巡视一下工地，吆五喝六发号施令一番，便扬长而去。他的主要精力和大部分时间，都忙在酒筵应酬上。

我走进他家，已经上午十点，丈二还没有动身。他今天整日只有一项活动，就是中午到县城新开张的一家大酒楼赴宴。

丈二正在上装，面对穿衣镜拢头系领带。士别三日，当刮目相看；我一年不见丈二，发现他的变化之大，令人目不暇接。他春风得意，腰缠万贯，满脸油光啤酒肚儿。虽没有谢顶，头发却已经稀薄，梳了个背头刷着油。戴着琇瑯框的大变色镜，西装口兜里随身携带袖珍计算机，一副台、港、土三合一的派头儿。港仔称之为“我家的表叔”风度。

相形之下，锭儿敢说是逆时代潮流而动，一身老式农家中年妇女的打扮，活像丈二的老大姐。

不过，从脸色看，他俩已经言归于好。

锭儿坐在大双人床上，摆弄着一个襁褓中的婴儿。

“你们还是要了二胎？”我皱皱眉头。

穿衣镜反映着丈二喜形于色，抢着答道：“抱养的。”

锭儿嘴角掠过一抹酸涩的嘲笑，说：“不知道是谁家的野猫走狗，下出了这个杂种，丈二顶回来给他家传宗接代。”

心满意足的丈二一点也不气恼，讪笑道：“我在北京永定门外包工，有个南方来的小保姆儿，私生下了虎头虎脑的小小子儿。我花五千块钱买下来，免除了我的后顾之忧，不算破费。”

锭儿在一旁，一声一声哼鼻子；此中隐情，我能猜个七八。

我正想变换话题，街门开了半扇，蔫顺儿挤进来。

“丈二兄弟，你们两口子过去吧！给我……拿拿主意。”蔫顺儿走到屋门外，吭吭哧哧不敢进屋。

“顺子大哥，你那丈二兄弟有眼无珠，又急着到县城喝残羹吃剩饭，桌子下面啃骨头，帮不上你的忙。”锭儿玩笑中话里带刺儿，“我给你请了个四眼先生，能左眼看高，右眼看低，双眼识破孙猴子变的土地庙。”

四眼者，狗也。识破孙悟空变化的土地庙者，杨二郎的哮天犬也。锭儿有时跟我犯贱撒娇儿，嘴上没大没小，乱跑舌头。

“是刘老师吧？”蔫顺儿推开屋门一缝，探进了头。

我赶快迎上去，拱手笑道：“顺子兄弟，恭喜，恭喜！”

“刘老师，那我就斗胆请您光临了。”蔫顺儿嘴里蹦出一句文言字话，连连哈腰像给我打千。

“别听我这个锭儿妹子吹嘘。”我忙摇头摆手，“戴着眼镜正说明我盲目性大。”

蔫顺儿却死乞白赖，说：“只要您过去转一转，站一站，就长了我的威风赏了我的脸，在那女人面前把我抬举起来。”

人比人得死，货比货得扔。蔫顺儿和能哥儿两相对照，兄弟俩天上地下不一个水平。不但一俊一丑，一高一矮，一壮一弱，而且一个自高自大，一个自轻自贱。蔫顺儿就是那阳谷县卖炊饼的武大郎。不过，人不可貌相：蔫顺儿外糙内秀，学得的木匠手艺技压一方。家有千顷不如薄技在身。这几年蔫顺儿瞄准了思想守旧、不愿火葬的人家，以打棺材为专业，大爆冷门儿，每天都赚上几张（十元大钞）。他家平地而起的十间大房，一根铁钉也是蔫顺儿掏的钱。丈二的包工队义务劳动，能哥儿的副乡长岳父批了几张条子，卖的是减价砖瓦木料，仅此而已。能哥儿更是寸功未立，真正摘桃派。

丈二、能哥儿、蔫顺儿三人，丈二胆子贼大，敢铤而走险；能哥儿好高骛远，华而不实；只有蔫顺儿安分守己，不骄不躁。我哀其不幸，怒其不争，但是心中充满感情。

蔫顺儿礼下于人，我不能不捧场，在锭儿抱着孩子陪同下，跟随着蔫顺儿到隔壁大院。

昨日下暴雨，满街泥泞，太阳蒸晒出腥臭气味。路边杂草丛生，漫撒人屎、畜粪，污染着环境。然而，推开蔫顺儿家的铁栅栏门，眼前豁然开朗，别有洞天。满院花木成荫，水泥方砖铺地，颇有老北京大宅门风味。只是门窗油饰得红是鲜红，绿是翠绿，黄是鹅黄，紫是绛紫，露了富也显了俗。能哥儿那红喜字已经褪色的新房，拉着雪白的透花窗纱；屋中一男一女笑语喧哗，好像还动手动脚。

我见景生情，捕风捉影，以为是能哥儿跟副乡长千金闺房调笑，忙说："原来这小两口儿也在家，我还欠着给他们道喜哩！"

"不……刘老师盲目了。"蔫顺儿红着脸更正，"那是……我兄弟……跟我的对象……"

"冒失了，冒犯了！"我慌忙道歉，又自我解嘲，"这就充分证明，戴眼镜的人没有一个好眼神儿。"

蔫顺儿咳嗽一声，室内笑声戛然而止，能哥儿和一个打扮得花枝招展的女子走出来，同时一团浓香扑面呛鼻。

这个女子，搽胭脂抹粉涂口红，描眉画鬓披肩发，包裙长袜高跟鞋。虽然貌似新潮时髦，明眼人却一看便知是土产洋包装。一是打扮得俗，二是穿戴得艳，三是皮毛模仿，四是腰粗臀大。她的最引人注目之处，是上唇有一颗美人痣，像一粒黑豆粘在嘴角。

“原来是你呀！”锭儿见了鬼似的叫了起来。

美人痣咯咯一阵浪笑，咄咄逼人，说：“锭儿大姐，我是踩着你的脚印，找到南腰眼这座破庙避雨。”

锭儿红了脸，无言以对。

“你们是老相识？”我侧脸问锭儿道。

“她就是那个一品红的债主子。”锭儿口气中掩藏不住恶感，“三天两日找早稻田逼债，我们吵过一架。”

“商战有胜有败，欠债就得还钱。”美人痣十足的痞子相，“锭儿大姐不该思想僵化，骂我是黄世仁、穆仁智。”

这个女子俗不可耐，满身铜臭而又傲慢无礼。

我一向以敢于直言犯谏著称。但是在会亲酒筵上，一见蔫顺儿如醉如痴，“宁拆十座庙，不破一门亲”的老言古语，竟使我违心拗口，顺水推舟起来。锭儿好像有把柄攥在美人痣手里，态度不友好，嘴却不敢硬，也跟着我锦上添花。

然而，回到自家，锭儿便关上门骂起来：“美人痣这个骚货，瞒不过我的照妖双眼：她不是千人骑万人压，至少也是‘垒起七星灶，铜壶煮三江，摆开八仙桌，招待十六方’，见识的男人过百。”

我的心中十分懊悔，没有多少谈兴，便说：“静坐常思己过，闲谈莫论人非吧！”

“你等着看，我眼里不空，蔫顺儿娶了个拆家的黑妖狐！”锭儿仍然喋喋不休，“她跟能哥儿今天是头一回见面，三言两语就勾搭上了。”

这倒引起我的警觉，忙问道：“能哥儿跟副乡长的千金，婚后感情如何？”

“结婚一年，闹了十一个月离婚。”锭儿撇着嘴，“那个副乡长千金活是贱骨头，宁死也不肯舍了能哥儿。副乡长把女儿扣留在娘家，放出风声要把能哥儿耗得低头认罪，破镜重圆。”

“丈二怎不过问过问，调停调停？”

“乡里换了届，副乡长落选下台，丈二早懒得把他放在眼里。”

世态炎凉，人情薄如纸。我只有摇头叹气，无话可说。

半夜丈二才从县城回来，天刚亮便匆忙赶奔北京三环路工地，没跟我照面。丈二走后，我还没有起床，锭儿便堵着被窝给我送上独家新闻。昨夜丈二在回家路上，路过村外河汊岸边的柳棵子地，撞见能哥儿跟相了亲而流连忘返的美人痣，天当屋顶地当炕，满地翻滚寻欢作乐……

我心情沉重，说：“应该点醒蔫顺儿！”

锭儿却横遮竖拦，说：“露水姻缘也是前生决定，捅破这层窗户纸必有血光之灾。”

我并非好事之徒，明知不对少说为佳吧！

针鼻的窟窿斗大的风，几个月后蔫顺儿家破人亡。

原来，美人痣嫁给蔫顺儿以后，只许蔫顺儿看，不许蔫顺儿动，却每日跟能哥儿夜游野合。蔫顺儿一不敢惹能哥儿，二不敢碰美人痣，忍气吞声枉担虚名儿，空房凉炕抱冷被子。谁知美人痣和能哥儿还不满足，竟又席卷家里的所有现款，远走高飞不知去向。

反正眼下户口和粮票越来越管不住人，这一对野鸳鸯四海为家饿不着。

蔫顺儿伤心大哭，腰藏一把锛凿，到丈人家。他苦求老丈人和丈母娘把美人痣找回来，办个学习班严加管教，教她学一点儿三从四德女儿经。老丈人一张驴脸，冷言冷语，声称嫁出的女儿泼出的水，一推六二五。丈母娘更是尖酸刻薄、恶语相加，骂他是缩头乌龟，软盖王八。蔫顺儿忍无可忍，丧失理智，从腰间拔出锛凿，向丈母娘头上砍去。丈母娘一声惨叫，令人毛骨悚然。蔫顺儿也不知砍死还是砍伤，扔下凶器抱头鼠窜。他昏头昏脑，急不择路，出村便一头撞在一辆疾驰而来的拖拉机上，轮下丧生。事后才知道，丈母娘见他意欲行凶，喊叫在前，吓得他手一哆嗦，锛凿落地。丈母娘油皮没蹭，安然无恙，他却作了轻如鸿毛的屈死鬼。

7

满收哥和五斗四嫂子家，是我下乡落脚的一个老窝儿。

我今年五十五，满收哥比我大十六，五斗四嫂子比我大十三，这老两口子今年有多大？一转眼珠儿就算得出来。他俩拜堂成亲那一年，满收哥二十四，五斗四嫂子二十一，那一年我有多大？眼珠儿一转也能马上算出来。

五斗四嫂子的娘家，住在北京城里珠市口南的金鱼池堤边，天坛公园北墙外的一条穷街陋巷内。日本鬼子强迫北京市民吃混合面那年，北京市井下层女子纷纷下嫁农村，自己找个吃饭的地方，也给娘家换几斗粮食。我们鱼菱村，就拿粮食换来七八个市女，五斗四嫂子便是其中之一。七八个人中有黄花闺女，也有有夫之妇。五斗四嫂子为了多换几升米面，虽是残花败柳之身，却冒充处女嫁给了满收哥。她的身价本是五斗高粱米，一口咬定自己没有开苞，又争来四升玉米楂子，于是便落下个五斗四的歪名儿。

是她牵线带到鱼菱村来的干妹子，无意之中揭了她的底。

五斗四嫂子出嫁之后头一趟回娘家，背回一袋玉米饼子和豆馅团子，左邻右舍垂涎三尺。同院的干妹子吃混合面瘦得皮包骨，便求她给找个主儿，一天三顿能吃饱饭。肥水不流他人田，五斗四嫂子又把干妹子说给了满收哥的胞弟满仓。在议定身价时，五斗四嫂子却站在小叔子的立场，不但不替干妹子抬高身价，反倒大打折扣压行市，气得干妹子忍无可忍，哭叫道："难道我原封之身的大姑娘，还比不上你这个破盆烂罐……"五斗四嫂子一声号叫，扑上去堵住干妹子的嘴，又下死力掐住她的脖子，差一点儿出了人命。

满收哥拳打脚踢五斗四嫂子不知多少回，五斗四嫂子咬住了牙关就是不招认。眼下，满收哥和五斗四嫂子都年将古稀，这桩疑案早就过了"时效"，无人追究了。

不过，有谁嚼一嚼陈谷子烂芝麻，翻老账打听这个隐私，五斗四嫂子还觉得是扯她的面皮抓她的脸。

五斗四嫂子嫁到鱼菱村的时候，我的父亲在北京城里做小本生意，常把我从乡下带到城里换换口味，开开眼界。

乡下孩子脚野，狭天窄地的北京胡同，比起我的家乡运河滩，真像蝈蝈笼子蛐蛐罐儿。我憋闷不住，一步步走出曲里拐弯的胡同口，来到大街上。

这天上午，我到东珠市口大街的北马路牙子上玩耍，有轨电车叮当乱响，穿梭来往，小贩吆喝叫卖，九腔十八调，令人眼花缭乱，目不暇接，两只耳朵不够使唤。突然，一双冰凉的手蒙住我的眼睛，有个人装出粗哑的嗓子恫吓道："小乡巴佬，我是拍花子的，跟我走吧！"

我猛吃一惊，吓得心跳。但是，方寸不乱，马上定住了神儿。我想，拍花子的只敢在背静人稀之地，花言巧语，施以小惠，诱拐儿童。大街上人来人往，众目睽睽，光天化日，拍花子的不敢明目张胆下黑手。而且，从这个蒙住我眼睛的"拍花子"身上，散发着阵阵劣等香粉气息，必是个女人。女人拍花子我还没听说过，那么是谁跟我耍笑？

这个女人在劣等香粉气息之外，还冒出一股股泥土柴草气味。我灵机一动，叫道："五斗四嫂子！"

"好你个小画匠！"那女人咯咯笑起来，松开了手，"后脑勺子上也长着两只贼眼。"

这副腔调，这个口气，正是跟我知己知彼的五斗四嫂子。

我揉眼回头一看，只见五斗四嫂子身穿北运河农妇的土染青布裤褂，头上罩着一块灰不溜丢的羊肚手巾，满面风尘，神色憔悴，手拎一袋子干粮，比叫花子好看不了多少。

"你又给娘家送吃食来啦？"我笑问道。

"小画匠，你是饱汉子不知饿汉子饥呀！"五斗四嫂子长叹一声，"到我娘家看一看，就知道我住娘家不能不自带嚼谷。"

五斗四嫂子口口声声叫我"小画匠"，是因为我在她家尿过几回炕，尿湿的被子挂在房檐下晾晒，很像一幅中堂。图案完全是大写意，可以随心所欲想象。有时像飞奔的马，有时像狂跑的牛，有时像展翅的鹰，有时像下山的虎……有时像花团锦簇，有时像绿树浓荫，有时像杂草丛生，有时像上吊的歪脖子树。见仁见智，观者自便。五斗四嫂子却慧眼独具，硬说我尿出了一幅天上八仙地下九美图，羞得我至今每一回忆都脖颈通红脸发烧。

满收哥得知五斗四嫂子来路不正，身份可疑之后，就千方百计监视提防。他在邻村地主家扛长工，早出晚归不能整天看守娘娘庙，就给了我个鸡毛当令箭，叫我在放假时常驻他家，形影不离看管五斗四嫂子。满收哥性情憨直，目不识丁却十分崇拜读书人。我当时刚念小学二年级，但在满收哥的心目中，已是不折不扣的孔圣人门徒；又因为我在课堂之外，从说书场上大得耳食之学，装满了一肚子故事，他就更觉得我超凡出众。于是刮目相看，委以重任。

叫我歇晌时陪伴五斗四嫂子，用一个又一个故事拴住五斗四嫂子的腿脚，不能外出活动。

满收哥缺心少肺，智商比五斗四嫂子低得多。五斗四嫂子一眨巴眼儿，就识破了满收哥的“锦囊妙计”。她不动声色，不露痕迹，笑脸相迎我到她家串门。夏季瓜果多，她充分满足我的贪吃爱好。连哄带骗，让我吃了西瓜又吃香瓜，西瓜香瓜一进肚子就化成了水，涨得我肚子上像扣了口锅。她不等我开口，抢先给我讲起北京城里的五坛八庙十景，绘声绘色，引人入胜，使我产生身临其境的感觉。我在五斗四嫂子的柔声曼调中酣然入梦。她趁此机会，急忙起驾，到村外的约定地点，跟情人会面。等她野合而归，我还沉睡不醒，只不过身下“水漫金山”，我像一片汪洋中的独木孤舟。

小儿尿炕，都自以为奇耻大辱，最怕声张出去，我也不例外。五斗四嫂子把我叫醒，一指被褥，虽不大喊大叫，却拿手指画脸蛋儿，羞个不住。我的把柄落在五斗四嫂子手里，便背叛了满收哥，对五斗四嫂子偷野汉子睁一只眼闭一只眼。五斗四嫂子把我擒下了马，偷汉子也就不再遮遮掩掩。她和我串通一气，亲密合作起来。

五斗四嫂子的情人叫柳串儿，也是个穷门小户子弟，只是心比天高，便好逸恶劳。他八岁那年给地主家当牧童，在河滩上放牛，看见河上划来一条客船，船上坐的都是草台班子的艺人，一路吹、拉、弹、唱，悦耳动听令人心醉神迷。他就像中了邪着了魔，扔了牛跳下河，追赶草台班子那条客船顺流而下。

一走十年重回鱼菱村，他长成了个细皮嫩肉的小白脸儿，横能吹笛，竖能吹箫，自拉自唱梆子二黄，就是懒得摸一摸锄、镰、犁、耙。多亏他家还有两间老房，他就扒了房卖柁梁檩柱，挑起了货郎担子。一副担子两个筐，一筐卖针线，一筐卖糖豆，吃的用的都有。谁知，他外貌鬼头蛤蟆眼儿，肚子里却是稀里糊涂胸无城府。他一不会嘴上说谎，二不会秤上闹鬼，唱了十来年戏，吃了十来年开口饭，虽学得伶牙俐齿，但是跟做买卖隔行如隔山；戏台上的油嘴滑舌，做买卖一句也用不上。真正童叟无欺，言无二价，便赚不了钱。一个铜板买来一个铜板卖出去，他只是个过路财神。而且，凡是俊眉俏眼的大姑娘小媳妇买他的胭脂、香粉、绢花、红头绳儿，他感情冲动起来，常常免费赠送。他把做生意当玩票，一年时光就赔了个“白茫茫大地真干净”。

他和五斗四嫂子的偷情，就是几缕彩线把他们拴在一起。

8

我的两只脚自幼就不走正路，从小便跟柳串儿气味相投，十分亲密友好。柳串儿虽然大我一截子，却把我当成难得的知己。他当货郎，对待顾客，男女有别；我是男顾客中最受优待的人，常拿糖瓜粘住我的嘴。他当着我的面跟五斗四嫂子“吃香香”，多少回我都秘而不宣。我爱听柳串儿唱戏，他的高腔能直入云天，低音能不绝如缕。不过，我更爱听他讲说戏文故事，痴迷他那天高地广的见闻。

草台班四面八方跑野台子，柳串儿行万里路胜过读万卷书；他一人所见，超出鱼菱村几百口子的眼界。他不但见过北京的前门楼子九丈九，还见过关东三大怪：窗户纸糊在外，养个孩子吊起来（摇篮），十七八的姑娘叼个大烟袋。并且享用了关东三宗宝：人参、貂皮、靰鞡草。三宗宝不光关东有，保定府也有，那是：铁球、面酱、春不老。……柳串儿讲说戏文时有演有唱。说到曹操演曹操，说到周瑜唱周瑜，说到关公和赵子龙便手舞足蹈，一讲起吕布戏貂蝉，更是眉飞色舞，得意忘形。

当时，我正在说书场上听《三国》，对赵子龙佩服得五体投地。

那天，在河滩上，柳串儿手持货郎担子的桑木扁担，唱、念、做、打，给我表演赵云大战长坂坡的一折。

“五虎上将谁的本领大？”我突然问柳串儿道。

“那还用问，赵子龙呀！”柳串儿收住扁担，抬起胳臂擦汗。

“关公怎么倒成了五虎上将之首呢？”

“他是刘备的二弟，跟皇上亲如一母所生，也就高居众人之上。”

“赵子龙不也是四弟吗？”

“老大、老二、老三是亲支近脉，老四是后来添上的点缀，好比后娘养的。”

“赵子龙打得过张飞吗？”

“张翼德怕不是赵云的对手。”

“马超跟张飞大战三百回合不分胜败，本领一般大小，也就打不过赵子龙啦！”

“打到三百零一回合，赵子龙就能拿下马孟起。”

“黄忠呢？”

“老将黄汉升的百步穿杨，能射中关公的盔缨，却射不中赵子龙一根汗毛。”

“赵云跟吕布，谁打得过谁？”我又提出一个古怪问题。

“他俩没打过。”柳串儿崇尚吕奉先，但为了不得罪我，只得闪烁其词。

“你就叫他们打一仗！”我穷追不舍，强人所难。

柳串儿抓耳挠腮想了又想，才吞吞吐吐地答道：“他俩……打个……平手。”

我恼了，红起脸吵道：“我就不信赵子龙打不过吕布！”

柳串儿慌忙改口，说：“有时……吕布……打不过赵子龙。”

“哪年、哪月、哪一天？”我逼问道。

“吕布好色，一跟娘儿们睡觉，要不动方天画戟，就不是赵云的敌手了。”

“一跟娘儿们睡觉就打败仗呀？”

“十有八九。”

“那我也跟……娘儿们……睡了觉，难道就打不过二狗、三秃、四麻子了吗？”

二狗、三秃、四麻子，是我童年的伙伴，常因结伙偷瓜，分赃不均，互相厮打。我自幼受宠抓尖儿，这几个伙伴都让我一头，每回动手只不过虚晃几招，然后便缴械投降。我不费吹灰之力占了先，不知人家是退让，却以常胜将军自居。

我这个自供，令柳串儿大吃一惊，瞪大眼睛问道：“你还是个没有拳头大的生瓜蛋子，怎么就跟女人睡觉？”

“我天天在五斗四嫂子身边歇晌呀！”柳串儿的少见多怪，也叫我迷惑不解。

柳串儿笑得搂着肚子在草地上打滚儿。

我们鱼菱村，有个花会子弟班，年年走高跷和跑旱船，我是子弟班里的一员，扮演拉船的村姑。柳串儿主演武扇公子，我给他配戏，又想跟他学艺，过几年个子长高，也演武扇，大出风头。

在柳串儿身上我有利可图，五斗四嫂子又略施小技将我降伏，我怎能不背主降敌？五斗四嫂子邀我到她娘家看一看，我岂敢不从？便愉快答应，欣然前往。

从东珠市口向南拐，走出几百步，忽见一大片黄水洼子，我忍不住惊呼起来：“多像咱们村南的大水塘！”

原来，此地便是南城有名的贫民窟。五斗四嫂子生于此地，长于此地，怪不得嫁到乡下很快就能入境随俗，没有几天便瞧不出城里人模样儿。五斗四嫂子牵着我的手，低头紧走，说：“珠市口东西马路，好比王母娘娘拔下银簪儿划出的天河，道南路北两重天。”

道南路北的分野，直到我在北京念中学，才了解其壁垒之严，鸿沟之深。简单说一句：路北高贵，道南低贱。戏曲演员，严禁道南的到路北演出；路北的如到道南登台，便是丢人现眼，永远被排斥在路北之外。道南的妓女，也比路北的妓女低三等矮三辈儿。穿着打扮上，道南的俗，路北的雅。人力车夫的号坎儿，在道南能打补丁；一过路北，连裤褂都得里面三新。

“看，多大一溜牲口棚！”我又有所发现，大惊小怪。

“住嘴！”五斗四嫂子喝道，“那是人住的地方。”

金鱼池堤坡下，天坛公园北墙外，一簇簇、一片片、一排排的泥棚夹道，形成一条条七拐八弯的盘肠巷子。一排泥棚十几个门，拥挤得像蜂房，每座门挂一张打着五颜六色补丁的布帘。巷子里，扭扭摆摆走动着许多妖形怪状的女人，这些女人脸上搽着灰白的劣等脂粉，嘴唇抹成血盆大口。一有男人路过，便蜂拥而上，大呼小叫着拉的拉，拽的拽，好像要五马分尸，生吞活剥。

多少年以后我才得知，这里是北京最下等的妓女卖淫之处。每张门帘内，长不过七尺，宽不过二尺；没有床，没有炕，只有一条大板凳。

这些妓女，很多人都认识五斗四嫂子，有的热辣辣，有的甜腻腻，管她叫妹子。她也投桃报李，三姐长二姐短，乱叫一气。有的妓女指着我问道：“妹子，这就是你的乡下小女婿？”五斗四嫂子掏出手帕，给我擦了一把鼻涕，说：“我那个乡下女婿是头大叫驴，这头儿马蛋子长大了给我拉帮套！”于是，逗起满巷子的浪笑声。

走出这条巷子不远，便是五斗四嫂子的娘家。那是一座破瓦寒窑的大杂院，满院子坑坑洼洼，污泥浊水，散发着潮湿霉烂气味。

五斗四嫂子的妈，大高个儿，却又罗锅腰，秃头上罩着一张发网遮丑，鹰鼻鹞眼龅牙齿，皮笑肉不笑的一张马脸。

“我的宝贝儿亲闺女，给妈带来什么好吃的？”这个马脸老婆子虚情假意两三句，便伸手向五斗四嫂子讨取“贡品”。

五斗四嫂子打开口袋，亮出的还是“黄货”，堆着笑脸道：“等过了麦收，就给您送细粮来。”

马脸老婆子哼了一声，说：“你那几个姐姐可不像你，嫁出去的女儿泼出去的水，一个个身在曹营心在汉，日思夜想惦念老娘，哪一趟来都比你油水大。”

五斗四嫂子面带愧色，低下头，说：“我这趟回来，住一住就走。”

“几天？”马脸老婆子冷冰冰地问道。

“多则五天，少则三日。”五斗四嫂子可怜巴巴地答道，“我在乡庄子憋闷得慌，回来想到天桥看看杂耍儿，听听小戏。”

“那就散逛三天，两天效力！”马脸老婆子口气强硬地下令。

“不！”五斗四嫂子的脸一阵红一阵白，“我是有主儿的人了，不能再拿着身子做皮肉生意。”

“你在乡下不是也靠上情人了吗？”

“那是宝剑赠予壮士，红粉送给佳人，不是买卖。”

“贱货，滚！”

五斗四嫂子扯起我的手，冲出门去。

在我的记忆里，五斗四嫂子从此就没有回过北京住过娘家。

其实，马脸老婆子只是五斗四嫂子的养母，并不是生身的亲娘。灾荒之年，马脸老婆子贱价收购贫女，养上几年，或卖出作妾，或留在家里做暗娼，或辗转租赁给外地客商，长期的数年，短期的几月。北京城里闹饥荒，马脸老婆子便把这些养女卖给乡下人换吃食。五斗四嫂子也就被卖到鱼菱村。

五斗四嫂子，这个市井下层出身的城里人，在京东北运河大地上找到了归宿，乡土化了。

9

乡土化了的五斗四嫂子脱胎换骨变了个人，她从柳串儿身上收回了心，一心不二跟满收哥过日子。满收哥心满意足，既往不咎。五斗四嫂子不是薄情寡义的女子，她叫满收哥跟柳串儿拜把兄弟，带着柳串儿到地主家扛长工。满收哥不但有两膀子力气，而且是一身全活儿，站在人市上是抢手货，自从跟柳串儿拜过把兄弟以后，谁家想雇他，还要搭配一个柳串儿。

我的家乡四七年土改，四八年复查。这年暑假我回村歇伏，听说柳串儿跟小地主曹七寡妇结了婚。我恨他骑瞎马走黑道，真想当面臭骂他一顿，只是不愿到地主家沾一身晦气，便偷偷去找五斗四嫂子，问个明白。谁想，身为贫农团妇女会委员的五斗四嫂子，竟是他们的媒人。

“他俩结为夫妻，只怕不相当吧？”我觉得五斗四嫂子有点丧失立场，绕着弯子想点醒她。

五斗四嫂子虽然身穿农家妇女的土染青布裤褂，腰间却扎着一条皮带，挺胸叠肚咄咄逼人，头上脚下浑身革命风味。

她一点也不惭愧，说：“一个光棍儿，一个寡妇，说不上郎才女貌，也算得是瘸驴破磨。我给他俩说媒不是敌我不分，是替贫农团树立一个先进典型。”

我大惑不解，寻根问底才恍然大悟。

鱼菱村的土改开头很左，贫雇农不但要平分地主家的土地、房屋、骡马和农具，而且要平分地主家的单身女人——姑娘和寡妇。为了公平合理，平分女人时要抓阄儿。

满收哥带着柳串儿扛了几年长工，柳串儿虽没有修成正果，却也摔打得有几分模样了，也就不再牵着满收哥的衣襟儿上人市。

他头一天亮相，就被小地主曹七寡妇雇了去，工钱不比满收哥少一分一文。

柳串儿喜出望外，又心中起疑，忙找五斗四嫂子请教。他俩已经几年不过身，柳串儿改口管五斗四嫂子叫大姐了。

“那娘儿们看中了你。”五斗四嫂子一针见血，“你白天是拉犁的牛，黑夜是配种的马，该跟她要双份工钱。”

柳串儿满脸通红，满头出汗，说：“我……心里有你……怎能跟她……”

“你忘了我靠上她吧！”五斗四嫂子快刀斩乱麻，“那娘儿们比我长得好看，人品可没有我善良，你跟她过身别过心。”

曹七寡妇十九岁死了男人，公婆逼她守节。几年后，婆婆病死，公公是个色鬼，眼珠子整天在她的胸脯上乱转。曹七寡妇欲擒故纵，一天夜晚睡觉不关门，叫公公爬了一回灰，便大哭大闹，寻死觅活。公公亏了理，就把家产交给了儿媳。曹七寡妇当了家。当了家就变了脸，心狠手辣又假装孝顺，百般折磨爬灰的公公取乐儿。爬灰的公公不到二年便一命呜呼，她却又搭棚念经大办丧事，杀人不见血。但是，虽然拔除了眼中钉肉中刺，却仍旧不能随心所欲。寡妇改嫁，扫地出门；坐地招夫，族规不许。于是，她挖空心思，另想门路。三道篱笆四堵墙，拦不住她的心猿意马。不改嫁不招夫又不守空房，只有在长工身上打主意。

曹七寡妇只算个小地主，平日只雇一个长工，农忙时节叫两个短工。白天长工黑夜姘头，她头一个就想到柳串儿。

五斗四嫂子料事如神，柳串儿到曹七寡妇家上工的当晚就上了炕。

贫农团要平分地主家的单身女子，曹七寡妇不但毫不恐慌，而且迫不及待；不过也怕不能配给柳串儿，有些寝食不安。

这时，贫农团想树立个自觉自愿的典型，五斗四嫂子马上提出柳串儿和曹七寡妇正是现成的一对。贫农团赏脸，五斗四嫂子说媒，柳串儿和曹七寡妇骑大马戴红花，大摆酒筵三十桌，婚礼十分盛大，非常风光。

平分地主家单身女人的行动刚冒头，就被纠了偏。在鱼菱村，柳串儿和曹七寡妇成了绝无仅有的一对儿。

他俩风光了十六年，在鱼菱村享受平等待遇，并不低谁一等。哪里想到，六四年闹起“四清”运动，这一对先进典型走了背字儿。曹七寡妇又被重划为地主，还戴上帽子，受到管制。柳串儿被划为游民，喊冤叫屈，不服上告，又被追加为不戴帽子的坏分子。

两口子降为贱民，四个儿女也一下子沦为狗崽子。柳串儿呼天不应，唤地不灵，走投无路只有找五斗四嫂子。五斗四嫂子是贫协委员，柳串儿白天不敢登门，等到月黑风高的夜晚，才偷偷从后门蹭进去。

那时，五斗四嫂子已经四十多，满收哥眼看就五十，老两口子滚在一条炕上二十多年，却没见着一男半女，积下一块老大难的心病。

柳串儿夜晚登门这一天，满收哥和五斗四嫂子正双双病卧在炕上。老两口子一声高一声低呻吟，谁也顾不了谁。柳串儿来得正巧，给他们烧水做饭，又煎汤药。

“兄弟，多谢你了……”五斗四嫂子喝着柳串儿熬的热粥，眼泪一对一对儿落进粥碗里，“我身上有病，肚里无食，你晚来一步，只怕就看见我在炕上晾尸了。”

正走背字的柳串儿，这些日子愁得面黄肌瘦，又一个多月没有剃头刮脸，活像个囚犯烟鬼。他咧嘴一笑，心中酸苦，也淌下了泪，说：“不管真龙天子，还是草民百姓，吃五谷杂粮谁能没个头疼脑热？你们两口子比我福气大，寿数长。”

“活过了八十满一百，一死还不是野狗扒孤坟？”满收哥长吁短叹，“哪比得你两儿二女，死后有人穿白戴孝，四时八节坟前烧纸。”

“姐儿俩守寡，谁难受谁知道。”柳串儿哭丧着脸叫苦，“你们贫下中农，有儿有女是福，我的儿女摊上地主的亲娘坏分子的爹，可就陪着我们受罪。”

五斗四嫂子瞪他一眼，哼道：“都怪你这个下流坯子，贪爱曹七寡妇那眼热窑，才下出这么多崽子。”

“要骂你就骂送子娘娘瞎了眼。”柳串儿奴颜婢膝涎着脸儿，“她老人家好比下蛋的母鸡找错了窝儿，把该送到你家的四个孩子，搡进了我家门儿。”

满收哥一阵憨笑，说：“送子娘娘真能赏给我一儿一女，我就知足常乐了。”

柳串儿连连点头哈腰，问五斗四嫂子道：“大姐，我情愿分给你一半，你肯开恩收留吗？”

五斗四嫂子沉吟了一会儿，一拍炕席答道：“贫下中农理当人丁兴旺，地、富、反、坏应该断子绝孙，我把你的四个孩子全部没收！”

“东方红，太阳升，大姐才是我的大救星！”柳串儿趴地上磕响头。

几天之后，柳串儿的两男二女更名改姓过了户，也就摇身一变而成贫下中农子女。

十年动乱开场时，大小子十八，在公社中学念初三；大丫头十五，在公社中学念初一；二小子十二，二丫头八岁，都在村里上小学。城里的革命小将奉旨冲向社会，有几位下乡发动造反，到中学和小学散发红臂箍。大小子和大丫头本来当上了红卫兵，二小子和二丫头更当上了红小兵。不想有人告密，说这兄妹四人是四根水萝卜——红皮白心。他们的红臂箍又被收缴回去。五斗四嫂子出面力争，革命小将叫她把这四根水萝卜吃进肚子里，重新一个接一个生下来。这叫回炉再造。

五斗四嫂子无计可施，夜黑打发大小子把柳串儿找来。

“唱一出周瑜打黄盖吧！”柳串儿在五斗四嫂子耳旁如此这般。

“使不得，使不得！”五斗四嫂子一连串摇头不止，“儿女怎能斗爹娘，打爹娘？”

柳串儿凄然一笑，说：“他们不斗有人斗，他们不打有人打；只要换回红臂箍，这场苦肉计就唱得有赚。”

过了两天，鱼菱村的男女老少人人得见，柳串儿的四个儿女给他们的亲生父母戴上尖帽子，挂上黑牌子；一人手中一面破锣，在儿女的鞭打下游街示众。

红臂箍不但失而复得，大小子后来当上了工农兵学员，大丫头嫁给了一个军官当随军家属，二小子被化工厂招了工，二丫头到城里的副食店当了售货员。眼下，他们四人，大的四十出头，小的也三十开外，都已为人父母。二小子娶的是杨二婶子的二女儿，小两口在邻近化工厂的市郊农户租下两间小房安了家，接二连三生了一个又一个报不上户口的“黑孩”。

满收哥和五斗四嫂子活得耳不聋、眼不花、腰不塌。老两口子男主内女打外。满收哥承包十亩地，年年万斤粮。五斗四嫂子到底是城里人出身，做生意跑买卖无师自通，三天两日进城走一遭，收入相当满收哥的两倍。

曹七寡妇摘了帽子，改变成分，大喜过望乐昏了头，手拍着巴掌栽倒在地，倒地便没有爬起来，也算含笑九泉了。柳串儿不但没有痛不欲生，反倒笑口常开老来俏。这几年北运河农村富则思乐，村村庄庄闹花会。柳串儿虽走不了高跷，跑不了旱船，却被各村争抢当把式，一天工钱整一张（十元），还得款待三顿酒肉。他没有腰缠万贯，存款也够四位数；而且吃得腰粗三围，油光满面，一副春风得意的神气。

三老都不靠四少养活。

10

我沿着北运河两岸仍然依稀可见的纤道，一天河东一日河西，跑了一村又一村，看望我所想念的故人。蜻蜓点水，交叉进行，曲里拐弯，随心所欲。

这天我到鱼菱村看望丫姑，在她家酒足饭饱之后，顾不得歇晌睡个小觉，抹了抹嘴就急忙上路，临走还捎带了两个西瓜一筐桃。车跑一溜烟，车后是丫姑给我送行的笑骂声。

丫姑的笑骂声虽不是大珠小珠落玉盘，我听着却悦耳动心，百听不厌；见面不挨她几句骂，就像冬天吃牛肉、粉丝、冻豆腐、酸菜汤，却忘了搁辣椒油，吃在嘴里咽进肚里都觉得美味中少了一香。

我一生的头一个花案，也就是桃色事件，就发生在丫姑身上。

我落生那年，丫姑七岁，被后爹卖到我们鱼菱村张家当童养媳。等我七岁的时候，丫姑已是我村屈指可数的俊俏少女。鱼菱村虽没有《红楼梦》的十二金钗，却有自己土生土长的十二荆钗，我是贾宝玉投胎到蒲柳人家，自幼就喜欢追随女性，对于丫姑更是鞍前马后，形影不离。三伏八月天，吃过午饭要歇晌丫姑却要到河滩打青柴，每天都带着我陪王伴驾，一为避嫌，二为壮胆。她说我是贴身小厮，我高兴得就像赏戴三眼花翎黄马褂，官封了一品。

一天歇晌时分，我又到丫姑那里上朝站班。从我家到她家，要走一条街。我头戴柳圈儿，光屁股围一条红兜肚，手里拿着一把碧桃木刀，口唱："小小子儿，坐门墩儿，哭哭咧咧要媳妇儿……"大摇大摆穿街而过。

路边老槐下，给我接生的赵大奶奶，正坐在浓荫中摇着纺车纺线，听我唱得有趣，瘪着嘴问道："孩儿呀，你娶谁当媳妇儿了？"

我专心唱着儿歌，没听清老人家的问话，只当问我到哪儿去，便顺口答道："丫姑……"

赵大奶奶年过八十，满槽的牙掉得一颗不剩，是一张漏嘴，逢人便讲我要娶丫姑。一传十，十传百，几天工夫，全村皆知。

丫姑被婆婆毒打了一顿，罪名便是赵大奶奶那以讹传讹的谣言。丫姑的丈夫也在外村一个地主家扛长工，一年中只有三节（春节、清明节和中秋节）回家看一看。丫姑的婆婆怕丫姑在圆房成亲之前思春心野，难耐寂寞，招蜂引蝶，三天五日就找个借口，不打个皮开肉绽，也打个鼻青眼肿，这叫杀一杀邪气。在丫姑婆婆眼中，我这个七岁的孩子，竟成了勾引丫姑的好色之徒。

我被蒙在鼓里，仍旧找丫姑到河滩打青柴。丫姑眼哭得像红桃，脸色像白菜叶子，见我前来找她，恶狠狠剜了我一眼，鼻孔哼了一声，背起柳筐就奔河滩大步走。

“丫姑，等一等……”我在她身后紧追慢赶，活像一只摇尾乞怜的哈巴儿狗。

来到一眼望不到边的河滩上，丫姑忽然拧腰急转身，脸色铁青，寒气逼人，一个枯树盘根扫堂腿，把我四脚拉叉扫倒在一片野草蓬蒿上。

“坏，坏，坏！”丫姑骑住我的腰，一手掐脖子，一手拧我大腿根子肉，“我叫你奶黄子还没褪净，就想当采花淫贼。”

“丫姑，冤……枉！”我被拧得疼痛难忍，哭天喊地。

“你还敢铁嘴钢牙不认账？”丫姑拧了个够，又撕我的嘴，“你想没想要媳妇儿？”

“丫姑，我……想……想……”重刑之下，我被屈打成招。

“想谁？”丫姑又逼问道。

“想……想……”

啪！丫姑一巴掌拍在我的屁股蛋子上，火烧火燎。

“不招还打！”

“想你……”

“为什么想我？”

“你头发黑，辫子长……”

“还有呢？”

“你眉眼儿俏，脸蛋儿红……”

“原来你这个拳头大的小崽子，肚子里装的是脏心烂肺！”丫姑站起身，一脚把我踢了个三起三落狗吃屎。

我的腿根子被拧得青紫，两腮肿得像猪八戒的拱嘴，罗圈着两腿哭回了家。

奶奶见自家的娇哥儿受了欺辱，吃了大亏，心如刀割，火冒三丈，匹马单枪，咆哮着直奔丫姑家堵门骂阵。

鱼菱村刘家的火神奶奶，方圆左右七里八村谁惹得起？丫姑的婆婆本是一只窝里横行的纸老虎，面对强敌见硬就软，低声下气开了门，屈膝乞降就像老鼠见猫。

“这个死丫头，真敢下黑手呀！”丫姑的婆婆一边咬牙切齿咒骂丫姑，一边甜言蜜语哄我高兴，“娇哥儿，等那死丫头打青柴回来，我把她捆手绑脚放躺地上，她拧你的大腿根子一把，你就拧她十把，她撕你的嘴一下，你就撕她十下，撕着拧着不解恨，你拿赶驴的鞭子抽她。”

“不拧她，不撕她，也不抽她！”我急得蹦跳喊叫。

丫姑的婆婆摸着我的脑壳，谄笑道：“娇哥儿怕累着身子，闪了腕子，我替你掌刑。”

“不许你捅她一指头！”我又断喝一声。

“娇哥儿真是个佛心人。”丫姑的婆婆仍是满脸堆笑，“死罪免了她，活罪不能饶了她，叫她三跪九叩给你磕七七四十九个响头。”

“我不想叫她受罪。”

“那就把她交给你，你愿意怎么发落就怎么发落。”

赶来看热闹的赵大奶奶，聋着两只耳朵插了话：“带回家去拜花堂，拜完了花堂入洞房。”

丫姑的婆婆恼了，吆喝赵大奶奶道：“谁叫你这个老贫婆多嘴！”

赵大奶奶不但耳聋听不见她的吆喝，而且老眼昏花，也看不清她的脸色，仍旧自弹自唱，自说自话：“一个金童，一个玉女，我当这个拴红线的媒人。”

丫姑的婆婆不愿跟这位聋老太婆枉费唇舌，便改换一副嘴脸，玩笑着问道：“娇哥儿，只要你能消了气，我就把那丫头给你。”

“给我我就要！”我破涕而笑，跳着脚拍手。

反倒是我奶奶觉得我年幼无知，说话不知深浅轻重，假装生气骂我道：“疯言乱语，割你舌头！”

丫姑的婆婆却顺水推舟，嬉笑道：“火神奶奶，娇哥儿看中了这个丫头，也是前世有缘，等那丫头打青柴回来，你就把她带走。”

丫姑背着一大捆青柴，早已站在柴门外，偷听了半晌。

我看见了她，赶忙迎出门去，牵着她的手，说：“丫姑，你是我媳妇了，咱俩回家吃一锅饭吧！”

“小祖宗，她是活人妻，你亏情欠理犯王法呀！”我奶奶知道我是个一条道走到黑的死心眼子，急得团团打转。

虽然我奶奶是个有名的全无敌，但是每一回跟我对阵，都是我的手下败将。我的拿手好戏便是躺倒打滚儿，两手乱抓，两脚乱跳，扯破了喉咙哭叫："爷爷，爷爷！快……快……来呀！"

奶奶和爷爷在我身上争相讨好，奶奶给我买一串糖葫芦，爷爷至少买两串，爷爷跟我吹胡子瞪眼，奶奶便把老伴骂得体无完肤，温言柔语哄笑了我。反之，也是如此。

我哭叫爷爷，表明我跟奶奶已经疏远，奶奶便乱了手脚慌了神儿，口气一变笑道："小祖宗，你摘星星不敢给月亮，奶奶依了你！"

我从地上一跃而起，帮丫姑卸下背上的大捆青柴，扯起她的胳膊便走。丫姑的婆婆忽然抢上一步，张开双臂拦道，"买头羊羔猪崽子，也得有个讨价还价呀！"

"你要多少钱？"我奶奶板着脸问道。

丫姑的婆婆嘿嘿一笑，说："咱们走马换将，不钻钱眼儿。"

我奶奶还是摸不着头脑，又问道："你要我家的房，还是要我家的地？要我家那头牤牛，还是要我家那匹叫驴？"

"只要你花钱给我娶个儿媳妇。"丫姑的婆婆最会吃小亏占大便宜，"你赔给我的媳妇进了门，我把丫姑当闺女嫁到你家去。"

我爷爷在鱼菱村是个有名的红脸汉子，奶奶比爷爷更能快刀斩乱麻，当下便一言为定，跟丫姑的婆婆三击掌。

说定了换亲，我只得叮咛丫姑道："等着我雇花轿来抬你。"

谁知，我奶奶粗中有细，讨来丫姑的生辰八字，找个算命先生合婚。十二属相各有相克，卦曰："蛇鼠如刀错，龙兔泪交流，金鸡怕玉犬，白马犯青牛，肥羊入虎口，猪猴不到头。"丫姑属蛇我属鼠，结亲是个断头婚。不管我哭闹着要拆房扒炕砸饭锅，爷爷奶奶结成了神圣同盟，异口同声不答应。

这一年我上了小学。读，读，读！书中自有黄金屋。读，读，读！书中自有颜如玉。读，读，读！书中自有千钟粟。我一心不二扑在书本上，丫姑便失去了吸引力。我已嗜书如命，又岂能好色成性？

后来，丫姑圆了房，我竟无动于衷，毫无醋意和伤心之感。

一转眼到一九四九年暑伏时节，我年已十三，就读初中。正值盛夏，学生放假，农民挂锄。我回村度假办了个民校，夜晚借村办小学的教室上课。万事俱备，招收学员，我头一个想到的就是“未婚妻”丫姑。这么多年我跟她藕断而丝连，每年寒暑假回村，都要到她家串串门，坐一会儿。婚姻不成仁义在，互相之间并无邪念。

丫姑已经二十岁，没圆房她是全村最美貌的少女，圆了房是全村最俏丽的媳妇。这时她正身怀六甲，脸上长出几朵蝴蝶斑，虽然略减几分姿色，但是站在女人堆里仍然最引人注目。我到她家做动员工作，她的公婆和丈夫都很赏我的脸，我刚张嘴就全家一致通过。

入学要有学名，俗称大号。丫姑姓张。我忽然想起武侠小说《三侠剑》中的红衣女道姑张茂，是名列天下武林第二位的剑客。张茂实有其人，已故历史学家谢国桢教授考证，她是明末清初京郊三河县的农民起义军领袖之一。我是通县人，通县跟三河县仅一河（潮白河）之隔，所以我对张茂极感兴趣和十分偏爱。我想张茂虽武艺高强，却只怕目不识丁；于是我给丫姑起名叫茂文，与一介武妇的老张茂分庭抗礼。

不料，丫姑只念了三天书，便被迫辍学。

原来她上民校以后，便暴露了“图谋不轨”。她不喜欢自己的丈夫，打算学得识文断字，能写会算，出去当“工作人”。当了“工作人”便可以跟丈夫离婚，追求新生活。她惨遭丈夫的毒打，公婆又威胁要砸断她的两腿。面对强大的封建势力，我虽无比悲愤，却无能为力，气得把民校关了张。

丫姑早产了个女儿。

11

丫姑自己没有飞出牢笼，下决心要在女儿身上实现愿望。一九五六年我下乡挂职，当了个有职无权的副乡长。丫姑的女儿此时已经六周半，鸭蛋脸丹凤眼，活脱像她娘。丫姑请我吃了一顿荞麦面饺子，叫我给女儿起个上学的名字。我沉吟片刻，给她起名桂蟾，寓意蟾宫折桂。后来觉得蟾字虫旁，写出来不好看，便改为《离骚》里婵娟的婵。婵与馋谐音，这丫头念了几年书，认为叫起来不雅，又自己更名为桂娟。改名之前，问过我的意见，我感到娟字使用的人多，未免流俗，挑选了同音的鹃。

鹃妹子念书十分聪敏，丫姑更不惜工本，不跨进大学的高门槛不罢休。谁想，鹃妹子刚念到初中三年级，正赶上十年动乱，学校全被砸烂，上不了高中还梦想什么上大学？她只得回村劳动。

我匿居乡里那些年，祖宗十八代都是贫农的丫姑母女，待我亲如一家。这时，丫姑的公婆已经过世，丈夫早被降伏，她成了一家之主。十年动乱开场那年的三伏八月天，红卫兵下乡打杀黑五类，我们鱼菱村人心惶惶，鸡犬不宁，恐怖气氛有如日本鬼子大扫荡前夜。丫姑母女不怕招灾惹祸，引火烧身，把我隐蔽在她家的仓房里，里边插闩，外边挂锁。约定丫姑报警或鹃妹子送饭，敲门紧三慢四、慢四紧三，我的应声是一高两低、两低一高，接不上暗号便不开门相见。

这天上午，四名红卫兵小将，两男二女，勾肩搭背，光临丫姑寒舍。丫姑在房檐下编筐，鹃妹子在冷灶上给我做饭。我隔着门缝，看得真真切切，禁不住肉皮子发紧，身上不寒而栗。

“家里有人吗？”手拎着军用皮带的红卫兵小头目，大模大样而又懒洋洋地打着饱嗝儿问道。

鹃妹子头也不抬，说：“你的眼睛长在后脑勺子上啦？”

“咦！谁家狗叫？”一个身穿旧军装的女红卫兵，假装东张西望，自言自语。

“呸！”鹃妹子双脚一跳三尺高，“你他妈的才是瞎眼的癞母狗。”

原来，这个女红卫兵本是土产，家住河西岸的柳湾，跟鹃妹子是初中同学，诨名幺娥子。她比鹃妹子高一班，去年考取了县城的高中。没有家贼引不来外鬼，城里的红卫兵下乡打、砸、抢，就是她带的路。

“同志们！”幺娥子恼羞成怒，从腰间解下皮带，挥舞狂叫，“敌人就在面前，冲！”

“慢！”红卫兵小头目力求装得沉着镇定，政策水平高，“我们首先要了解一下这个柴火妞子是什么成分？”

“什么成分？”另外三人帮腔，扯着脖子吆喝。

鹃妹子不慌不忙，冷笑了两声才答道：“我借给你们四两棉花，你们到前村后庄纺（访）一纺（访），姑奶奶的出身成分谁人敢比？”

“我就敢跟你比个高低上下！”红卫兵小头目的一个男跟班，一拍胸脯，大拇指点着鼻梁叫字号。

“亮牌子吧！”鹃妹子坐在锅台上抱着腿，斜刺了这个小子一眼。

“革干！”

“你爹是个多大的官儿？”

“首长的……秘书。”

“你爷爷呢？”

“我……没见过，不……详细。”这个男跟班涨紫了脸吞吞吐吐，似有难言之隐。

后来两派红卫兵揭老底儿，对立的那一派查出这个小子的祖父是洋行买办，于是被本派开除，剥夺了红臂箍，被归入“可教育好的子女”队列。

“不敢查三代，我看你不是纯种红五类！”鹃妹子见他不堪一击，又逼视红卫兵小头目，“你呢？”

“革军！”红卫兵小头目双手叉腰，气壮如牛，“我爹是部队的劳改农场场长。我爷爷在旧社会的戏班跑龙套，吃的是猪狗食，干的是牛马活。”

“你爷爷的爹是干什么的？”鹃妹子刨根问底。

红卫兵小头目也脸涨得通红，连说：“查三代足够了，足够了。”

另一个女随员，虽是工人出身，可惜她爹是个缝破鞋的手工业者，不是正统产业工人，牌子大为逊色，也就不那么硬气。

幺娥子恨不能地上有个窟窿，她一头钻进去。撒谎瞒不了当地人。如果鹃妹子翻箱子倒柜，揭露她家的家丑，只怕她在战友们面前无地自容。骂人不揭短，打人别抓脸，鹃妹子嘴上留德，不愿拆穿她的真相。

“柴火妞子，该听你唱啦！”红卫兵小头目转守为攻，呼三吼四，吆五喝六。

“扯起你们的耳朵，瞪大你们的眼睛，看姑奶奶亮相，听姑奶奶自报家门！”鹃妹子的声腔姿态，不像《红灯记》的李铁梅，也像《杨三姐告状》的杨三姐，“姑奶奶是贫农，姑奶奶的爹是贫农，姑奶奶的爷爷也是贫农，姑奶奶的爷爷的爹，还是贫农……根比你们红，苗比你们壮，你们给我屎壳郎推粪球——滚蛋！”

四个红卫兵屁滚尿流而去。

“哈哈哈哈！”房檐下编筐的丫姑扔下手中的柳条子，笑得前仰后合。

刚才鹃妹子跟红卫兵唇枪舌剑，丫姑一声不吭，现在雨过天晴，却大笑连声，未免有点坐山观虎斗。我在仓房里，忍不住隔着门缝埋怨道：“鹃妹子一个人对付四个敌手，您不该按兵不动。”

“杀鸡还用宰牛刀？”丫姑擦着笑出来的泪水，“过去我老骂你鹃妹子口闷，谁知事到临头，噼里啪啦的热锅炒豆子。”

我和丫姑母女虽不过是一场虚惊，却因而得见疾风劲草、患难人心。

城里的红卫兵虽然得胜还朝，却留下幺娥子在运河滩上一把一把放火。各村吃运动饭的嘎杂子，也像雨后的狗尿苔，成帮搭伙冒出来。这个村成立造反团，那个村拉起战斗队，趁火打劫，官报私仇。后来，这个村的造反团到那个村横扫牛鬼蛇神，那个村的战斗队到这个村揪斗地、富、反、坏、右；整个北运河两岸，天昏地暗搅成一锅粥，我不能老躲在丫姑家里避难。队里怕我被外村的歹徒抓走，就打发我到河滩上放牛，带一天的干粮，天大黑回村。有个风吹草动，十八里河滩处处可以隐藏不露。

沿河十八里，岸上绵延着茂密的柳棵子地，河边丛生着高过人头的水草、芦苇和野麻，隐藏三五百人，显微镜也看不见。我的童年时代，八路军县支队和区小队，县政府和区公所的工作人员，在这十八里柳棵子地中安营扎寨，日本鬼子和伪军不但搜寻不到人影，而且常被伏击。敌人放火烧荒，只能烧焦一片片杈杈蔓蔓，下一场雨又枝繁叶茂起来。

大黑牤牛在河滩上吃草，我钻进柳棵子地里，找一块白沙地躺下来，看我带在身边的书报。隔河是京津公路，造反小将的卡车一辆又一辆南来北往，喊哑了的嗓子大吼语录歌曲，噪音震耳欲聋。远近村庄，鸡飞狗跳，孩子哭大人叫，口号声响成一片，尘土遮黑了半边天。

这一天中午，大牤牛吃饱肚子，卧在河滩的伞柳下喘息。我在柳棵子地里打开干粮袋子，掏出一个大白馒头和一根老腌萝卜，正要吃饭，忽然发现几条柳枝后面，有一双乌溜溜野葡萄似的黑眼睛，可怜巴巴盯着我，干燥的舌头舐着长满口疮的嘴角。我仔细一看，是个泥头土脑的小女孩儿。

我马上想到，这个孩子一定是被造反团追杀、逃亡到柳棵子地里的地、富、反、坏、右的女儿。

一人有罪一人当，几岁的儿童何罪之有？我心中一酸，掰下半个馒头，问道："你饿了吧？快吃。"

小女孩儿眨了眨眼，淌下两串露水似的泪珠儿。

"大叔，您也是给造反团……扫地出门的吗？"小女孩儿嗓子喑哑，哽咽着问道。

我笑了笑，点点头，说："你的眼力，入木三分。"

小女孩儿见我穿得干干净净，又半信半疑地问道："您……怎么没挨打呢？"

我笑着答道："闻风而动，我跑得快。"

"您是地主？"

"不是。"

"富农？"

"不是。"

"反革命？"

"也不是。"

"坏分子？"

"更不是。"

"那您是哪一路人呢？"

"右，老右。"

"嗬！"小女孩扑闪着水汪汪的大眼睛，"您就是那个敢替老百姓说话的人吧？"

我的身心一震，冲口而出问道："你怎么知道，听谁说过？"

"十年前，咱们运河滩有个刘乡长，救过我娘的命。"小女孩儿像个饱经忧患的成年人，连声长吁短叹，"听说刘乡长得罪了奸臣小人，遭了难，我娘哭了几回。"

"小姑娘，你娘叫什么名字？"我急切地问道。

我那急赤白脸的神色，吓得小姑娘像受惊的鹌鹑，一缩身子钻进柳荫深处不见了。我后悔吓着了小姑娘，又心疼她还饿着肚子，也就顾不得吃饭，提着干粮袋子追寻这个可怜而又可爱的小姑娘。

柳棵子地密密层层，像一道道不透风的篱墙，拨开柳枝钻出半个身子，野花藤萝又绕住了腿。钻过一层又一层，我通身大汗，黏湿的衣裳箍紧身子，累得我大口大口喘气。这时，眼前闪现一片白沙，我拼出全身力气扑过去，想在白沙地上躺一躺，歇一会儿。

突然，一声尖叫，令人毛骨悚然。我抹了一把汗水，这才看见，一个光着身子的女人，满身紫斑和血痕，死尸一般一动不动。

我慌忙后退。

“刘……刘乡长，救……救命啊！”女人呻吟着哀叫。

一九五六年春到一九五七年夏，我在运河滩挂职深入生活，当过一年多的副乡长。事隔多年，已经没有几个人知道我这个官衔，连我自己也早忘了个干干净净。

“你是谁？”我隔着一道柳墙问道。

“你难道忘了……我叫红枣儿……”女人呜呜哭着，“那个……那个狗宝媳妇。”

我想起来了。

当年我当副乡长时，乡政府有个跑腿的叫贾狗宝，是个奸、懒、馋、猾、坏的家伙，名声很臭。他的姐姐是乡长的姘头，乡长就把他安排在乡政府当跑腿，仍是农业人口，但是挣工资。那时候电话还没有普及，也没有有线广播，通知开会，下达文件，传唤乡民，都是他骑着自行车各村跑。这个家伙狗仗人势，无恶不作。乡政府所在地的村里，有个开豆腐房的老头，老头儿的独生女儿叫红枣儿，小家碧玉，一朵鲜花。狗宝看中了这个姑娘，乡长亲自出面做媒，一天八遍逼婚。豆腐房老头草民胆小，不敢不点头。过门之后，狗宝才知道红枣儿已经怀孕三个月，把红枣儿打得七死八活，身下一摊血，胎儿流了产。原来，红枣儿早有一个情人，是个走村串乡的穷画匠。狗宝像疯狗红了眼，把红枣儿打成重伤，又手持一把杀猪的青条子，要把画匠大卸八块。我见狗宝疯狂行凶，忍无可忍，便跟乡长撕破了脸，下令民兵把狗宝捆绑起来，押送公安局拘留，又将他从乡政府除名。红枣儿离了婚，画匠却逃得不知下落，只得改嫁一个窝窝囊囊的男人。过了几个月，外逃的画匠回了乡，又跟红枣儿重归于好，红枣儿那个窝囊丈夫却跟画匠亲如手足，相安无事。狗宝一直怀恨在心，伺机报复。他的胞妹幺娥子从城里带来红卫兵，他当天便立旗造反，闯进红枣儿家，把红枣儿扒个精光，鞭打一顿，又绑架到大场上吊起来，迎面开动脱粒机，玉米粒子像冰雹打在红枣儿身上，红枣儿遍体鳞伤。窝囊丈夫只会蒙面而泣，画匠又逃之夭夭。正在红枣儿奄奄一息之时，有个虎背熊腰的小伙子好像从天而降，把脱粒机一脚踢翻，背起红枣儿送进柳棵子地。然后又给红枣儿的窝囊丈夫和女儿报信。

“红枣儿，你下一步怎么走？”我忧虑地问道。

“活一天算一天吧！”红枣儿哭道，“刘乡长，您……给我一件衣裳，我……身上一丝不挂……”

于是，我又钻进一道柳墙，打算脱下背心和裤衩给她。却在这时，听见柳棵子地外的河滩上，一男一女像恶狗狂叫。

“活王八，你给谁送饭，给谁送衣裳？”狂叫中鞭子嗞嗞响，“红枣儿藏在哪儿？你赶快交出来，免受皮肉之苦。”

我沿着柳墙爬过去，隔着枝叶偷看，只见狗宝正挥舞鞭子，把一个抱头团身的男人打得满地乱滚。幺娥子脚踩饭篮子，手扯两件旧衣裳。

耳不忍闻，更目不忍睹，我正要冲出去，突然河滩上的树林里一声虎啸，冲出一个手握三股禾杈的大汉，像野猪林里的鲁智深，直扑狗宝和幺娥子。狗宝和幺娥子见势不妙，掉头就跑。大汉也不穷追，扶起那个被鞭打的男人低声说话。

过了些日子我才知道，这个行侠仗义的小伙子名叫袁滚滚儿，是画匠的表弟。我怎么也没想到，十多年后，袁滚滚儿竟把幺娥子娶进了门。

我匆匆告别丫姑，就是为了赶路看望这一对冤家夫妻。

12

幺娥子白造了几年反，最后落了个竹篮打水一场空，一事无成，一无所获，只得回村修理地球。她是这一方的知名人士，名声不小，却并不香。三十出了头，眼角爬上鱼尾纹，鼻洼生出蝴蝶斑，已经是残春剩景，哪里有人肯娶她。

媒人不上门，坐愁红颜老。幺娥子心灰意冷，打算一辈子独守空帏。谁想，就在这时，却有人打发个掮客找上门来，甘愿花费大洋三千，把她迎过门去。

买主竟是袁滚滚儿。

袁滚滚儿已是柳湾村的一个万元户。不过，年已四十，相貌奇丑，逛过北京动物园的姑娘管他叫大猩猩，看过《北京晚报》新闻的小伙子管他叫神农架野人。他的身高，跟篮球运动员不相上下，睡在炕上只能横躺，不能竖卧。他的衣裳和鞋子尺码都大，商店里买不到。令人惊奇的是他那一双蒲扇大手，却能飞针走线缝衣裳。过去，吃大锅饭，他三百六十五天不歇工，也挣不出一年的嚼谷，哪里敢想娶媳妇？活着空屋冷炕打光棍，死后孤坟野狗一棵树。他这一辈子最高理想是吃饱肚子，却不想一步登天发了财。一九七九年包产到户，村里人人心有余悸，只怕政策一变，后患无穷。党支部报不了账，就想到袁滚滚儿一人一口，戴上帽子也连累不了妻室儿女和六亲九族，便拿他投石问路，当试验品，包给他五十亩河滩地，每亩只定产四百斤。袁滚滚儿的浑身力气，顶得上三头骡子四头牛、一台五十马力拖拉机。四十亩种粮食，稻麦两茬；十亩头茬西瓜、二茬菜；农闲时节驾着一辆排子车，给粮库、砖厂和供销社倒仓、运砖和拉货。三年积攒了一万两三千块钱，还盖起五间大瓦房的宅院。肚子不但吃饱了，而且装进去的都是馒头、米饭、饺子、馅饼和炖肉。油水越多，饭量越小；过去他一顿能吃二斤，眼下二斤能吃三顿。

有了钱，不用自己吆喝，四面八方而来的媒人，每天出出进进，踢破了门槛。可是，介绍的对象，不是守寡的，就是离婚的，年龄又都在四五十岁以上。也不知是财大气粗，还是封建脑壳，袁滚滚儿咬定喝酒要原装，娶妻要处女，处女还得要有几分姿色。

邻居姜够本儿，乡亲小老弟，开价八百元整，承包袁滚滚儿的婚事。袁滚滚儿十分大方，姜够本儿开价八百他还价一千。

姜够本儿一九六六年上小学，一九七五年念完初中，九年时光都在造反中度过，出了校门虽不是斗大的字不认识得一石，扁担躺在地上认不出是个一字，肚子里的墨汁却也没有几滴。自己的名字勉强会写，填写籍贯就要写别字。李逵手持两把大斧，他念成李逵手持两把大爹；一粥一饭当思来之不易，他写成一粥一饭当思来之不义；冬天睡火炕，敢念成睡火坑；家庭出身是贫农，更写成是贪农，挨多少回骂也改不过来。这个水平，却偏喜欢舞文弄墨。几年前，姜够本儿才十七八岁，有一回他到二姨家随份子，幺娥子也到二姨家吃喜面，姜够本儿跟幺娥子打了个照面，便一见钟情，神不守舍，躲进二姨的套间，匆匆写了一封情书。这时，幺娥子已经在席棚下的饭桌上落座，姜够本儿趁送酒上菜的方便，悄悄把这封情书丢在她的脚下。幺娥子弯腰拾起来，打开一看，抛给姜够本儿一个难以捉摸的微笑，把情书塞进衣兜里，吃过饭便走了。姜够本儿只当是投桃报李，张大嘴等吃这颗甜果子。忽然，门外有人大叫："幺娥子贴大字报啦！"正在猜拳行令的宾客都停止了吆五喝六，一窝蜂跑出去，却爆发出一阵哈哈大笑声。姜够本儿忍不住也出门观看，只见迎面大墙上，张贴着一幅大字报，大字报上粘贴着他那封情书。一封情书八十一个字，错别字却有七十二个，都被幺娥子用红笔圈起来，一一改正；改正的字一个个鸡蛋大，十分醒目。姜够本儿当众出丑，恨得肚子里磨牙，暗叫君子报仇十年不晚。如今，幺娥子已经是凤凰落地不如鸡，姜够本儿正得以趁机雪耻。他一眨巴眼儿就想出一个馊主意，并没有征得幺娥子的同意，便找到袁滚滚儿，说："大哥，你不是想娶个红子红瓤的大姑娘吗？幺娥子放出了口风，要嫁就嫁个万元户，你俩正是天作之合。"当年红着眼睛造反的幺娥子像个疯丫头，给袁滚滚儿留下深刻得不可磨灭的印象，哪怕万元存款花得一分不剩，他也舍得把幺娥子买下来。

姜够本儿一手操办，袁滚滚儿穿上特号的毛料西装和三接头皮鞋，戴上进口的欧米伽表，还从城里雇来一辆出租汽车，腰里带着银行存折，来到幺娥子家。

幺娥子全家都下了地，只有她病得人比黄花瘦，留在家里。正是暮春时节，她坐在落花纷飞的桃树下，心中愁苦，自叹命薄，却又欲哭无泪。

泪影中，只见一个黑脸大汉闯进门来，吓了她一跳，一听这个黑脸大汉说明来意，更气得她浑身哆嗦一团。

“你……这个癞蛤蟆……想吃天鹅肉，太没有自知之明了！”幺娥子啐骂道。

“癞蛤蟆长出翅膀，比天鹅飞得高！”袁滚滚儿掏出存折给幺娥子看，五位数字闪闪发光，“你过了门，这个存折换上你的名字。”

有钱能买鬼推磨，三十岁出头的幺娥子也就难免心眼活动了。

“我劳心不劳力，嫁过去不下地。”幺娥子虽然还冷着脸子，口气却柔和多了。

袁滚滚儿擂得胸膛咚咚响，说：“明年我承包一百亩，也不要你动一动手指头。”

“我也不替你养猪、养羊、养鸡、养鸭。”

“猪肉羊肉，鸡蛋鸭蛋，咱们买着吃。”

“我不给你做衣裳。”

“咱俩都买着穿。”

“我也不给你洗衣裳。”

“咱们买一台洗衣机。”

“我要看书看报。”

“我把新华书店给你买过来。”

“三转一响，四十八条腿。”

“六转双响，九十六条腿，我也买得起。”

“我要抽烟。”

“过滤嘴儿的。”

“我要喝酒。”

“带曲字儿的。”

幺娥子想了想，人活一世，草木一秋，吃喝玩乐最实惠；自己已经是个过景的人，过了这个村，没有这个店，便公平交易，点头成交了。

过去，袁滚滚儿一个人过日子，那座五间大瓦房的宅院大而无当，就像一座和尚庙。主人占东大屋，画匠表哥住西大屋，堂屋住的是一双燕子。幺娥子过门，画匠搬了家，燕子飞走了。五间大房油漆彩画，粉刷一新，装满了彩电、冰箱、电扇、洗衣机、沙发、酒柜、墙柜、五斗橱、梳妆台，还有玩牌的折叠桌子、弹簧椅子，成双成对的大小箱子。和尚庙改成了电器行和家具店。

姜够本儿给幺娥子这个香窠起名叫盘丝洞。

幺娥子念过高中，又是个造反女将，自以为人有人才，文有文才，哪里看得上傻大黑粗的袁滚滚儿？不过，她很清醒，袁滚滚儿是她的摇钱树，不能不强忍心中的嫌恶，实行怀柔政策。袁滚滚憨头呆脑，直肠子不会拐弯，只当幺娥子待他是真心实意，更心甘情愿给老婆当牛马。从承包的河滩地回家来，又要服侍家里的五禽六畜，种菜园子。手脚不停闲，一天忙到晚，饭桌上有两盘菜，二两酒，便心满意足。劳累得精疲力竭，吃饱了犯困，便到西大屋，半截身子倒在炕沿上就鼾声如雷。东大屋里，幺娥子跟那些不三不四的姑娘小伙子吹、拉、弹、唱，玩牌聚赌，打情骂俏，一直闹到三更半夜，他不嫌也不醒，一觉雄鸡天下白。

今年春三月，姜够本儿带头，那些不三不四的姑娘小伙子帮工，给他在院里盖起三间厢房，他就住到厢房里。他的身份和地位，已经沦为女主人幺娥子的长工。

幺娥子也算心疼他，吃上不亏他的嘴。杯中常有酒，盘中常有肉，下地健如牛，上炕强似驴。只可惜幺娥子是个白虎身子罗汉体，袁滚滚儿耗尽筋骨血脉，她也坐不了胎。

这天刚起晌，这位盘丝洞主人洗了脸，梳了头，挽着个绵羊尾巴一般的发髻，身穿黑仿绸裤子，水红的衫子，坐在葡萄架下吹凉风。窗台上，录音机开足了音量，正在播放《杜鹃山》里柯湘的唱段：

他推车，你抬轿，
同怀一腔恨，
痛恨人间路不平……

幺娥子的艺术趣味也非常奇怪。她爱听样板戏，又喜欢“美酒加咖啡”之类的港台流行歌曲。听样板戏是在心里咬牙的时候，听港台流行歌曲是在寻欢作乐的时候。

有袁滚滚儿年进万元，幺娥子纵情享乐，处处跟城里人攀比。她嫁过来没有几天，就把袁滚滚儿这座大宅院来个大翻个儿。扒掉铜钱花眼的青砖门楼，换上绿漆铁栅栏门，进门又垒起一座影壁。眼下，北运河两岸村村庄庄的家家户户都有画，不是山水，就是花鸟，五光十色，大半出自那位乡土画匠的手笔。画匠是袁滚滚儿的表哥，白送了一幅山水花鸟。幺娥子假行家，站在一旁瞎指挥乱指点，胡出馊主意，画出来的是中不中西不西，土不土洋不洋，画匠窝心得闹了几天胃疼。

幺娥子唱得起兴，忽然站起身，伴随着柯湘的唱腔手舞足蹈，活像巫婆跳大神。

“我推你的车，又抬你的轿……”墙外，有个男人捏着嗓子唱了两句，又变调换上《四季歌》的词句，“咱们两人不离分……”

“住口，姜够本儿！”幺娥子怒喝一声，声色不减当年勇。

姜够本儿大鬓角小胡子，紧身衫裹着虾米腰，兜裆的筒裤套在两条鹭鸶腿上，油头滑脑一副洋相。他嬉皮笑脸走进了门，远远的两眼就死盯着幺娥子那一起一伏的胸脯，说：“旗手有令，样板戏的唱词一字不能改，我罪该砸烂狗头。”

“有屁快放，放完了屁给我山字上头垒山字，请出！”幺娥子满脸寒气，冷得至少零下十八度。

姜够本儿碰了一鼻子灰，扭头就走，嘴里骂骂咧咧道：“你有眼无珠看人低，我的灵丹妙药不愁找不到买主儿。人人不识货，我喂老母猪，一胎也能多下几个崽。”

幺娥子一听，快似狸猫蹿过去，拦在门口，换了笑脸，说：“够本儿兄弟，慢走！”

姜够本儿收住脚，回头龇牙一乐，说：“我这些日子，东西南北跑买卖，路子野眼皮儿杂，认识了一位云游四方的高僧，他有秘制的种子金丹，百发百中。不下驹的骒骡儿，吃了他的金丹至少能下双胞胎；老娘儿们过了四十八，吃他的金丹也能结个瓜……”

“跑江湖的秃驴！”幺娥子撇了撇嘴，满脸轻蔑神气，“我念过中学懂生理，几句云山雾罩不能骗得我上当。”

“这位高僧可不是马勺上的苍蝇混饭吃。”姜够本儿又返回葡萄架下，坐在板凳上，“他身背公安局的通缉令，罪名是破坏计划生育。你想一想，他的金丹不灵验，怎能惹下这个塌天大祸？”

“快把金丹给我！”幺娥子急不可耐了。

姜够本儿却端起了架子，抬起下巴仰起了脸儿，说：“想叫马儿跑，就得喂把草。”

“马儿想吃草，乖乖跑一遭。”幺娥子的脸又像铁板一块，“四条腿的蛤蟆难寻，两条腿的走狗好找。”

“好一张利口！舌头就像蜜蜂蜇人的钩子。”姜够本儿却嬉皮笑脸，动手动脚，搂脖子抱腰想亲嘴儿。

“狗贼！”一声断喝，如雷贯耳。

姜够本儿眼看占着了便宜，不提防一只大手从背后掐住他的脖子，拧了个鞭抽陀螺滴溜溜转。

幺娥子却像一棵折断的芦苇，呻吟一声，一翻白眼，软蔫蔫倒在袁滚滚儿怀里。姜够本儿趁此机会，从袁滚滚儿胯下钻出去，跌跌撞撞逃走。

我和红枣儿正推门而进，亲眼目睹。

13

我在前来柳湾村的半路上，遇见了红枣儿。不期而遇又不约而同，都是到袁滚滚儿家来。

我跟红枣儿在十八里柳棵子地里共过那场患难，才知道她原来是丫姑一母二父的妹子。只因丫姑对继父怀恨在心，又对亲娘心怀不满，也就死也不认这个胞妹。

是我穿针引线，搭桥铺路，她们才解开心里的死疙瘩。

红卫兵小将回城以后，鱼菱村也像被传染了瘟疫。鱼菱村的乡亲也反目成仇，分成不共戴天的两派。两大阵营中都有我的保护伞，我到哪个阵营的屋檐下都能避雨。但是，两派打红了眼，又拿我当墨笔大抓，给对方脸上抹黑。丫姑的对头是杨二婶子，俩人互相之间扣屎盆子洒狗血，我便变成了她们手中的法宝，扔过来丢过去。丫姑只得跟鹃妹子黑夜挑灯，在十八里柳棵子地里给我搭个窝棚，表面上快刀斩断了乱麻，暗中却仍给我通风报信，天黑以后给我送饭。我的全部口粮都转移到丫姑家，饮食上一切听从丫姑和鹃妹子支配。

我那座窝棚，搭在柳棵子地的一道白沙泥鳅背上，地皮干燥而不潮湿，铺上高粱叶子和苇席，清香、阴凉而又柔软。白沙泥鳅背半高不低，大河涨水，水漫柳棵子地，串满沟汊子，也淹不到窝棚脚下。窝棚尖顶斜坡，像个人字，瓢泼大雨和牛毛细雨都淌下两坡，打不透窝棚。窝棚门口挂上草帘子，也溅不进雨点。窝棚里的立柱上挂一根蒿绳，点燃了弥漫白烟，蚊子被熏得只能纷纷外逃。白烟散尽，余味无穷，蚊子也不敢去而复返。我点起风灯风声雨声草木声，我灯下夜读像个隐士高贤。

夜晚，我到大河里浮水洗身子，回到柳棵子地，便在窝棚外抱膝望月，等候鹛妹子给我送饭来。

我贪睡黎明回笼觉，天天不吃早饭，鹛妹子一天跑两趟。

此时正是挂锄时节，村民歇伏，两大阵营便趁农闲打派仗，把鱼菱村划出一道无形的楚河汉界。鹛妹子送两顿饭，往返要穿过几道犬牙交错的封锁线。一来一去虽没有中弹丧命的危险，但是如被对方俘虏，就要被戴高帽子和挂黑牌子，敲着破锣游街示众。男人一边游街一边被拳打脚踢，女人一边游街一边被啐脸辱骂。

多亏鹛妹子是门里出身，穿行封锁线不费吹灰之力。当年丫姑比她现在还小时，也常往返河滩，给隐蔽在柳棵子地里的八路军送饭。那时村里虽没有两大阵营，却难保暗中没有贼眼，就得脸上不露声色，脚下不留痕迹。鹛妹子得丫姑真传，眼观六路耳听八方，走起来身轻如燕，一溜小跑快似浮光掠影，钻柳棵子地一闪而入。

我爱吃丫姑的抻面、馒头、轧饸饹、烙饼、馅饼、打糊饼、饺子、包子、贴饼子、菜团子……丫姑不厌其烦，变花样给我做着吃。我还爱喝丫姑自己焙晒的枣叶茶，鹛妹子每趟送饭捎带着两暖壶热水，骂我喝水像个河漂子（溺死鬼）。我一日不可无酒，丫姑每晚给我安排的是粗粮细作，同时送来腌豆角、拌黄瓜、煮五香豆，炒鸡蛋便是佳肴美味。四碟小菜二两酒，我一觉睡到大天明。

丫姑怕我挨饿，每顿饭都超量供应。抻面和轧饸饹一大海碗，饺子六十包子十二，馒头四枚馅饼十张，贴饼子、菜团子、打糊饼不计其数。每顿不管给我送多少，我都颗粒不剩。丫姑只觉得我的饭量与日俱增，只有高兴不起疑。鹃妹子人虽小而心多，不声不响却暗暗留了神。

她每趟送饭，从柳篮里拿出吃食，摆在我的面前，挎起空篮转身就走。谁想，这一天鹃妹子挎着空篮走后，不到一袋烟工夫突然杀了个回马枪，正看见我跟红枣儿和她的女儿共进午餐，亲亲热热如同一家人。

红枣儿上身穿我一件背心，下身穿我一条裤衩，虽不是赤身露体，却很奇形怪状，不能不惹得鹃妹子心中疑问。

“放下碗筷！”鹃妹子大喊一声，跳到我面前喝道，“她们是谁？”

我张了张嘴，不知应该撒谎，还是说出真相，慌乱中一句唐诗脱口而出：“同是天涯沦落人，相逢何必曾相识。”

“甭跟我转弯抹角绕影壁！”鹃妹子见我话到嘴边留半句，怒气直喷我脸，“她们是黑是红，好人还是坏人？”

“不坏也不好……”我一边给红枣儿母女递眼色，一边嘴里咬文嚼字，“不黑也不红。”

红枣儿母女蔫溜溜急忙忙钻进柳丛深处。

“她们是谁，是谁，是谁？”鹃妹子一连追问三句，一声比一声高，怒气眼看就要冒烟起火，把我烧成灰。

我被迫说出红枣儿的名字，却不想讲明她的身份，沉着脸哼道：“回家问你娘，你娘比我知道得多。”

“天生的贱货，下三烂的东西！”鹃妹子不知是骂我还是骂红枣儿，气呼呼怒冲冲而去，头上的发夹在太阳下闪光，像迸发的火星子。

这天晚上，鹃妹子没有给我送饭。

我空着肚子喝了几口闷酒，仰躺在窝棚里的苇席上，半睁半闭着眼睛胡思乱想。

胡思乱想压不住辘辘饥肠，我翻了个身，却见草帘子被掀开一缝，食客红枣儿探进了头，脸上挂红眉梢见喜。

“肚子饿了吧？”她笑嘻嘻问道。

“明知故问！”我翻着眼皮瞪她，“杀头你陪绑，饿死你垫背。”

“老天爷饿不死瞎家雀。”红枣儿仍旧嬉笑着，“躺在窝棚里发愁，找不着活路。”

我从苇席上一骨碌爬起来，说：“不能在丫姑跟鹃妹子这棵树上吊死，我回村讨饭吃，只是不能带着你。”

“不能眼看着你羊入虎口，还是我养活你吧！”说着，红枣儿扔进三个香气扑鼻的“一篓蜜”面瓜。

我迫不及待，拿起一个连咬三口，一边吞咽一边问道：“哪儿来的？”

红枣儿眨了眨眼，笑道：“你闻一闻味儿，就知道了来路。”

我摇着头，吃个不住嘴，说：“思想觉悟太低，嗅觉不灵。”

“难道你就嚼不出贼腥味儿？”红枣儿嘻嘻一笑，“是我跟丫头偷来的。”

我把这三个香甜可口的面瓜一扫而光，肚饱腰圆打了个嗝儿，这才仔细问道：“鱼菱村三块瓜地，你在哪块瓜地伸了手？”

红枣儿想了想，答道：“我是外村人，人生地不熟，出了柳棵子地走出百来步，碰见一块瓜地就在地边摘了八个。”

“太岁头上动土！”我的脸色大变，“你捅了马蜂窝。”

鱼菱村划分三个生产队，每个生产队是一个核算单位，都实行自给自足政策，所以每一个生产队有一块瓜地，不为卖钱，只为自吃。丫姑是二队的一名生产组长，柳棵子地外的那块瓜田，正是她那个生产组的地段，她发现丢了瓜一定不依不饶，跟踪追击就是一场大闹。

“你怎那么怕她？”红枣儿不当回事，歪着头问我道。

我只得讲起童年故事，半真半假地说：“从小给她打怕了。”红枣儿咯咯笑起来，说：“当年她要是嫁给你，眼下就是黑五类家属了，戴高帽子游街，剃阴阳头罚跪，走投无路钻柳棵子地。”

我点起一支烟，吸了几口，问道：“你们本是一母所生的亲姐妹，怎么倒像水火不相容的冤家？”

“这要怪她满脑瓜子四旧，六亲不认。”红枣儿眼神又黑又冷，“她说好马不配二鞍，恨我娘改嫁我爹，更恨我爹把她卖给人家当童养媳。”

“你的爹娘都过了世，姐妹俩怎么还是不解扣？”我明知故问。

红枣儿脸一红，躲闪我的目光，扭脸答道：“她嫌我养野汉子，认下我这个妹子她也丢人背兴。”

“你怎么就不能咬一咬牙，跟画匠一刀两断？”

“我撇不下他，他更离不开我。”

“那就跟你那窝囊丈夫打离婚，嫁给画匠做个长久夫妻。”

“我也不能对不起窝囊。”

“脚踩两只船，更对不起这个老好人。”

“窝囊比我更心疼画匠，不许我撇了那个可怜人。”

“画匠也是五尺多高的汉子，难道就愿一辈子拉帮套？”

“他不忍心从窝囊手里把我抢过去。”

“你们这出戏要唱到哪一天才收场？”

“我一死，戏就散了。”

“我看你是四时不谢之花，终年常绿之草，少说也得活百年。”

红枣儿扑哧笑了，说：“窝囊跟画匠的身子骨儿比我更能熬年月，不是万寿无疆也得是永远健康。”

“你们眼下三四十岁不算老，眨眼而过就是五六十，不能不想一想残年剩景怎么过？”

“我早有打算，心里有数。”

“天机肯不肯泄露？”

“当着谁的面我都敢说出口。”

“我想听一听。”

“只盼画匠有一天走了运，他的手艺挣上大钱，我们的缘分儿就到头了。”

“原来你早看出他是个势利小人。”

“天下有谁不是一阔脸就变？”

“你这是棍打一片，不分青红皂白。”

“说的就是你。”

“我一没有喜新厌旧，二没有嫌贫爱富，脸就没变过。”

“你从小就想娶我姐姐当媳妇，犯错误发配还乡之前，出了名又有钱，怎么不想还这个愿？”

“丫姑跟她丈夫圆了房，已经是有夫之妇；生米做成了饭，我怎能砸人家的锅？”

“你该像我那个画匠，一辈子不娶。”

“我的脸皮没有起茧子，不想当一头拉帮套的驴。”

“驴粪蛋上下的霜，你真会给自个儿脸上搽胭脂抹粉呀！”红枣儿冷笑一声，尖利刺耳，“你进了城，念了书，成了人上人，眼盯着一个个千金小姐，早把乡下的柴火妞子忘了个一干二净。一头栽下九重天，变成丧家犬，逃回鱼菱村，趁我姐夫出外不在家，又甜言蜜语哄骗我姐姐，给你当上炕老妈子。”

“血口喷人！”我急得大喊，气得大叫。

丫姑跟丈夫圆了房，身连了身却没有心连心。鹃妹子出生以后，夫妻反倒更像牛蹄两瓣子，不同桌吃饭，不在一条炕上睡觉，一天到晚不过一句话。有一回马勺碰了锅沿，牙咬了舌头，两人吵嘴动了口，又动手打了架，丫姑的丈夫把锅碗瓢盆砸了个稀烂，一跺脚离家出走。走出鱼菱村十几里，看不见本村的烟囱树梢，便分不出东南西北转了向。他是个烟不出火不进的汉子，撞倒了南墙也不回头。不知绕了多少弯，走了多少路，越走肚子越饿，肠子好像搓成了草绳，昏头涨脑走到运河西岸的公路工地上，看见筑路工人正排队打饭，每人一碗菜两个馒头，他也蹭了过去。那位打饭的大师傅不抬眼皮，也给他两个馒头一碗菜。他吃饱喝足，也跟着那些筑路工人推土砸夯。那时候的农民，三十亩地一头牛，孩子老婆热炕头，谁也不愿弃农做工。丫姑的丈夫自愿“入伍”，可谓“人才难得”，稀里糊涂当了筑路工人。

十几年来，公路越修越长，他也就离家越来越远，一年回不了两趟家。丫姑赶走了丈夫，并没有门户开放；她带着女儿过日子，十分小心门户，男人免进，顽童老叟也不例外。敢说没有污点，没有丑闻，没有恶名。只因可怜我这个落难之人，才改了章程破了例。不过，对我也小心戒备，充满警惕，所以才不到柳棵子地送饭。

红枣儿恶语相加，有如满嘴喷粪，我正想打她一个满脸开花的嘴巴，却听红枣儿一声哎哟鬼叫，有一只手伸进窝棚，抓住红枣儿的头发，像鹰抓小鸡，把红枣儿揪了出去。

我挑帘一看，原来是丫姑驾到。

14

丫姑见鹃妹子晚上不肯给我送饭，百问不答便拿起擀面杖逼供。鹃妹子怕受严刑，只得将所见所闻和心中疑问，知无不言，言无不尽。丫姑是个二踢脚爆竹脾气，气恼得喊叫着蹦起三尺高，带着一团怒气直奔柳棵子地。

此人粗中有细，嘴硬心软，兴师问罪也没有忘了挎饭篮子。

她从小就到这片柳棵子地里砍条子编筐，闭着眼睛也能摸到我这座窝棚。捉奸抓贼，都要踮着脚尖，偷袭轻取，不可脚重气粗，打草惊蛇。丫姑风风火火而来，一进柳棵子地便改变了步态，像一只扑鼠的猫，叼鸡的黄鼠狼，悄悄向我的窝棚贴近，又在窝棚几步之外蹲下身子，屏声静息偷听窝棚里的动静。

我跟红枣儿毫无提防，一问一答全被丫姑听进耳朵。问答中虽有冷嘲热讽和戏谑玩笑，却没有一句下流，半句虚假。

“你这个骚狐狸浪母狗！”丫姑揪着妹子的头发啐她的脸，“当上了牛鬼蛇神，落到了这步田地，入殓进棺材搽香粉，临死还要当个风流鬼。”

红枣儿哆嗦一团，哭着喊冤道：“我不敢……不敢……”

虽然我也非常惧怕丫姑，但是一见红枣儿在丫姑的威逼下是那么弱小可怜，好像软骨吃了钙片，陡地鼓起三分男子汉的勇气，挺身而出喝道：“丫姑，不要冤枉一个好人！”

“也不漏过一个坏蛋！”丫姑松手放了红枣儿，转脸向我怒目而视，“你自幼跟着我到河滩打青柴，就喜欢拈花惹草，又犯了老毛病。”

“丫姑，你睁着眼睛说瞎话！”我恼羞成怒，粗脖子红脸迸起青筋，“我虽算不上坐怀不乱的柳下惠，可也不是掏窟窿钻狗洞的采花贼。我要是个衣冠禽兽，你跟鹃妹子能开门揖盗，引狼入室吗？”

“我是怕你又多戴一顶坏分子帽子，罪加一等。”丫姑口气柔和下来，雨过天晴了。

我却要趁热打铁，说：“丫姑，红枣儿是个苦命人，我十年前就伸手搭救过她，谁想十年后又都逃进柳棵子地避难？同命相怜使我不能见死不救。我知道了她是你一母所生的亲妹子，又怎能不把你给我做的饭菜分给她吃？”

“我没有娘，也没有妹子！”丫姑像被刺痛了伤口，脸色马上晴转阴，柔和下来的口气也变了调。

在丫姑火头上，我最会出奇制胜，消她的气败她的火，笑道：“十月怀胎，一朝分娩，谁落生人间走的都是这条路，难道您是从石头缝里蹦出来，不是人养的？”

“念书念得嘴尖舌巧，骂人不带脏字儿！”丫姑的火气又降了温，轻打我一巴掌，“你骂我不是人养的我不恼，我是王母娘娘的女儿，神仙所生。”

“不要贫嘴，闲言少叙。”我急着当和事佬，不愿跑题，“你们姐妹俩多年不见面，今晚上能在我的窝棚门前相聚，该我当这个锔碗匠。”

“你不是金刚钻，揽不了这个瓷器活儿。”丫姑又板起脸，冷言冷语令人透心凉，“狗改不了吃屎，她也改不了水性杨花的脾性。”

红枣儿羞红了脸，两眼噙满泪花，一变刚才那副低头认罪的乏相儿，反嘴吵道：“我鼻子下也有嘴，能骂你个不吐核儿。”

“你敢骂我一句，我撕烂你那两片子嘴！”丫姑摩拳擦掌起来。

我连忙跳到姐妹之间，劝了这个拉那个，说：“看我的面子，一个和为贵，一个忍为高，才能分久必合。”

丫姑傲慢，说：“我不想要她这个妹子。”

红枣儿也不示弱，说：“我更不稀罕她这个姐姐。”

在这两个女人中间，我有亲疏远近之分，便向丫姑喝叫道：“您有话亮在桌面上，不要恶语伤人！”

丫姑只得掏心窝子亮了底，说：“她以后不招野汉子，我就认她这个妹子。”

我忙问红枣儿道：“丫姑有了来言，你该怎么回个去语？”

“她以后不狗拿耗子多管闲事，我才叫她一声姐姐。”红枣儿针锋相对，寸步不让，竟像个死爹哭娘的拧丧种。

“呸，贱货！”丫姑跺脚想走，回头又向我一指饭篮子，“我的饭菜是人吃的，不喂狗。”

红枣儿正要反唇相讥，忽然一阵晚风扫过柳棵子地，沙啦啦响成一片，只听阴森森的风声中有个女子声声呼叫：“救命……救命呀！”令人汗毛倒竖，身上起鸡皮疙瘩。

“像是鹃子！”丫姑直奔柳棵子地外跑去。

红枣儿毫不迟疑，紧随其后。骨肉之情，血脉相连，由此可见。

我也从窝棚里扯出我那防身的柳棒，深一脚浅一脚追赶她们，摇旗呐喊助阵。

出柳棵子地，只见村头地边月光下，沙尘弥漫得像一团雾，尘雾中人影幢幢，两人撕打得难解难分。

尘烟中，有个人像一条恶狗，将一个人扑倒地上，抡着拳头狠打。“姑娘……救我……”被扑倒的那个人打着滚儿哀叫。

“画匠！”红枣儿失声惊呼。

我手提柳棒跑来，红枣儿夺过我手中的柳棒，照打人的那个人的背上打去。那人惨叫一声，抱头鼠窜，落荒而逃。

尘烟消散了，只见邻近的一棵杜梨树下，鹃妹子披头散发，衣衫零乱，抱着树身啼哭。

“鹃子，鹃子！谁欺侮了你？”丫姑跑过去，把女儿搂在怀里。

“狗宝……狗宝……”鹃妹子吸溜着鼻子，“多亏了画匠……大叔……”

画匠四脚拉叉躺在地上，鼻青眼肿，身子散架，爬不起身。

“画匠，画匠！你死不了吧？”红枣儿哭喊道。

“把我……抱起来……哎哟……哎哟！”画匠像是撒娇，又像耍赖。

当着丫姑、鹃妹子和我的面，红枣儿抱着画匠，吹沙、掸土、揉伤，大颗大颗的泪珠子像屋檐子上的雨滴，滴滴答答洒落在画匠的头脸上。

原来，鹃妹子见丫姑给我送饭一去不回，一会儿心中不忍，一会儿心里不安，心一阵阵怦怦乱跳，坐不能坐躺不能躺，便锁上门跑到村外，打算钻柳棵子地找娘。谁想，她刚到柳棵子地头，忽然从一簇柳丛中跳出一名歹徒，带着一股阴风向她扑来。她来不及躲闪，那个歹徒已将她按倒在地，动手撕扯她的布衫和裤子。她又惊又怕又急，一面大声呼救，一面拼命挣扎。她抓破了歹徒的脸，抓伤了歹徒的手，歹徒疼得兽性大作，解下腰间的铜环皮带，劈头盖脸狠抽鹃妹子。鹃妹子已无还手之力，只能抱着头滚来滚去，喊叫也声嘶力竭。正在这时，有人路过此地，跑上前来拦挡。歹徒一见此人，狞笑一声："我放长线正钓你这条大鱼，不想你自投罗网，撞在我的枪口上。"说着两人便搂抱一团，打在一处。鹃妹子全身受伤，失魂丧胆，想助那个见义勇为的人一臂之力，却又心中恐惧不敢插手。

要不是红枣儿及时赶到，当头一棒打跑了狗宝，画匠救不了鹃妹子，自个儿还得搭上命。

红枣儿把挂了彩的画匠背在身上，越想越后怕，心疼埋怨道："你应名儿是个庄稼人，却长着一身文弱书生的筋骨，哪里是狗宝的对手，这不是拿着鸡蛋碰碌碡吗？"

"知恩必报真君子，见死不救是小人！"画匠满口戏词和高调，"明知山有虎，偏向虎山行；舍得一身剐，敢把皇帝拉下马；为了解放全人类，粉身碎骨也心甘。"

鹃妹子被逗得破涕而笑，抻了抻丫姑的袖口，说："画匠大叔为了救我挨打，背到咱家养伤吧！”

丫姑也很感动，却有难言之隐，便问我道：“你说呢？”

我忙给她圆场帮腔，说：“还是请画匠大哥到我那座窝棚去，朝夕相伴，当面请教。”

“老弟，高攀了！”画匠在红枣儿背上抱拳拱手。

丫姑和鹃妹子母女回家，我跟红枣儿和画匠返回窝棚。窝棚外有丫姑给我送来的饭菜，我又从窝棚里拿出了酒，红枣儿喜出望外，不顾疲劳，又带着女儿偷来了西瓜和甜瓜。

我们苦中作乐，开怀畅饮。

夜色中，我看见红枣儿的眼睛亮晶晶水汪汪，充满爱怜的目光不离画匠的脸上。如果没有我在他们中间碍手碍脚，她会一口一口给画匠喂饭。

“画匠，这些日子不知你的下落，我做了几个噩梦……”红枣儿声音呜咽，淌下两行眼泪，“有一回梦见你给五马分尸，我一针一线又把你缝起来……”

“你怎么不懂得梦是正反颠倒？”画匠嘻嘻哈哈喝酒耍笑，“梦见打白幡抬棺材，那必有生财之道；梦见抬花轿娶媳妇，注定有血光之灾。”

红枣儿赶忙问道：“你是有灾还是生财？”

“我是逢凶化吉。”画匠在情人面前，最喜欢自吹自擂，“我像惊弓之鸟，逃出了运河滩，东奔西走，南下北上，也不知过了多少天，走出多少路，一日来到一片空荡荡的工地上，抬头看见毛主席满脸笑容向我招手，我就像冬去春回，苦尽甜来了。”

“你就会花言巧语哄骗我！”红枣儿伸出手指，戳了一下画匠的脑门，“毛主席住在天安门城楼上，怎么会只身一人来到荒郊野外？”

画匠哈哈大笑道：“我走近一看，才看清那是一面忠字墙，画的是《毛主席挥手我前进》，远瞧真像跟他老人家打了个照面。”

他跑上前去，趴在地上叩头，求毛主席保佑他逢山有路，遇水有桥，天堑变通途。也求毛主席保佑红枣儿和红枣儿一家转危为安。这时，他身后悄悄走来一个未老先衰的中年汉子，问他来自何处，此去何方？两人家长里短，促膝而谈，想不到竟是老乡遇老乡。这个中年汉子本是丫姑的丈夫，鹃妹子的爹。这片工地的几百名筑路工人都扔下工程进城造反，只留下两耳不闻天下事的鹃子爹一人看摊。工地占地几十亩，一人看守一片工地，整天二十四小时不敢闭一闭眼。画匠从天而降，正可当个帮手。于是，画匠便被鹃子爹挽留，跟鹃子爹轮班巡逻守夜，直到进城造反的筑路工人返回工地，他这个临时工才被辞退。工地还发了他十几块工钱，他便想到应该回乡一趟探望情人。虽不是腰缠万贯喜荣归，一路上也是哼着小曲脚下生风。

“钱呢？”红枣儿笑吟吟伸出了手，“明天割二斤肉，打半斤酒，请老刘同志开一开荤，油一油嘴。”

画匠只掏出五元钞票，说：“那十块钱留给窝囊大哥了。”

他不知红枣儿逃进柳棵子地，仍旧直奔红枣儿家，进家才知道窝囊大哥挨了打，着了凉，一直病倒在炕上。虽说吃了几服汤药，病情见轻，但是欠了九块多的药钱，心中起急添了病。画匠把十块钱留给窝囊大哥，紧赶着走到十八里柳棵子地找红枣儿。

一日夫妻百日恩，红枣儿听得落泪，说：“我得回家服侍窝囊。”说着，站起身就要走。

画匠扯住她一条胳膊，说："窝囊大哥叫我给你捎话，狗宝不得人心，气数将尽，新成立的造反团眼看就要打倒他，到那时你回村也不晚。"

我见他俩有许多心里话想互诉衷肠，便不愿阻碍他们畅所欲言。我把杯中残酒一饮而尽，说："你们慢吃，我回村串个门。"

红枣儿脸上红了红，问道："你还回不回窝棚？"

我听出她的话外音，说："你们只管用吧！"

我摸进了村，来到丫姑家，劝丫姑跟红枣儿相认。丫姑不摇头也不点头，只是闷声不响。我见有机可乘，有空子可钻，便给鹃妹子打手势递眼色。鹃妹子正想报答画匠这个救命恩人，便在一旁紧锤慢打敲边鼓。在左右夹攻下，丫姑招架不住，发出三声悲叹，抹下两把眼泪，甩了一把鼻涕，说："亲不亲，砸断骨头连着筋。我不认她，她也是我一条血脉的妹子；我认了她，也许还能劝她改邪归正。认吧！"

画匠出五元，我出五元，丫姑杀了一只鸡，拿出二十个鸡蛋，大家喝了认亲酒，吃了团圆饭。

我这趟回乡走动，红枣儿不在日程之内，谁想竟在半路途中不期而遇，正可谓无巧不成书。

15

我这辈子没有学会骑自行车，下乡只能以汽车代步。年富力强的时候喜欢挤长途汽车，最爱在候车室里等车时跟五行八作的旅客攀谈，耳朵里常常听到许多引人入胜、发人深思的奇闻逸事。不想前几年大病一场之后，身体发胖而力气锐减，挤长途汽车甚感力不从心，县里便给我派一辆吉普车使用。这几年吉普车已从县里各部门绝迹，我也就水涨船高，上升一步，乘坐上海牌老爷车四处奔跑。京门脸子上的老百姓知多见广，看见坐汽车的人不以为奇。乡镇和村办企业的老板都花钱买进口车，不愿坐国产车。我坐着上海牌老爷车走到他们面前，虽然并不感到自惭形秽，但是司机却觉得脸上无光，抬不起头，在我耳边叨咕，叫我劝县官把他这辆车换一换，最乏也得换一辆桑塔纳，车开得才起劲儿。

上海牌老爷车离开丫姑家，驶出鱼菱村口，过运河大桥，上京津公路，一会儿哼哼唧唧，一会儿气喘吁吁，四六步子跑不快，像一头被牵着下汤锅的老驴。司机气得一脚一脚跺油门，跺一脚骂一声娘。

却在这时，迎面有个女人举手拦车。

我叫司机把车刹住，停在路边。从车窗里看见，这个女人五十老几了，梳的是圆髻，鬓角早已花白，头上包着一块西湖毛巾，布满细密皱纹的清水脸，还残留着旧日俏丽的风韵。她身穿抱腰的亚麻夏布斜大襟衫子，肥腿的黑纺绸裤子，家做的平绒布鞋，一身上下虽显得老气，却又颇有老来俏风味。

“红枣儿！”我拧开车门，“几年不见，你到哪儿去？”

“老刘，原来是你！”红枣儿半边脸喜色，半边脸愁容，“遇见你可算找着了救命菩萨，你得给我做主。”

她这突如其来的两句话，说得我蒙头转向，稀里糊涂，不知如何答对，只得打开另一扇车门，说：“上车来谈吧！”

司机打不着火，要钻到车下修理，噘着大嘴说：“这辆老爷车站住就不想走，发点小脾气也得修理一个小时，你们老二位找个树荫下，不慌不忙说去吧！”

我跟红枣儿只得下车，来到一棵伞柳浓荫中，席地而坐。我敞开汗衫吹风，说：“红枣儿，有话请讲。”

“老刘，你管教管教画匠吧！”红枣儿眼泪顺流而下，“他六十开外还心猿意马，被姜够本儿带着走邪路蹚黑道。”

我看出她方寸已乱，说话颠三倒四，便不插嘴不反问，只听她一人独白。

从运河滩地界，到北京朝阳门外东大桥桥头，坐汽车走京津公路，绕远九十九里，骑自行车走乡间小路，抄近八十八里。隔道不下雨，百里不同风；不管九十九还是八十八，都在百里之内，北京的时髦服装头一天上市，一夜之间运河滩就有人穿在了身上。很多姑娘打扮得像如花似玉的女明星，不少小伙子打扮得像小白脸儿的奶油小生。引入这股新潮的二道贩子中的一位，便是姜够本儿。

姜够本儿原名姜守本，可是自从他呱呱坠地那一天，他就没有守过本分。他的爹娘连生了五个女儿，个个眉眼俊俏，心灵手巧，还会过日子，可惜都是脸朝外的人。女大当嫁，嫁出去生儿育女，都不姓姜，姜家只能落个绝户。够不够，四十六；天可怜见，姜老娘四十八生下这个老生儿子。哪怕是一根臭蒿子，不是一株灵芝草，姜家也就断不了根。天官赐福，老两口子叩天拜地。五个姐姐，大姐比这个小弟大二十一，五姐也比他大一十二；长姐如母，五个姐姐疼他比爹娘还邪乎。穷家养娇子，姜够本儿从出生到长大，虽不是穿金戴银，吃山珍咽海味，可也是天天嘴头子油汪汪，荷包里鼓囊囊，生为农家子弟，却是个游手好闲的耍货。

包产到户，他和两位老人的名下有六亩稻田。老爹老娘都已七老八十，出不了马，上不了阵，梆子二黄只得他一个人唱。他却不想下蒸上烤，汗珠子摔八瓣儿，便把六亩稻田转让给邻居袁滚滚儿，上蹿下跳跑起小买卖。

大姐家是个肉头户，他刚伸出手，就打开墙柜，拿出三百元。二姐家日子窄，可是疼他不比大姐差一分，他刚开口，二姐就从圈里给他赶出一口大肥猪。三姐是五姐妹中的首富，丈夫会开汽车，儿子原是拖拉机手，新时期以来跑长途贩运，收入早已超过万元户。他进门手背朝下，三姐扔给他一个活期存折，他到银行取出了整整八百块。四姐每月只挣几十元，萤火虫没有多大亮光，却当的是乡工商助理员，能给他大开方便之门。五姐嫁到北京城里，丈夫原是大饭店的一名装修工，一天安装玻璃出了事故，从十三楼上落地摔死。大饭店给了一笔丰厚的抚恤金。五姐拿这笔抚恤金当本钱，开了个小吃店，每日笑迎过路财神天下客，结交的人多了也就路子宽广。姜够本没有敲五姐的竹杠，却要靠她跑马亮道，打开场子。

一千块现金加一口肥猪，姜够本儿腰里很硬：买东卖西，走南串北，一年下来不赔不赚。可是，全聚德的烤鸭，砂锅居的白肉，穆柯寨的炒疙瘩，东来顺的涮羊肉，他吃了个遍，吃了个够，没有发财却大享口福，也算没有白来一世。

二道贩子这一行，看看容易干起来难。新来的人，摸不着门，先得搭个老行家交朋友，老行家带道，才能一步步摸着门路，四通八达。当二道贩子，一要有眼力，二要胆子大，三要嘴儿甜，四要脸皮厚，五要手脚快，六要舍得一身筋骨皮肉。姜够本儿是个娇哥儿，入这一行，原想躲开大田的汗滴禾下土，谁想这一行也有难吃的苦，难受的罪。起五更，爬半夜，顶风冒雨，寒来暑往，马不停蹄，疲于奔命。有时，渴得口干舌焦，饿得饥肠辘辘，还得低头哈腰，胁肩谄笑，见人矮三辈儿，鼻涕唾沫都得吃。而且，非法套购，做贼心虚，税务所罚款，拘留所押监，令人提心吊胆。行市起落，捉摸不定，赚钱哈哈笑，赔钱泪如麻，屁股像坐在蒿针堆上，市面上有个风吹草动就心惊肉跳。

姜够本儿上场就拜错了庙门。他结交的带道朋友，是个女人。二道贩子里，男有男的路数，女有女的手腕。虽是同行，却大有区别。姜够本儿学的是女二道贩子的诀窍，好比《聊斋志异》里的王七学道，用到实处，就撞了墙。他跑了两趟长途，大败而归。怕渴、怕饿、怕冷、怕热，吃不了苦受不了罪，就想旁门左道走捷径。

一年前的西瓜上市时节，四姐给他挖来一辆卡车。黑夜装运他套购的一车西瓜，到北京城里抢个利市。九十九里跑一个半小时，半夜时分来到五姐的小吃店。五姐的小吃店坐落在农贸市场对面，正可当她的货栈。

一条街静悄悄，家家户户都已熄灯沉睡，只有五姐的小吃店还漏出一片灯光。小吃店是一座活动房屋，两间门面，难得的是门前一溜盆栽花木，一簇簇火红火红的美人蕉惹人注目，诱人留步。

“五姐，开门！”姜够本儿跳下汽车，拍打着店门叫道。

“来啦！”五姐答应一声，开门露脸，“过了零点快一点了，你可真是夜猫子进宅。”

灯光下，四十出头的五姐烫着新潮头，后脑勺系一条花手帕，白嫩的脸蛋，描眉搽粉抹口红，穿的是紧身衫裤，胸前腹上一条花围裙，一副和气生财而又妖艳迷人的老板娘神气。

“五姐，快给我们预备酒饭！”姜够本儿带着司机小伙子走进门来。

小店里，雪白的墙，挂着红红绿绿、奇奇怪怪的画幅。五张圆桌，铺着白塑料桌布，每桌一只花盆，花盆里有文竹、吊兰和水横枝，艺术风味中又颇有诗意。屋顶上一盏灯，罩着一只花光草色的大灯笼，柜台里的录音机低低播送令人骨酥肉麻、恍恍惚惚的歌曲。

墙角落的圆桌摆满四个冷盘，四个热炒，两位衣冠楚楚的顾客，正在旁若无人地大吃大喝。

姜够本儿头一眼看见的那一位，是个二十八九岁的小白脸儿，长发披肩，唇红齿白，满面春风得意的神色。这个人身上的穿戴，一望而知都是进口货，头上脚下洒满扑鼻呛嗓子的香水，整个是个雄性异化的男雌。坐在对面的那个汉子，头上烫着菊花顶，满脸虬髯络腮胡，身穿牛仔夹克牛仔裤，浓眉暴眼，面目狰狞，粗野得一副兽相。

“你逼得我不能不摊牌亮底，下最后通牒。”男雌放下筷子，拿起粉餐巾纸擦红嘴唇，“你下一回还给我土叶子，我就拆台散伙，不跟你玩了。”

“嘘！”一副兽相的汉子，后脑勺上好像也长眼睛，发觉有人进店，急忙伸出大手，捂紧男雌的嘴，“此地说话不方便，起驾。”

说罢，他大步走到柜台前，掏出一张百元大钞，塞进五姐怀里。手在怀里停留片刻才抽回来，色眯眯挤了挤眼儿，说：“这两天手头发紧，小气了点儿。”

五姐当着弟弟的面，不敢丑态百出，却也还他一个娇嗔，啐道：“下一回我也不要土叶子。”

两位贵客离店，姜够本儿便急不可耐地问五姐道：“这两个家伙在哪一行发财？”

“吃老外，发洋财。”五姐熄灭屋顶的吊灯，只留墙上的壁灯，伸着懒腰打哈欠，“小白脸儿会造假画，大胡子能贩私货，搭帮合伙糊弄鬼子。”

“什么是土叶子？”姜够本儿极感兴趣地请教。

“土叶子就是人民币。”五姐行家嘴脸，“金叶子、银叶子、花叶子，就是美元、英镑、日元、马克、港币、法郎……官称外汇硬通货，到哪国都花得出去。”

姜够本儿咂着嘴淌口水，说：“这个买卖比当二道贩子油水大，我也跳槽改行赚洋钱吧！”

五姐歪嘴一个冷笑，说：“你一个泥腿土包子，知道拜哪座庙门才能巴结上洋财神？”

“我拜大胡子为师，求他领航带道。”

“大胡子上不传父母，下不传妻子，被窝里放屁——独吞。”

“我能帮他收购假画。”

“你有画手吗？”

“咱村袁滚滚儿的表哥，画影壁手艺高超，我看以假乱真的本领，不在那个小白脸儿以下。”

五姐沉吟了一会儿，眉开眼笑道：“是骡子是马，拉出来遛一遛吧！”

画匠虽已六十出了头，却是一张娃娃脸，耳软心活，心中无数，姜够本儿一哄他就上了钩，被带到五姐的小吃店。五姐每日盛情款待酒肉，他就甘心被锁在内宅里闭门造画。大胡子、五姐和姜够本儿如何坑蒙诈骗非法牟利，他都不闻不问，上了贼船还自得其乐。

几年前窝囊丈夫死了，红枣儿给女儿招进了倒插门女婿，很快就当上了姥姥。岁数大了，又见到隔辈人，便不能不顾虑有失身份，一天天跟画匠疏远，这二年竟没有见过一回面。画匠却旧习不改，画影壁挣了不少钱，都花在了相好女人身上。这些女人比红枣儿年轻，更比红枣儿开放。红枣儿跟画匠相好多年，仍然躲躲藏藏，闪闪烁烁，此地无银三百两。现在这些跟画匠相好的女人，增白粉蜜搽厚了面皮，野鸳鸯双飞双宿，公开抛头露面，只不过掏光了画匠的荷包，便挥手而别，头也不回，以后邂逅相逢如同路人，谁也不认识谁。这一年多画匠被姜够本儿的五姐“金屋藏娇”，也是只贪酒色，不图钱财。可以断言，早晚有一天只落得人财两空，被姜五姐儿赶出香闺，踢出门外。

运河滩没有了画影壁的人，每天都有人来到红枣儿家找画匠。红枣儿并不知道画匠的下落，以实相告却无人相信，看来洁身自好也不可得。最叫她哭不得笑不是的丫姑，打算新盖一处宅院，找画匠在影壁上画一幅红衣女侠张茂，既可以抒发郁积多年的幽情，又可以当护院门神使用。红枣儿浑身长嘴，有口难分。丫姑败兴而归，临走下令道：“你赶快钻天劈地掏耗子窟窿，找到那个老要货儿，揪着他的耳朵到乡里扯一张结婚证，给他戴上笼头管起来！”

丫姑的思想大有进步，好马也能配二鞍了。不过，她这个人天生嘴紧，没有向我泄露一点风。

红枣儿奉了姐姐严命，四处奔走找画匠，最后想到画匠的表弟袁滚滚儿。画匠不在袁滚滚儿家，也要抓袁滚滚儿的官差，替她跑腿。为找画匠，她已经两脚磨出了血泡，寸步难移。

于是，我们结伴而行。

这真是歪打正着。有袁滚滚儿代劳，又有姜够本儿带路，找到画匠有如瓮中捉鳖、探囊取物。

我等着喝喜酒了。

16

十年动乱中，我那个生身之地的鱼菱村，不但本村人满为患，而且还前后收留过上百位匆匆过客。如今，流水落花人去也。曾被收留的上百位过客已经风毛四散，一去不复返了，而我们那个胜似铁打营盘的小村，依旧屹立在京东北运河边。三十年河东，三十年河西。大河在这个小村周围拜遍了四方，小村却是根深蒂固不动窝儿，可谓任你千变万化，我自岿然不动。

这些过客，有下放干部和插队知青，也有长着两只手却在城里吃闲饭的市井小民。男女老少，高矮胖瘦，各色人等，应有尽有。

当时，我虽已摘掉头上的右字号铁帽子，在村里不但不受管制，而且充分享受乡亲们给我的特殊优待，但是，外来人不知内情，在他们眼里，我仍是个洪水猛兽。远怕水近怕鬼，他们也就对我怀有戒心，深怕跟我来往而蹭黑自己。画虎画皮难画骨，我对这些过客知人知面不知心，也怕跟他们稍有接触，不提防被反咬一口，自找倒霉。双方各有所忌，便见面不打招呼，路遇擦肩而过，麻秆打狼两头害怕，怯鬼神而远之。

下放干部七八个人，编成一组，老贫农满仓二哥带班。下放干部中不管大官小官，多年四体不勤，下趟子干累活儿，不出三天就得散架趴在炕上。正值盛夏，队里给他们一人一把镰刀，到河滩上割青草，比下趟子轻松得多。割草虽不计件包工，多少也得有个定额，那就要过秤和记账。满仓二哥只认得秤却不识字，队里就派我给他当账房先生。

赤日炎炎似火烧，河滩青草半枯焦。满仓二哥带领下放干部头顶着火盆子似的日头，挥汗如雨割着草，我却坐在绿树浓荫下看报，等候他们把草捆送到面前。

有个下放干部虽已落魄，仍然不肯落价，自以为至少比我高一等。他割草割得头昏眼花，突然把镰刀一扔，嘶哑着嗓子叫道："这不公平！"

"怎么啦？"满仓二哥直腰问道。

"为什么你这个老贫农吃苦受累，却眼看老右身不动膀不摇，汗珠子不掉一颗？"此人叫得一声比一声高，"这是敌我不分，丧失立场！"

"放屁！"满仓二哥八辈子贫农，根红气壮，"我们村多少年才出了这个作家，还想打个佛龛把他供起来哩！"

金口玉言有圣旨，谁反对贫农谁就是反对革命。此人虽心里不服气，也只得低头闭嘴不敢吱声。

满仓二哥是个苦人。一岁丧母，两岁丧父，吃堂嫂麦芋儿的奶水活下来。他没念过一天书，七岁就给地主家当牧童，串长工棚子长大。满仓二哥膀阔腰圆，五大三粗，有头无脑，只会逞匹夫之勇。他闯过不知多少祸，挨过不知多少打，然而，挨了多少打也仍旧免不了闯祸。他比我大十三，我四岁记事，每年数九寒冬都见他光着脚丫子，穿一双前面张嘴，后边漏洞的纳帮鞋。一冬洗不了两回脚，脚面漆黑，两手皴裂如鹰爪。春打六九头，地面还没有解冻，他就敢脱鞋赤脚走路，脚掌的老茧厚如铁皮。

把他奶大的老麦芋嫂子，出嫁之前，过门以后，整整二十年是个风流女子。年过四十摇身一变而为女巫，跳大神很像跳土风舞，扎针拔罐子却有真功夫。我从小串百家门，有个头疼脑热更自动“送货上门”。三分为了医病，七分为了看舞。她也好像看透我的心思，下神时边跳边唱，跳得悦目，唱得悦耳。她知道我晕针怕痛，便不请神针，只求仙丹。仙丹滚圆，黑中透红，是糜子黏面拌红糖揉制而成。吃多少我都没个够。

有一回，我想出一个借口，到她家找仙丹吃，正碰见她对满仓二哥进行家教。

别看她行为不端，作风不正，处事却非常通情达理。她奶大的这个小叔子在外打架，把人家的脑瓜子打出个血窟窿。被打伤的人上门告状，一要治病养伤，二要现金赔款。老麦芋嫂子一点也不护短，每个条件都爽快答应。又叫人喊来满仓二哥当面谢罪，喝令他跪在洗衣搓板上，扒下棉袄光脊梁，抡起鸡毛掸子暴打，满头满身伤痕累累。

后来他娶妻成家，对嫂娘仍然孝顺如初。老麦芋嫂子死时，他披麻戴孝打幡跪灵，出殡时走在送葬队伍前列，张开大嘴跳脚痛哭。比老麦芋嫂子的亲生儿女悲伤得多。

满仓二哥辛劳一生，混沌一世，对我充满个人迷信，认定我是上天下界的贵人。五十年代每个暑假我都回村，写了稿子投寄报刊，常请他赶集时代送邮办所。那时，投稿不贴邮票。他不明此中道理，逢人便讲："毛主席有令，刘家大兄弟随便写信，邮局子不敢跟他要钱。"一九五八年暮春，我被划右受到处理，回乡务农，土里觅食。他不相信我真是走了麦城，认定我不过是状元郎假扮叫花子。唱一出以假乱真的《喜荣归》。过了很长时间，他才明白我走了背字儿，大骂朝中出了奸臣，害得皇上不圣明。他家住在村北口的白沙高冈上，我那栖身避雨的荒屋寒舍，坐落在白沙高冈下，上下对映，常有走动。十年动乱初起，血光之灾从城里蔓延农村，谣传城里的红卫兵要下乡抓我。他在一根木棒上钉满铁钉子，很像尉迟恭手持狼牙槊。那些日子入夜天黑，他都要到我的房前屋后转上几遭，回家之前走进屋来叮咛我道："有我给你保驾，你只管把心放在肚子里，一觉睡到天光大亮。"

满仓二哥离奇古怪，常有妙语惊人，更有惊人之举。例如全国上下开展"批林批孔"运动，社员们每晚都到小学校的教室开批判会，他坐在墙角鼾声如雷；主持会场的人把他喝醒，叫他发言，他揉揉眼睛，吧唧吧唧嘴，说："两千多年前的干屎橛子，扒出来嚼着还有滋味儿吗？"惹得哄堂大笑，差一点儿闹个敌我矛盾。

他娶过媳妇，但没有同过房，至今原封未动，是个童子身。

二十岁那年，他血气方刚，力大如牛，在一座寺院扛长工。兄嫂为他买了个小媳妇，拜堂成亲入洞房，他却跳出后窗逃走。原来他正跟一个游方和尚苦练金钟罩、铁布衫的硬功夫，怕一沾女色，走了元气。不久，他便自作主张，不经小媳妇同意，硬把小媳妇送到紧邻和尚庙的尼姑庵出家。没过多少日子，教他硬功的游方和尚悄然离去，尼姑庵里的小媳妇也同时出逃。过了几年，有人看见，小媳妇和那个游方和尚住在北京西安门的一座大杂院里，搭伙姘居，儿女双全。满仓二哥可算赔了夫人又折兵，却偏要冬练三九，夏练三伏，自学成才；每日鸡鸣即起，光脚踢树，头撞南墙，打磨筋骨皮肉，只想有一天能刀枪不入。

到了三十出头还是个肉眼凡胎，这才抱养了侄女的儿子金如土。金如土正是老麦芋嫂子的女儿瓜叶和城里金大少所生。

多么拐弯抹角绕脖子！

17

我进过金公馆，见过金大少，零零碎碎知道他一些趣闻逸事。

那时，日本鬼子正占领北京，我父亲在北京做小本生意。本钱不大场面不小，批发呢绒绸缎，巴结大宅门赚大钱。

旧社会大宅门的老爷太太、少爷小姐，购买吃的、穿的、使的、用的物品，亲赴商店便有失身份。多数是打电话给商店，传唤商店老板自己或手下人，带着各色样货，送到大宅门恭请选购。当然，价钱要高得多。一个商店能巴结几个大宅门，好比开拓了几条生财之道。我父亲那个内局也有两三个大主顾，其中之一便是票友名角秋声馆主金大少，他更喜欢人们叫他金秋声。

金秋声是一位前清遗老正室所生的娇子，念过几所名牌大学，都浅尝辄止或半途而退，没有拿到文凭。前清遗老死后，儿女分家，他所得的那一份遗产足够他一辈子挥金如土，大学文凭又有屁用？然而，他在票戏上，却肯下苦功夫。他酷爱京剧小生的折子戏，不惜重金聘请名师传授，自己也做到敏而好学，学而不厌。《罗成》的《叫关》，《凤仪亭》的《小宴》，《贩马记》的《写状》，他都演得十分出色，将京剧小生行的叶盛兰、俞振飞和姜妙香三大名家之特长集于一身。唱戏之外他还喜欢舞文弄墨，吟诗填词，打拳踢脚，耍刀弄枪。所以，他唱武小生戏，不失儒雅，唱文小生戏，阳刚气盛。他又以孟尝君自居，广结三教九流、五行八作。日寇占领的北京，不少汉奸官僚是他爹的弟子门生，跟他都有些走动，构成他的屏障。他整日纵情声色，纸醉金迷，也能起到护身作用。

我跟随父亲到金秋声的公馆送过货，不但见识了他本人和一妻二妾，还亲眼看到他的外室和相好。

金公馆坐落在正阳门内顺城街，是一座侯门深似海的大宅门。高墙铁蒺藜网，十三层汉白玉高台阶，铁皮狼牙钉的黑漆大门。大门常年不开，平日只走角门。走进角门拐过影壁，迎面却是一片田园风光村野景色：菜园、果树、土井、辘轳架，一应俱全。穿过这片田园曲径，才是他那座古色古香而又有洋式设备的住宅。那时，金秋声三十一二岁，白净子脸，眉清目秀，颇有潇洒飘逸的文人风度。他满面笑容，不端架子不摆谱儿，非常和蔼可亲。家务事他概不做主，一切悉听大奶奶尊便。

大奶奶出身名门，可称淑女。她与金秋声是指腹为婚，十六岁结为琴瑟。可惜体质病弱，婚后十二年也不生育。她知书明礼，不等金秋声开口，就亲自安排给丈夫纳妾。她儿时有个奶妈，便是老麦芋嫂子。每年秋收以后，老麦芋嫂子都带着北运河的土特产品，进京看望这个她奶大的小姐。有一回，老麦芋嫂子顺便带着小女儿瓜叶到京城开开眼界，大奶奶便看中了这个天真可爱的村姑。她开门见山跟老麦芋嫂子提起亲事，老麦芋嫂子封建脑筋，奴性十足，敢不从命？于是，便把小女儿瓜叶留下来。

在纳瓜叶为妾的同时，金秋声又把那个上炕小老妈儿收了房，封为二姨太太。这个上炕小老妈儿，比金秋声还大几岁。她的男人原是国民党二十九军军法处的一名书记官，卢沟桥事变以后随军南逃，一走就像肉包子打狗。她来到金公馆，开头服侍大奶奶。后来见大奶奶很少跟金秋声同房，便乘虚而入，登床上炕，充当大奶奶的临时代办。她又精于烹饪。凡经她手做的饭菜，金秋声都十分爱吃。食色，性也，人之大欲焉。她在这两方面充分满足金秋声的需要，因而颇为得宠。西太后母以子贵，她也想给金秋声生个大胖小子，争个可跟大奶奶不相上下的地位。谁知，老天爷不从人愿，她不知吃了多少服种子丹，仍然无济于事，也就空怀“壮志”，美梦难圆。

村姑出身的三姨太太，进门一年多就生了个儿子，金秋声给起名叫金如土，取自嘴边的成语，却又颇为脱俗。不过，自己还是个孩子的瓜叶别无贪图，只把老爹老娘接来同住。老娘看孩子，老爹种园子，一家三口在城里过着农家日子。

大奶奶冷若冰霜，二太太轻薄粗俗，三太太年幼无知。于是，金秋声又另觅新欢，与余家小妹暗中同居。

余家小妹比金秋声小十岁。其夫是敌伪新民会情报部报道员，其实就是新闻记者。此人人品低劣，行为下流，常到西交民巷高等票房采访，结识了各界名流显要，便回家向娇妻吹嘘。金秋声是这个票房的头牌角色，风头最足，但是彬彬有礼，平易近人，对这位品行极差的记者也不端架子。记者为了向余家小妹炫耀自己，强拉硬拽金秋声到他家做客。谁知，金秋声和余家小妹竟一见倾心，恨不相逢未嫁时。金秋声听说记者跟留香饭店的一个女招待打得火热，便找他公开交易，愿出一大笔钱，请他将余家小妹转让。这个家伙正想卸下包袱，又白得巨款，何乐而不为？于是，马上跟余家小妹正式离婚。余家小妹念过中学，自恨红颜薄命，不甘为妾，情愿与金秋声不明不白地同居。

我看见过这位余家小妹，细腰高个儿，亭亭玉立，谈吐文雅，风韵宜人，喜欢穿白纺绸素花旗袍，淡扫蛾眉，薄施脂粉，颇似临风玉树。

跟金秋声相好的那个女人，是个阔太太，丈夫是洋行经理。这个女人并非荡妇淫娃，而是为艺术所陶醉，移情转性于金秋声身上。她酷爱京剧，喜欢玩票，常跟金秋声配戏。《小宴》一折，金秋声的吕布，她的貂蝉。合演《写状》，金秋声的赵宠，她的李桂枝。这位女票友虽然面如满月，体态丰腴，平日却忸怩作小女儿态；舞台上扮演貂蝉和李桂枝更是千娇百媚，活灵活现得过火。金秋声每有演出，大奶奶都在二太太和三太太的陪侍下前去观看，遇见余家小妹，以礼相待，并无异常。然而一见台上的女票友撒娇装痴，便两眼冒火。

就在金秋声的贵子金如土落生一年时，日本鬼子投了降，国民党的前进指挥所从后方飞来北京。二太太的前夫在前进指挥所当一名稽查，虽不是接收大员，也可算得胜还朝。欲加之罪，何患无辞？他给金秋声扣上个投敌附逆的汉奸帽子，抓进了监牢，二太太也就人归原主。三太太瓜叶带着儿子金如土，跟随老爹老娘回老家，土改时划为贫农，分到了土地分到了房，嫁给了外村一个青头白面小伙子，把金如土留在了娘家。没过几年，老麦芋嫂子和老伴双双亡故，满仓二哥怕金如土投奔亲娘要受后爹的气，就把他收养在自己名下。

金秋声败了家，却水落石出得知己。他坐牢以后，妻妾死的死散的散，跟他相好的那个女票友，伴随丈夫乔迁沪上，生活上的享乐更加丰富多彩，新欢代替了旧好。只是票戏时配对的小生都比不了金秋声，刹那间怀念一下身陷囹圄的故人。然而，外室余家小妹，甘愿为金秋声守身如玉。她在一所私立小学当代课教员，每月薪水很低，却把一多半的收入花在金秋声身上。探监时，什锦糕点，干鲜果品，尽量填满金秋声的口腹。

金秋声稀里糊涂坐了三年牢，一九四九年初春解放军进城，他当天就被放了出来。接他出狱的竟是军管会的一个科长，这个科长原来就是在他家当了三年护院把式的那个人。科长亲自驾驶一辆美国军用吉普车，把他送到一位首长家吃饭。这在当时，已是高规格的礼遇。他跟那位首长一见面，大吃一惊而又恍如梦中。这位首长几年前在战斗中负伤，潜入北京治疗，以护院把式师兄的身份住进金公馆。金秋声一不问姓名，二不问来路，只当也是武林中人。多亏金秋声路子广，面子大，钱又多，住在他家有如钻进保险柜。请来中、西医名家高手医治疗救，三个月脱险，六个月康复。护院把式护送他出城，临别，这位首先亮出了庐山真面目，握着金秋声的手说："古人云：滴水之恩，涌泉相报。我们共产党多情重义胜过古人！"金秋声哈哈笑道："有朝一日，你们得了天下，留我一条活命，赏我一口饭吃，就算我没白认识你一场。"

没想到，这一句玩笑话，后来竟应了验。

首长本来想给金秋声安排工作，怎奈金秋声闲云野鹤半辈子，屁股在椅子上坐不住，不愿拘禁在办公室里。开头几年，他在戏曲学校说过戏，在私营剧团打过本子，在古旧书店鉴定版本，后来到工厂工会的业余剧团当辅导。十年动乱之前，他给一家出版社当社外校对，专门给古典文史书籍标点正字。余家小妹比他安分守己，从私立小学代课教员变成公立小学的正式教员，十分心满意足。金秋声的公馆虽被发还，他却情愿交公，给那位首长当了官邸。金秋声和余家小妹在一座大杂院里租了三间小房，两人多年没有生儿育女，一直卿卿我我过日子，不是新婚胜似新婚。

谁想十年动乱横扫每个角落，金秋声被扣上残渣余孽的帽子，受到街道“群专”待遇。余家小妹因受株连被强迫退职，跟金秋声一同下乡插队落户。

不是冤家不聚头，金秋声下放的那个村子，正是瓜叶改嫁的柳湾村。瓜叶嫁到这个村没有几年光景，就当上了村干部，眼下是村革委会主任。金秋声突如其来，她一时慌了手脚，定住了神儿却又铁面无情，装作从没见过这个曾经同床共枕的前夫。

她没有想到，儿子金如土竟跑来拜见生身之父。

18

金如土原来也不想认这个亲爹，是满仓二哥打着骂着逼他上路。

这个鱼菱村难得的读书种子，生不逢时，怀才不遇。他念到高中三年级，没有来得及报考大学，就遇上了天下大乱，大学砸烂，只得回村磨两手老茧，滚一身泥巴。他万念俱灰，满仓二哥却不死心，牵着金如土的手，到我的门前立雪。金如土少年老成，一不娇气，二不轻薄，三不浮躁，四不粗野，五不吸烟，六不喝酒，七不赌博，八不气人有，九不笑人无，十不贪便宜，少言寡语，深沉忠厚；农家子弟外貌，文墨书生的心胸。他对满仓二哥感恩戴德，也就百依百顺。硬着头皮认了亲爹，才感到满仓二哥没有给他瞎马骑。金秋声虽没有大学文凭，却曾串遍了北京大学、清华大学、燕京大学和辅仁大学，文理两科都有个一知半解，足以辅导金如土自学。金如土归到我的门下，文科我高他一头，理科我还远不如他，可算拎着猪头拜错了庙门。

满仓二哥敬重读书人，也怜惜落难的人，对于下放干部充满同情，劳动上干多干少并不计较，只是那个扔镰刀的家伙口出恶语，才惹恼了他。

青草过秤的时候，那人怕我公报私仇，趁机压低他的分量，便满脸堆笑走上前来，递给我一支香烟，说："我这个嘴上无毛的晚生后辈刚才冲撞了您，请别见怪。"

我沉着脸，哼了一声，说："你说的那些话，我一句没听见。"

过秤时，他一钱半两也不肯吃亏，我懒得跟他斤斤计较，就多给他记了五斤，博得他千恩万谢不住口。

"刘老师，您的大名，我早就如雷贯耳。"他划着火柴给我点烟，"咱们是老相识，只怕您想不起我了。"

我眯起眼睛看了看他，皱起双眉摇摇头，说："你提醒一下，也许能够回忆起来。"

"您可记得北京东单麻线胡同十五号？"

"解放前那个院子里有个纽扣商行，我父亲在那个商行帮过账，我也就到过那个院子。"

“那您一定记得南房住着一家姓吴的？”

“是不是吴二毛子家？”

此人脸色一阵尴尬，咽了两口唾沫，讪笑道：“那……是家父。”

于是，我陡地想起了此人的奶名，问道：“你可是……”

此人怕我说出他的奶名难听，赶忙抢嘴说：“我本名吴四桂，想改名叫吴私，私字写在姓名里也不中看，一时还拿不定主意。”

这时，我已从他的眉眼上，清晰地回想起他爹吴二毛子的面孔，如烟往事便也历历在目。

那是一九四六年春，日本鬼子投降以后，天上飞来国民党的接收大员，地上开来美国海军陆战队。“想中央，盼中央，中央来了更遭殃。”我父亲领东的内局关了张，便到东单一家纽扣商行帮账（助理会计）。这个纽扣商行也是一家内局，只不过资金较多，气派也大，设在一座大宅院里，房屋宽敞明亮。

我父亲从掌柜降为店员，身份低下了很多，我来北京便不能住在柜上，吃饭也只能跟小徒弟们一桌。晚上，我到同院一家住户借宿。

这家住户姓吴，男主人外号吴二毛子，又称毛爷。

毛爷是个人力车夫，两腿整日奔走如骡马，却住着三间大房，雇个老妈子，比猪肉铺的掌柜和烤鸭店的老板还显得有油水。

原来，毛爷的人力车只拉美国兵，不拉中国人，车费高，有外快，收入超过一般车夫十几倍，甚至几十倍，所以显得财大气粗。

当时，美国海军陆战队驻扎在东交民巷东北角的兵营，距离东单和王府井很近，毛爷每天在美国兵营外摆车等座。毛爷身高至少一米八，他是个水蛇腰，挺直了腰板得有一米九。长腿大脚，跑起来又快又稳，可惜长了个小脑瓜，站在街上像个感叹号“！”倒立在地。他能包揽美国兵营的生意，是因为他能说一口流利的京油子味儿的英语。

他是个旗人，祖上在前清做过几任小官，官不大却是肥差，留下的遗产不多也不算少。怎奈到了民国以后，没有了“铁秆庄稼”（俸禄），子弟们又身无薄技，毫无谋生的本领，便坐吃山空。坐吃山空仍不知节俭，卖了古玩卖字画，卖了字画卖家具，卖了家具卖房子，卖尽吃光一贫如洗。

毛爷最后的一座四合院，卖给了一个到中国研究民俗学的美国学者。这个美国学者为了在北京走访方便，雇下毛爷当男仆。毛爷不爱念书，一本《三字经》念了三年还不会默写。他十三岁死了爹，便弃学跑瞎道。北京所有的吃、喝、玩、乐，没有他没吃过、喝过、玩过、乐过的。他带着那个美国学者走遍了北京城的四面八方，教得那美国学者无事不懂，无处不通。那个美国学者本来通晓中国的语言文字，有毛爷这个京油子每日服侍，又用心学习模仿，竟学得了一口字正腔圆的京片子（北京土语）。毛爷也在无意之中耳食了不少英语，发音虽不准确，怪腔怪调却逗得美国学者捧腹大笑，起到了娱乐作用。

太平洋战争爆发，美日开仗，那个美国学者被日军抓进了集中营，毛爷成了丧家之仆，便拉了洋车。

受了几年穷，吃了几年苦，美国海军陆战队一来，毛爷又转运中兴。他自称跟美国人结下不解之缘，天生是侍候美国人的料儿。美国兵每天都上街游逛，跳舞，嫖妓，买古玩，毛爷那京油子味儿的英语满能应酬。他拉着洋车，洋车上坐着美国大兵，穿王府井大街，进东安市场，游览公园，出入舞厅，八大胡同寻花问柳。毛爷充当导游、翻译兼掮客，吃买卖双方的回扣，大赚其钱，收入甚丰。

毛爷是纨绔子弟出身，天生不知积财，不会远虑。他只当美国海军陆战队会长久驻扎下去，摇钱树永远茂盛不枯。于是，挣多少花多少。

他的个子不小，虚荣心更大，腰里有了几个钱，便要摆谱儿、夸富、挥霍。因此，他不但租住了三间大房，而且雇个老妈子使唤。

这个老妈子非比寻常，是个小汉奸的姘妇，女招待出身，花名叫月红。

月红那个坐牢的姘头，正是余家小妹的前夫。他从新民会报道员高升为风化管教所所长，专门掌管给做皮肉生意的女人检查身体和发放执照，暗中是个特务。毛爷给这位所长拉过包月车，所长打过他，月红骂过他，他怀恨在心，一直想要报复。国民党接收北京时也抓过汉奸，这个所长便因“逆案”而入狱，家财抄没。毛爷正财运亨通，高价把月红雇到家来．也算解了恨，出了气。

这个老妈子比主子太太的架子还大。她搽胭脂抹粉烫着头，红嘴唇叼香烟，穿的是绫罗绸缎绣花鞋，跟毛爷那个黄脸婆儿对比，多么眼尖的人都得主仆颠倒。老妈子月红自己独占一间房，服侍毛爷出门之后，便回房把门一关，尖着嗓子唱流行歌曲：“三轮车上的小姐真美丽，西服裤子短大衣……”“香槟酒满场飞，烧饼馃子一大堆……”“自从嫁了你，整天净怄气，没有金条也没有金刚钻……”毛爷的黄脸婆儿做熟了饭，还得三请四叫她用膳。

每天清早，毛爷身穿美国大兵赏给他的旧军装夹克，上衣上有几个拉锁口兜，装的是洋烟和打火机，拎着两只鸟笼遛画眉。遛鸟回来吃早点，兵船粉的白馒头，六必居的酱菜和月盛斋的烧羊肉。豆浆里多加白糖。吃饭之后出车，却又上身换穿马蹄袖箭衣，头戴红缨顶子。美国大兵喜欢奇装异服，他便投其所好，从头到脚前清打扮。

但是，好景不长，美国海军陆战队在中国老百姓的一片喊打声中，撤退回国，毛爷的好日子不过一年多，便又成了穷光蛋。

他倒了霉，老妈子月红却又走了运。

月红的姘头坐了一年多牢，不知有谁出头保他，说他本是国民党的地下工作者，当汉奸不过是身上刷了一层保护色。他一出狱就当上了军统特务，专门盯梢、搜捕共产党的地下工作人员。他没有抓住几个共产党的人，趁机敲诈勒索却是每日数起，比当汉奸更为暴富。月红又一跃而为太太，毛爷却一跌而给她拉包月车。闲着的时候，月红就跟他学英语。有时，在大庭广众之下，两人使用京油子味儿的英语交谈，中国人听不懂，外国人不明白，好像说黑话。月红的姘头怀疑他俩有见不得人的勾当，随便给毛爷栽了个罪名，抓进监狱，严刑拷打，饱尝铁窗风味。

后来，我考上中学，课外当报童。有一回，数九寒冬天明之前，我趸了报钻进一条胡同的西口，飞跑着大声吆喝："看报来瞧报！……"

"《新民报》《新生报》《世界日报》《平明日报》！……"胡同东口，有个沙哑的嗓子跟我唱对台戏。

冤家路窄，我跟那人打了个照面，失声叫了出来："毛爷！"

毛爷出狱，元气大损，已经无力拉车或蹬车，改行卖报了。

为了不跟他争财路，我退避三舍，此后便不钻这条胡同，也再没有见过毛爷和他的一家人。

想不到事隔多年，我在家乡碰见他的儿子吴四柱。我向他问起他的父母，才知道都已过世，更令人感慨万端。

19

一九四八年七月，我考取北京市立男二中的公费生。也就是每月可以免费领取美国救济总署的三十斤高级面粉，另外还可低价购买十五斤。二者到市场上出售，得钱足够一个普通中学生两个月的膳费。当然得吃窝头，喝菜汤，不沾荤腥儿。但是，“美援”时常姗姗来迟，我无公费可领，就得自谋生路，勤工俭学。

我的同班有个跟我同姓的同学，我给起个外号叫刘满街。出自明人解缙的打油诗：“春雨贵如油，下得满街流。滑倒解学士，笑煞一群牛。”他虽不是公费生，但是每天起五更爬半夜九城卖报，也能挣出学费、杂费和自己的吃喝。他见我领不到公费闹饥荒，就劝我跟着他当报童。刘满街家住朝阳门内南小街的一条死胡同。他的父亲是个城市贫民，没有固定职业，有时拉水车，有时扛大个儿（装卸工），有时卖烤白薯，是个性情粗犷豪爽的汉子。他虽是个半文盲，却一心要培养儿子成为文墨书生。我常随刘满街到他家串门。因为我在几千名考生中名列榜首，这位刘大伯对我非常另眼相看。

报童，也不是想当就当的，必须得其门而入，才能当得上。

那时办报，市内发行都不经过邮局，而是通过垄断发行的报把头来零整批发。每个报把头都有自己的势力范围，月底要向当地国民党的党部、社会局、警察局、税务局烧香上供，送钱贿赂。报把头手下有很多报贩子，报贩子批发了报纸，分发到报童手中，然后走街串巷叫卖。据我所知，报把头以四成的纯利润从报社批发，自留纯利二成，又以二成纯利分发给报贩子。报贩子自留一成纯利，又减价一成卖给报童。报童卖给读者，早卖可以高出原价一成以上。一过早晨七点钟卖不出去，只能当生炉子的引火，或贱卖小商贩当包装纸，那就赔大发了。

当报童要交押金，才能在报把头和报贩子那里入册。我记得清清楚楚，我交了押金四千五百万元法币。今日的读者一见这个天文数字，一定大吃一惊。但是，要知道那时一支最便宜的冰棍就卖三万元，对开四版的一张报纸定价十万元，也就不足为奇了。这四千五百万元押金，报把头拿走三千万，报贩子押下一千五百万。一位家里有钱的同学，借给了我押金，又另外借给我一千五百万元做周转费。于是，我赶快拜见报贩子，入了册早日上路。

报把头占有的势力范围叫门，报贩子分管的路线叫路。报贩子投靠报把头叫拜门，报童依附报贩子叫上路。刘满街带我去见报贩子，报贩子跟他家同住一个大杂院。

这个大杂院有高高矮矮、破破烂烂百多间房子，活像蚁穴蜂房鸽子笼，拥挤居住着几十户平民百姓。刘满街一家五口，住在头道院子的两间火柴盒小屋里。初冬时第一个星期六的傍晚，我跟着刘满街回家，他父亲正要推走安装了轱辘的烤白薯铁筒炉子，到灯市东口的建国东堂影剧院门外摆摊。他人高马大，虎背熊腰，四方大脸，满嘴黑胡茬子，头上扣一顶毡帽，上身穿的是打满补丁的棉袄，下身穿的是扎着腿带子的夹裤；令人一见而知，是个有力气、讲义气、好发脾气的人。

“小状元来了，贵客临门！”刘大伯高声大笑，揭开炉盖，“吃块烤白薯，给我发个利市。”

我虽馋涎欲滴，却要假装客套，说：“不敢叫您破费。”

刘大伯把炉盖揭开，炉眼通红，烘烤的白薯焖在炉膛里。只见刘大伯伸出三根手指，吹口凉气，探手进炉；我来不及眨眼，刘大伯快似闪电，已将一块滚烫的烤白薯捏了出来，包在一张纸上递给我，说：“你们玩吧！我就不陪客了。”

刘满街拦住滚动的烤炉，说：“爸，小状元不能按月拿到公费，也打算卖报挣个饭钱，您给讲个人情。”

“这叫什么年月，逼着状元叫街！”刘大伯骂骂咧咧地走进二道院子。

一会儿，他从二道院子走出来，打个手势，叫我们进院，说他已跟报贩子讲定，把我收在名下，见个面交上押金，从明天起就给派报。

报贩子住在二道院子的东厢房，刘满街撩起门帘，探头喊道：“二大爷，我把您新收的喽啰带来见驾啦！”

“自家人那就快进自家门吧！”屋里，一个沙哑嗓子的男人答道。

我进屋一看，这三间东厢房不愧是报贩子的“公馆”：墙壁和顶棚糊的都是报纸，铅印的字密密麻麻，好像爬满了蚂蚁。

报贩子三十大几不到四十，刀条子脸龅牙齿，留个小平头，鼠目贼光，正坐在一张旧八仙桌旁，吃着五香花生米喝白酒。他姓牛，官称牛二掌柜。刘大伯跟他同出一门习过武，管他叫二哥，刘满街也就叫他二大爷。

刘满街自幼生长在小市民圈子里，也沾染了油嘴滑舌的习气；他伸手抓了牛二掌柜的一把五香花生米，舔唇咂嘴嚼着，嬉笑道：“二大爷，我给您招兵买马，您得赏我尝一口‘四五’，喝两盅‘烧刀’。”

四加五是九，九与酒谐音；阿拉伯字码的9，状似一把刀，所以烧刀便是烧酒。这是老北京游民中的黑话。

“小猴崽子，猫儿尿也甭想沾舌头！”牛二掌柜叉开手指护住花生米碟子，脸色很不好看，“你替小姐做的作业，三道题对，两道题错，差一点儿不及格，龙头大爷把我骂了个狗血喷头，气得我真想叫你把押金交上来！”

刘满街低头哈腰，上前给牛二掌柜斟酒，涎着脸儿说：“二大爷您放心！从今以后，我捉不了妖请真神，一定叫小姐考上一百分。”

报贩子牛二掌柜收下我的押金，交给我一块烫字木牌，便挥了挥手，说：“走吧！别忘了明天起早领报，过时不候。”

出了牛二掌柜的东厢房，我低声笑道：“牛二掌柜的这个住处，可称得起皇帝的外室。”

“此话怎讲！”才疏学浅的刘满街，莫名其妙。

“豹（报）房呀！”我答而又问，“你给哪个龙头大爷的小姐做作业？”

刘满街溜瞅一下四外，压低嗓子，说：“龙头大爷就是报把头龙大麻子，他有个丫头在华光女中念书，天天不是听戏就是看电影，学校留给的作业都找人代劳。”

“怎么找到了你的头上？”

“我卖报不交押金，活该抓我的差。”

当时，北京的某些私立中学，以赚钱盈利为目的，只要给钱便能入学。男校的北方中学，女校的华光中学，学生中流氓很多。因而，“男不上北方，女不上华光”，名声很臭。

朋友有难，理当相助。我拍了拍他的肩膀，说："今后凡是你解不开的习题，都给我送来，我替你捉刀。"

刘满街高兴得如释重负，又叮嘱我道："明天可别误了早起，晚到分不着好卖的报，连本钱也赚不回来。"

我发了愁，说："我睡觉睡得死，一觉睡到大天明，又没有闹钟吵醒我，如何是好？"

刘满街眨巴眨巴小眼睛，想出个主意，说："你临睡之前喝两大杯水，尿憋醒了正是时候，比闹钟还准时正点。"

我照计而行，凌晨果然自己醒来，急忙穿衣起床，一出校门撒腿就跑。

北京市立男二中坐落在内务部街，我跑出胡同口，隔着东四南大街的马路，对面就是灯市东口。我三步并作两步从马路上飞跑而过，一口气跑到建国东堂影剧院门外。

刚有四个人排队，我在前五名。又过了一会儿，才看见刘满街揉着眼睛，打着哈欠走来。他像司令官检阅部队，从队尾到排头遛了一遍，等到发现了我，连忙夹在我的身后，嘻嘻哈哈笑道："明天还得早起，天天排头。"我低声问他："要哪几种报？"他说："我到你前边去，你王小二过年瞧街坊。"于是，他又升前一步。

当时北京有《世界日报》《新民报》《新生报》《平明日报》《北平日报》《国民新报》《纪事报》《民强报》，名义上都是民营报纸。此外，还有国民党的党报《华北日报》。《世界日报》是报界元老成舍我办的，销路最好。目前居住台湾的女作家、《城南旧事》作者林海音，当时就是该报的见习记者。其次是《新民报》，社长兼主笔是小说家张恨水。《新生报》受国民党影响而自称中立，著名美籍华人陈香梅曾是该报记者。《平明日报》是傅作义掏钱办的，有一些进步人士在该报隐蔽活动。《北平日报》和《国民新报》以社会新闻吸引读者。《纪事报》和《民强报》的大量篇幅刊登电影明星和京剧演员的消息。国民党主办的《华北日报》纸好而又价低，但是由于连篇累牍都是造谣说谎，充满反共谰言，打折扣贱卖，也仍然销售不畅。

排队来得早的报童，可以多要《世界日报》和《新民报》，好卖而又多赚。来得稍晚，主要分到《北平日报》《新生报》《平明日报》《国民新报》《纪事报》和《民强报》；多跑几条街，多钻几条小胡同，也能有赚不赔。如果到得太晚，分到的以《华北日报》为主，那就十之八九要赔本；喊破嗓子跑断腿，也只能少赔一些。如果见事不妙拒不领报，报贩子便狗脸一变，逼你交出腰牌。

排队等候不到半小时，黯淡的月色里，寒风送来排子车的吱扭吱扭声，牛二掌柜拉着一辆装满一捆捆报纸的排子车，他那个妓女从良的老婆在车后推动，助两臂之力。车到建国东堂门外的电线杆下停住，卸下报捆，解开绳子；牛二掌柜分报，他那个妓女从良的老婆收钱。

刘满街在我前面，要了最高限额的一百份《世界日报》，一百份《新民报》，又要了一百份其他各报，只是一张《华北日报》也没要。轮到我要报，也想跟刘满街一样，派（分配）报的牛二掌柜眼珠子一瞪，说："只优待前五名。"

我这才知道上了刘满街的当。商业竞争，不择手段，这是我头一回亲身体会。

领够了报纸，我夹在腋下，退出队列，刘满街已经跑得无影无踪，只听见他那高、亮、脆的嗓子，在灯市西口吆喝叫卖。

我恼他不讲交情，赌气跟他各奔东西。从灯市东口向东跑去，模仿刘满街的腔调，也抖丹田呐喊一声，开口吆喝起来："看报来看报呀！《世界日报》《新民报》……"

从此，在旧北京千百个报童的清晨大合唱中，也有我那并不优美动听的童音。

解放以后，刘大伯搬了家，刘满街也就转了学，我便不知他的下落。谁想，一晃二十年，我们竟久别重逢在北运河上。

20

前夫金秋声到柳湾村落户，外人虽然不知内情，瓜叶却觉得脸上被抹了黑，坐卧不宁，站立不安，吃不下饭，睡不着觉。金秋声一天不离开柳湾村，她就难以安心过日子。把金秋声转移到何处去呢？她正无计可施，金如土前来认父。她灵机一动，计上心来，将金秋声的户口迁到鱼菱村，叫他们父子团聚，岂不是两全其美？她一贯雷厉风行，打定主意便马上行动。买两瓶子酒，装一盒糕点，换上一身干净衣裳，便前来鱼菱村找满仓二哥。

满仓二哥自从跑了媳妇，便嗜酒如命。一天三顿饭可以不吃，一天三遍酒却不能不喝。好酒喝不起，就喝八分钱一两的白薯干酒。喝酒伤身，酗酒更有害无益。劣酒虽不是敌敌畏，喝多了也伤害五脏六腑。满仓二哥被劣酒糟害了身子，一过五十便一年比一年衰老，一年比一年虚弱，一年比一年多病。

瓜叶来得正巧，她一进鱼菱村，听说满仓二哥病倒炕上，便风风火火跑起来。

满仓二哥这个病，哪个月都闹两回，起因是酒一喝过头，便鼻眼歪斜昏迷炕上。金如土骑自行车请医生去了，我自告奋勇守护着他。

一进柳篱小院，瓜叶就叫二叔，一声二叔两行泪，我深受感动迎出门去。

瓜叶比我大不了十岁，这一年我三十出头，她也就四十挂零儿。当了多年干部，早已非正式脱产，一年三百六十五天下不了几回地，风吹不着脸，雨浇不着身，太阳晒不着肉皮子，不像那些成年累月整日泥里滚草里爬的娘儿们，人不到三十就枯萎得像烧煳了的卷子。她满脸福相，身腰富态，眉眼之间还残存着春色。

我人小辈大，她得管我叫大叔。我虽沦为贱民，但在鱼菱村享有特殊地位，她对我不敢低看。但是，她又立场坚定，不愿十分赏我的脸；大叔二字叫不出口，只称呼我一个您字。抹一把眼泪露出的笑脸，也是不远不近，不冷不热。

我很识趣，并无非分之想。这年头儿，在我眼里，只要不是落井下石的人，便算古风依存，难能可贵。

满仓二哥已经清醒了许多，只是半边身子麻木，躺在炕上翻不了身，瞪大的眼睛呆滞无光，嘴里像含着个热元宵。

“我……这是……老病，”满仓二哥卷着舌头，嘴角淌着口水，“躺两天……又兵强马壮。”

“二叔，是我挂累了您。”瓜叶又泪如雨下，“您一把屎一把尿把土子拉扯大，我这个当妈的……想起来心里惭愧得慌。”

“这也……怪不得你。”满仓二哥的歪嘴渐渐端正起来，口齿也流利多了，“可恨的……是你那汉子……”

当年土改时，土改工作团住在鱼菱村，团长住在瓜叶家隔壁。瓜叶现在的丈夫，当时是柳湾村贫农团的委员，常到土改工作团开会，一来二去就跟瓜叶在高粱地里私订了终身。那人占下瓜叶的身子，瓜叶没有多少日子便怀了孕，他这才觉得瓜叶不是黄花闺女，自己吃了大亏，死活也不答应瓜叶带着金如土嫁过去。瓜叶已经失身，更怕露丑，只得含泪应允，棒打母子两离分。瓜叶嫁过去以后，跟那人只生女儿不生儿子，人过四十又带头绝了育，这辈子也就生子无望，金如土更变成了土如金。她想认子，儿子却不愿认母；只有她到鱼菱村来，母子见面，金如土才叫她一声妈。所以，金如土上赶着到柳湾村找金秋声认父，惹得她窝着一肚子火。

“当年我又小又傻，才上了那个杀千刀的当。”瓜叶打开糕点盒子，掏出一块蛋糕，喂满仓二哥吃，“要不是我大小当着个干部，不能不顾脸面，早就不跟杀千刀的藕断丝连了。”

满仓二哥嚼着蛋糕反问道：“当干部的娘儿们，都得是贞节烈女吗？”

瓜叶叹了口气，说：“我越是要面子，越偏叫我丢脸；谁想到原来那个冤家，鬼使神差来到柳湾村落户，日久天长早晚露馅儿，我在乡亲们面前可怎么抬头？”

“你是公社的大红人，递个话过去，就能叫土子的爹挪窝儿。”

“我可不能叫公社知道！公社里有几个我的对头，早想在我身上找缝儿下蛆。”

“你想眼不见心净，那就不能不给土子的爹找个站脚之地。”

“我愁得肠子打结拴了扣儿，才找您解疙瘩。”

“那只有叫他搬到鱼菱村来。”满仓二哥笑道，“土子早想把他爹接来团圆，一是尽点孝心，二是讨教学问。”

这正合瓜叶的心意，却假装犯愁，问道：“干部们能点头吗？”

满仓二哥眯眼笑着，问我道：“肯不肯收留他？”

“刘大叔又不是一村之主……”瓜叶只当满仓二哥跟我耍笑，不肯当真。

满仓二哥板起脸一本正经，说：“一村之主也得向他早请示晚汇报。”

正说着，金如土带着吴四桂来了。原来他没请到医生，吴四桂却毛遂自荐，自夸通晓针灸，包治满仓二哥的老病。

瓜叶和金如土，见面很不亲热。金如土那一声妈，好像是从牙缝里挤出来的。

“土子，你二姥爷劝我把你爹迁到鱼菱村来，你同意不同意？”瓜叶一边说着一边偷看儿子的脸色。

“我早有这个打算，只是我爹不肯屈尊。”金如土向我笑了一下，“大姥爷，我爹说他最佩服您的文章学问，您肯不肯替我劝他回心转意？”

瓜叶有求于我，赶忙礼下于人，说：“大叔，那得成全他们父子。”

见我点头，金如土非常高兴，说：“大姥爷不会骑车，我骑车送您老人家。”

“正想叫你跟去！”瓜叶一副强迫命令神气，“那个姑娘的爹，从部队回村休假，想见一见你。”

“牛不喝水强按头呀！”金如土大叫一声，“我有我的意中人，您不能夺人所爱。”

“你不爱革军的女儿，偏爱‘四不清’的闺女，我一千一万个不答应！”瓜叶横眉立目，霸气逼人。

“您逼急了我，咱们到公社讲理。”

“我能叫公社不给你扯结婚证，看看胳臂能不能拗得过大腿？”

金如土爱着本村的一个俊俏女子，这个姑娘也是贫下中农出身，只是她爹当着副业队长，四清运动查出了多吃多占的劣迹，便被定为“四不清”而不许“下楼”。瓜叶怕儿子娶了“四不清”的女儿为妻，不黑也得灰，便在柳湾村给他另找了个姑娘。那个姑娘不但出身贫下中农，而且还有个在军队里当官的爹，跟这一家攀亲门当户对，有光可沾。然而，金如土并不唯利是图，在婚姻上宁肯吃亏也不想占便宜；母子俩见面就吵，水火冰炭一般不能合二而一。

我只冷眼旁观瓜叶的表演，满仓二哥两腮扎满了针，也难以开口。母子越吵越凶，各不相让，没有武斗，也像打派仗。

吴四桂年岁不大，却是个话篓子。他见母子争吵而无人解劝，便挺身而出，向瓜叶笑了笑，又向金如土点点头，说：“大娘，您熄一熄火；如土，你也压一压气，听我唠叨几句。”

瓜叶早已口干舌焦，筋疲力尽，在炕沿上靠墙一坐，哼道：“土子，你不依了我，看你能上天，还是能入地？”

金如土也嗓子眼儿冒烟，到外屋大缸里舀了一瓢凉水，喝了个饱，抹着嘴边的水珠儿，气呼呼地说：“您朝里有人，我们登不了记就合灶搭伙。”

“呸！”瓜叶狠狠啐了一口，“你们敢伤风败俗，我送你们进‘群专’学习班。”

金如土正要回嘴，吴四桂手疾眼快捂住了他的嘴，说：“我洗耳恭听了来龙去脉，前因后果，感到你们母子之间并无根本的利害冲突，完全可以为了一个共同的目标实行大联合。双方的意见暂时不能取得一致，那就挂起来耐心等待，冷处理。”

“等到哪一天？”瓜叶问道。

“冷到哪一日？”金如土也问道。

“如土，你今年贵庚？”

“二十二。”

“我今年二十六还没有结婚，你等上四年不算长吧？”

瓜叶怕打持久战，说：“我已经跟那个姑娘的爹说定，一两天男女双方就得见面。”

金如土梗着脖子，说：“您把我打死，放在门板上抬去。”

我开个玩笑，说：“吴四桂有苏秦张仪的口才，替土子当一回替身。”

瓜叶却怕鱼目混珠，不放心地问：“吴同志，你是什么出身？”

吴四桂挺直腰板，满面正色，答道：“我家是城市贫民，低工人一等；好比农村的下中农，矮贫农一头。”

“什么工作？”

“交通警。专管骡马市大街那一段。”

“为什么下放？”

“砸烂公、检、法，接受贫下中农再教育。”

“怎么二十六还没有结婚？”

“前几年谈过一个对象，后来发现她爹是个资方代理人，跟资本家同等待遇，我就当机立断，悬崖勒马。”

“够格！”瓜叶喜形于色，“跟我去吧！”

当天傍晚收了工，瓜叶带路，我、金如土和吴四桂过河来到柳湾村。在村外就兵分两路，金如土把我带到金秋声家去，瓜叶陪送吴四桂前去回村休假的军官家。

21

瓜叶治下的柳湾村，可算是有条不紊。她趁造反有理之机，把地、富、反、坏从原来的家里扫地出门，圈在村西北的一座沙丘上画地为牢。她对下乡落户的城里人也充满戒心，在村东南角盖起几溜排子房，安置这些外来户，四面打着墙。这些人三教九流，五行八作，思想上和习惯上都或多或少存在城里人的毛病，不可在柳湾村的贫下中农里传染。

紧把着村边的一溜排子房，有一间一家的，两间一家的，三间一家的。这溜排子房紧头的一间小屋里，住着金秋声和余家小妹，窗前罩满爬山虎藤萝。

“爹，姨，我来啦！”金如土一进这个排子房大院，便兴冲冲喊叫，“我给您带来一位贵客。”

房门吱呀一声，泄出一片灯光，紧随着灯光走出一个儒雅、潇洒的男人。不等金如土提名道姓，我已经猜出和看出此人必是金秋声无疑。

淡泊宁静而又养生有道，使得年已五十多岁的金秋声并不见老，满头乌黑偶有几茎白发，眼角虽有几条鱼尾纹，但是眉清目朗仍无老态。

金如土说出我的名字，金秋声连道久仰，向屋里招呼一声："如土他姨，沏茶！"又抢上一步，挑起门帘。

我被拥进屋里，一眼便看见了文静素雅的余家小妹。

二十多年前，我曾见过余家小妹一面。虽然小孩子好奇，贪看了几眼，但是二十多年过去，留下的印象早已一片模糊。现在一见，我马上就想到"美人迟暮"四个字。此时的余家小妹，已经是半老徐娘，旧社会城市小姐太太的风韵消失精光。但是，文墨气息显而易见。她已经改换村妇打扮，穿着白布衫子和黑布裤子，下地劳动晒黑了脸，鼻洼出现星星点点的锈斑。然而，秀眉俊眼，仍旧文静雅致得好看。她只向我点头示意，并不多嘴抢话，令人一见便十分尊重。

小屋简陋寒酸，却一尘不染，可知男女主人仍旧很爱干净。

金如土不但跟他的亲爹非常亲近，而且跟他的继母也很亲热。他看见纱罩里有一盘剩饺子，便拿出来用手捏着吃。"爸，我请刘家大姥爷出面，是为了劝您和姨搬到鱼菱村，一家人过个团圆日子。"金如土把饺子一个一个丢进嘴里，"姨不用下地，只在家里做饭，养几只鸡；把您安排在菜园里，参加轻体力劳动，晚上给我补课。"

"我不想连累你妈，也不愿拖累你。"金秋声苦笑着轻声慢语，流露出深沉的伤感，"我已经找到安身立命之地，离你们母子都不算远。"

金如土一听就起了火，问道："是我妈下令赶您走？"

"我跟你妈还没有见过一面。"金秋声喝了一口余家小妹递过的茶水，"自从知道你妈是这个村的首脑，我就想三十六计走为上了。"

"您搬到哪儿去？"金如土追问道。

"前几天我听说有个老相识，一九五七年划右以后在牛背村隐居，我去找他想主意。他在那个村是支书的军师，几句话就收留了我。"

金秋声所说的那个人，是我的同乡和同校的学兄谷秸，他划右受到从严处理，觉得无颜再见鱼菱村父老，投奔了他在牛背村的干娘家。谷秸当年在北京念书，也是个戏迷，曾在票房里跟金秋声同台演出。后来，谷秸下乡进山当了八路。解放以后，又回到北京工作，也跟金秋声有过来往。正是君子之交淡如水，涸辙之鲋相濡以沫。

金如土恋恋不舍，当着我的面哭了，又说："您哪天走，我划船送您。"

金秋声一笑，说："能不能走，还要看你妈肯不肯答应。"

我见天色不早，起身告退，金如土只得如影相随。我们刚要走出排子房大院门口，突然从排子房的另一头，有人破门而出，身手有如戏台上偷鸡的时迁，扯住我的胳臂大叫："老同学，慢走！"

我吓了一跳，只见此人三十多岁，矮胖像个树墩，油头滑脑一副刁钻神气。

"你……"

"贵人多忘事，想一想。"

"……满街！"

"多谢你眼里有我。"

“你怎么来到柳湾村？”

“我命中犯小人！”刘满街破口大骂，唾沫星子喷我一脸，“这些年，我靠耍手艺当临时工，逍遥自在是个散仙，总算没有饿着冻着老婆孩子；谁想，不知哪炷高香没有烧到家，得罪了街道治保主任，一个叫月红的娘儿们，在支左军代表耳边进谗言，就把我一窝八口发配到此地。”

我还来不及问个明白，吴四桂从院外直冲冲跑进来，劈头就问刘满街道：“你说的那个月红，前夫是个反革命，后来改嫁给一个工人变成了红五类？”

“正是她！”刘满街笑道，“你怎么也跟她认识？”

吴四桂却急着转身给我提醒，说：“刘老师，这个月红，就是在我家住过的那个……您见过多次。”吴四桂挑选着字眼儿，唤起我的回忆又避免暴露真相，“这个娘儿们是条疯狗，见谁咬谁，我被下放，也是她向我们单位掏的坏。”

刘满街把我拖进他的院子，我看见了一个胖女人和几个瘦孩子。

“这是我的爱妻，终身伴侣。”刘满街把胖女人搡到我的面前，“你们互相早已闻名，只是相见恨晚。”

“大嫂是……”

“就是当年我为她代做作业的龙大姑奶奶。”

我惊喜得大叫起来：“看起来我们运河两岸村村庄庄，都成了招贤客店。”

“野鸟不进笼，野马不进棚。”刘满街另有打算，“听说你跟这个村的女当家说得上话，那就替我美言几句，求她把户口还给我，放我天高任鸟飞。”

“你飞到哪儿去？”

“天下哪块黄土不埋人？荒年也饿不死云游和尚。”

“我给你求一求看。”

“她敢不放生，小心狗急跳墙，兔子急了上房。”刘满街一副无赖嘴脸，“我咬她一口，入骨三分。”

“强龙也斗不过地头蛇呀！”

“我手里有人证，兜老底揭她的短：她当过城里大宅门的姨太太。”

“不可胡说，不能胡闹。”

我跟刘满街又叙了叙旧，才知道刘大伯后来当了钢铁厂的炉前工，现已退休，住在石景山。龙头大爷在镇反运动中被枪毙。刘大伯不同意儿子娶龙头大爷的女儿，父子反目，早已分家。牛二掌柜夫妻在街道工厂做工，却被冲向社会的红卫兵误当牛鬼蛇神打死。

吴四桂和金如土等得不耐烦，催我上路，我趁机赶快脱身。

他俩各骑一辆自行车，倒换着在后座上驮我。金如土心事重重，闷声不响，吴四桂却一遍又一遍哼唱着他改编的波兰民歌：“小杜鹃叫咕咕，少年把新娘挑……小杜鹃叫咕咕，少年把新娘挑……”其声如钝刀划玻璃，令人芒刺在背。

我忍无可忍，只得截断他的歌声，说：“四桂，人逢喜事精神爽，你还是公开出来，普天同乐吧！”

吴四桂是浅碟子存不住水，却又故弄玄虚，吞吞吐吐地说：“我不知是挖了如土兄弟的墙角，还是替他排了忧解了难……”

“直接进入正题，不要拐弯抹角。”

“我跟那个军官的女儿一见钟情，说定下月结婚。”

“吴大哥，你是我的救命恩人！”金如土一扫愁眉苦脸，连声称谢，有如高呼口号。

“结了婚我就找原单位，吐净我心存多日的这口闷气！”吴四桂得意忘形，摇头摆尾，“我娶了贫下中农出身的姑娘，这是全面深入地与贫下中农相结合，可算胜利地完成了接受再教育的任务。”

返回鱼菱村三天，也没有听到金秋声的消息。直到瓜叶又来看满仓二哥，才知道金秋声和余家小妹已经乔迁牛背村。她下令半夜动身，自己划船相送，直到牛背村村外为止。

她把刘满街一家也放走了，拔除了一颗定时炸弹。

22

我出生时谷秸已上小学，我们算不上是童年的伙伴。不过，从我八岁他十五岁那年起，我们却结成了生死之交。

他娘死得早。他爹教小学，把他带在身边，今年这个村，明年那个村，难得回到鱼菱村住几天。后来，他爹到山里当八路，他就住在牛背村干娘家，更少见了。

北运河二百八十里，两岸大小村庄满天星。牛背村深藏在大河头顶的水网中，挂在一条名叫葫芦秧子的河汊上。过了北运河到牛背村，没有一条大道，没有一条直路，只能沿着七沟八汊弯来拐去。河汊子水浅时只到膝头，水下的淤泥却深可吞人。走不了船，也蹚不了水，一里路要绕三里远。有时，牛背村的泥棚土舍，村树篱墙，已经清晰可见，鸡鸣犬吠更是声声入耳，却不得其路而入，只能望村兴叹，迂回绕行。

河汊子很窄，好汉子能一跃而过，一跃而过便是好汉子。

牛背村距离鱼菱村二三十里，上北下南，路又难走，来往稀少。

我跟谷秸结交那年，他正在日本鬼子占领下的北京念中学。七月里回干娘家过暑假，想不到干姐姐出嫁，赌气跑回鱼菱村，我这才跟他朝夕相见。

难忘这一年暑伏时节的一个傍晌，我到河边玩耍。那时我还不会浮水，下水一到齐腰便头重脚轻，身不由己，像个漂倒的葫芦。我不敢下河，便头戴柳圈儿，胳膊上挎着一串打鸟夹子，在河边的水柳丛中钻来串去，满身淌着臭汗，像有几百只虫子在身上爬。

暑伏时节正是雨季，三日小下五日大下，碧水满槽，河面抻宽，会浮水的大男小女，往返两岸如过江之鲫。河对岸有一块瓜田，已被河水淹了大半，滚圆的西瓜和香气扑鼻的甜瓜，漂浮在向四面八方伸张的秧蔓上，好似人头攒动。浮水过河的人不但饱餐一顿，而且满载而归，十分令我眼馋。

眼馋的不光是我一人，谷秸也站在河岸上垂涎三尺。

忽然，谷秸的眼睛一亮，脱下缅腰的裤子，到河边浸了个透，折断两条柳枝扎住裤腿，扯起裤腰抡圆，装满了一裤子河风，又用柳枝扎紧裤腰，状似一头水牛。人趴上去，不会浮水也能过河。

“秸哥，我也跟你去！”站在河边的我急得呼叫。

于是，谷秸也给我制造了一头水牛。我跨上牛背，便逞强斗胜，不顾深浅，一往无前，把谷秸抛在身后。谁知牛到河心，两条腿跑气，肚子也瘪了下去。紧随到身后的谷秸叫声不好，把他的水牛推给了我，自己滚落水中。他在急流中不知翻了多少身，一上一下不知喝了多少水，眨眼漂出半里多，被一伙打鱼的人捞上了船。

船上的打鱼人，是牛背村的李黑牤子，跟谷秸是熟脸儿，大三岁高半头。大河涨水，小河满，葫芦秧子河汊也能走打鱼小船。暑伏挂锄，李黑牤子驾一叶扁舟，沿河打鱼，卖点零钱，剩下的带回家尝一尝荤腥儿。

李黑牤子扣下了谷秸，把他押回牛背村。

原来，谷秸一怒逃走，大热的天干娘哭肿了眼，二目昏花得伸手不见五指；干姐姐也十分败兴，被媒人搀上花轿，一阵晕眩撞在了轿门上，额角磕破，血糊一脸，娶媳妇闹得像出殡。

我骑着谷秸的水牛追船，船行如箭赶不上，把水牛拢向河边爬上岸，只见孤帆远影碧空尽，人和船都融入水天一色中。

干娘姓白，是个寡妇，膝下无儿，只有一女，小名早青儿。

五年前初夏的一天早晨，早青儿手拿一把镰刀一根麻绳，到葫芦秧子河汊两岸砍荆条。她砍完了一捆正想喘口气，忽听二里外的炮楼上几声枪响，有人被枪子儿追得飞跑奔逃。她钻进高粱地，蹲在豆棵下，只听咕咚一声，跟她相隔不远的地垄里有人栽倒，几声呻吟便抽泣不止。早青儿忍住怦怦心跳，拨开豆叶偷眼望去，只见地界的柳丛下，躺着一个光着两只脚丫子的男孩，沾满一身泥水，裤子上有一大块血渍，不知伤有多重。早青儿想叫他，又有点害怕，闭眼只当没看见，却又于心不忍。正在进退两难，男孩也发现了她，惊慌爬起，打算逃跑，一声痛叫又跌倒在地，打了个滚儿便一动不动。早青儿跑过去，看见这个男孩脸像白菜叶子，昏迷不醒；她反倒定住了神儿，蹑手蹑脚走到高粱地边，探出头四下张望，枪声已经吓得路断行人，她返回地界柳丛下，拼出全力把男孩背起来。早青儿从小背惯了大捆青柴，这个男孩又十分单薄，背起来像一捆晒干的芦苇，一溜小跑背回家去。

早青儿把男孩放在炕上，她娘扒下男孩的褂子，扯下男孩的裤子，才看见男孩的大腿根上只不过被子弹划破了一个血口，伤势不重。她娘自有偏方，找来一把自家采制的草药，嚼成烂泥，糊住伤口，马上止了血，又找出一条干净旧布，给男孩包扎起来。

妙手回春，男孩醒了。

"孩子，你是哪村的人？"早青儿的娘柔声问道，"姓什么，叫什么，到哪儿去？"

男孩眼角淌下两颗泪珠儿，答道："我姓谷，叫谷秸，大河下梢鱼菱村人，打算进山去。"

早青儿的娘叹了口气，摇摇头，说："三道封锁沟，九座炮楼子，你变个蠓虫儿也飞不过去。"

谷秸又闭上眼，泪水盈眶。

窗外，早青儿点起柴灶，煮熟两个鸡蛋，热了一碗菜粥，端到炕沿。谷秸心上像压了块磨盘，吃了一个鸡蛋便像堵住嗓子眼儿，端起粥碗喝了两口，就觉得肚子胀得满满当当，放下了筷子。

谷秸暂留早青儿家，夜晚跟这家的母女睡在一条炕上。早青儿睡在她娘左边，谷秸睡在右边。

天光大亮，谷秸被房檐上的麻雀吵醒。睁眼一看，炕上只剩下他一个人。早青儿听见屋里有响动，端着个瓦盆走进来。

早青儿的笑脸洗得像五月鲜桃，头发也梳得油光溜滑，粗黑的大辫子上插一朵还滴着露珠儿的鲜花。

瓦盆里，水中漂浮着几缕碧绿的水藻，谷秸问道："这是从哪儿打来的水？"

"葫芦秧子河汊的水清又香，黑脸也能洗白净。"早青儿扔给他一条羊肚手巾，"高待你这位贵客，我拿荷叶擦脸。"

谷秸洗得神清气爽，耳聪目明，笑道："早青儿，咱俩也该分个大小，有个称呼。你今年几岁？"

"十一。"

"大我一岁。"

"那你得管我叫姐姐！"

正在这时，早青儿娘身背青苇，怀抱荆条，慌慌张张跑回家来，哐啷插上门，气喘吁吁地说："炮楼上下来几个黄狗子，到各村搜查爬封锁沟受了枪伤的人。"

"我走！不能连累您老人家。"谷秸下炕，疼得一咧嘴，"进不了山，回家转。"

早青儿娘问道："你家里有什么人？"

"没人了。"

"你爹呢？"

"他在一个村教小学，鬼子说他'通共'要抓他，他跑进山里的八路军那里教书，我本想投奔他去。"

"你娘呢？"

"我三岁那年她就死了。"

早青儿哭了，说：“咱俩都是黄连树上结果子，你比我更苦。”

“孩子，别走了，留在我身边吧！”早青儿娘也扑簌簌一阵落泪，“早青儿还有一身带色的裤褂，你穿起来改个女孩儿名字，对外人就说是早青儿的表妹。”

早青儿眼珠一转，就给谷秸更了名，说：“我叫早青儿，你就叫早红。”

谷秸本来眉清目秀，穿上花褂子蒙上红包头，跟早青儿真像一母所生，难分真假。

过了一年多，谷秸的辫子虽没有早青儿的长，却不比早青儿的细。但是，他被我父亲找到，接到北京上学，又剃成和尚头。

谷秸的爹，跟我父亲是念私塾时的同窗，还换过金兰谱。我父亲在北京做生意，谷秸的爹卖地入股，解囊相助。忽然一日我父亲收到谷秸的爹一封信，这封信不知是天上掉下来的，还是地下冒出来的，反正不是日伪的邮局送来的。谷秸的父亲叫我父亲找到他的儿子，然后把谷秸接到北京念书。我父亲上天入地四处打听，得知谷秸的下落，这才找到牛背村。

那个年月，兵荒马乱，女孩儿都早早出嫁，卸下爹娘的累赘。十三四岁的女孩子，坐一顶二人抬的小小花轿，三天两日从早青儿家门前匆匆而过，不吹笛儿也不打鼓，就像被偷走的。还有的女孩儿，只不过换上一身喜色衣裳，胳肢窝夹一个红布小包袱，被媒婆和娶亲的人牵着手走，就像一只小羊被牵到集市上去卖。

干娘把谷秸送出家门，早青儿送谷秸到村口，正遇见本村一个才十二的小姑娘，被媒婆儿像老鹰抓小鸡拽着上路。小姑娘呜呜啼哭，挣扎着打千斤坠儿，不肯离去。娶亲的是个麻脸大汉，从路边折断一根柳树杈子，噼噼啪啪抽打小姑娘，又掏出一条麻绳，拧过小姑娘的胳臂按住脚，捆成个粽子形状，扔在肩上扛起就走。

谷秸本来就抬不动腿，一步走不了二尺，此时心中忽然一动，想到今年早青儿也是十二岁，双脚站住不走了。

我父亲走在前面，发觉谷秸没有跟上，回头连声催他。

“青姐，你可别叫人家……捆走呀！”谷秸哭喊道。

早青儿脸色灰白，目光罩着一层水雾，说：“我烂死家里，也不离开牛背村。”

“你有这个心，我也有这个意！”谷秸转身向早青儿跑去，“你死也不离牛背村，我情愿不进城上学，给你当童养……童养夫，长大了圆房成一家，孝顺干娘一辈子。”

“住嘴，住嘴！”早青儿不知是羞是恼，呸呸一阵乱啐，有如迎头冰雹雨。

谷秸东躲西闪着唾沫星子，被拦住脚步却不把嘴闭上：“我是一条不嫌家贫的狗，跟你吃糠也像蜜甜。”

早青儿却嘎巴一声折断一根柳枝，把谷秸打跑了。

谷秸进京念书，念完了小学上中学，年年盛夏都回到牛背村过暑假。谷秸的个子一年比一年高，早青儿的心眼一年比一年多。光知长个子的谷秸，像一颗生涩的青杏；心眼多了又多的早青儿，是一颗熟透的红桃。两人年龄上虽然相差无几，身心上的变化却快慢不同。所以，十五岁的谷秸没到男大当婚之年，十六岁的早青儿已经早熟得女大当嫁了。

23

放暑假的当天，谷秸顾不得跟我父亲打个招呼，就急忙离开北京城，坐车到通州，换乘一叶扁舟，从北运河拐进葫芦秧子沟汊。水浅河床窄，小船半路抛了锚，谷秸付了船钱，上岸走旱道。牛背村距离北京城不过百八十里，从早到晚溜溜走了一天。

天黑下来，夜色笼罩了大地，谷秸虽看不见路，却从一阵阵扑面而来的花香、水气、柴烟中，呼吸到牛背村的气息。

他忍不住奔跑起来，一条野花藤绊了他个大跟头，扑倒在一个水坑的边沿上。

“谁呀？”水边有个女子惊叫。

“青姐！”谷秸从挎包里摸出新买的手电筒，急着在早青儿面前表现，打出了一道白光。

早青儿正在夜色中洗身子，白光照得她手忙脚乱慌了神儿，窘急中抓起一团黏泥投过来，糊在了手电筒的玻璃镜上，又尖叫道：“你倒退十步，闭上眼！”

“冒犯了！不知者不怪罪。”谷秸一边倒退一边闭眼，不留神跌了个屁股蹲子。

这时，柳篱小院柴门口，干娘向这边喊道：“早青儿，回来送客呀！”

“干娘……”谷秸刚要喊叫，却被早青儿捂住了嘴，“你不许动，等我送人回来，陪你进家。”早青儿说罢，匆忙慌乱而去。

谷秸见早青儿神色不安，说话藏头露尾，十分可疑，便从地上跳起来跑进家门，想比早青儿抢先一步，看出破绽。

一年没回家，泥棚柳篱见了新，羊栏鸡埘之外多了猪圈驴棚，屋里的麻油灯照得窗前一片明亮，看得出日子比一年前好过了。

"干娘！"谷秸扑门而入。

"你是……二丫头！"在干娘眼中，谷秸仍是男扮女装的干女儿，嘴上称呼也不改变，"怎么粗声闷气，好像哑了嗓子？"

谷秸笑起来，说："这叫变声，我长大了。"

干娘听见外屋帘子响，知道是女儿送客归来，忙说："早青儿，快进屋看你早红妹子。"

"我刚才跟他在门外见过了。"早青儿不进屋来，就在外屋灶上给谷秸做饭。

谷秸放下挎包打开提包，说："干娘，我从城里给您带来一盒子什锦大八件，您尝两块。"

"明天你青姐定喜日，喝喜酒，留着这盒子点心壮席面。"干娘脸上放光，笑眯双眼，"白天喜鹊叫，夜黑爆灯花，我就猜着了双喜临门。"

"定喜日？"谷秸像被当头一棒，两耳嗡鸣，又像被当胸一拳，心口堵得慌，"跟谁？"

"邓家白脸子，情愿倒插门。"干娘心满意足，"还没过门就给夹新篱笆抹了房，赶来了肥猪牵来了驴。"

邓白脸子也是牛背村的穷家子弟，只是从小走的是歪门邪道，长大了是个耍货。他自幼生得欢眉笑眼，细皮嫩肉，贵人的身子投胎在穷家。他爹在外村的一个大财主家扛长工，有一回他爹带他到财主家的大场上看野台子戏，他被大财主看中，雇他给小少爷当书童，陪伴小少爷在家馆念书。从七八岁陪到十一二，小少爷进了洋学堂；他就在内宅跑上房，给财主奶奶当跑腿的小子。跑到十三四，又给财主老爷当贴身小厮，风吹不着雨打不着，十五六岁出落得像小旦，当上花会的台柱子。花会踩高跷，走的是戏文；张天师捉妖角色最全，色彩最艳，故事最粉。他扮演的淫妖九花娘娘，能叫女观众迷了窍，男观众丢了魂儿。与此同时，便有一桩丑闻不胫而走，十里八村都听说他白天闲散，夜晚劳乏，陪够了财主老爷还得服侍财主奶奶。小少爷当了家，一脚把他踢出大门外。他腰里那几个钱，盖不了房也买不了地，只够买上两口猪一头驴，不当倒插门女婿连个遮风避雨的窝棚都没有。

干娘天一黑就犯困，连打哈欠伸懒腰，说："早青儿，早红！我先忍个小觉，你俩还睡在我一左一右。"

"我还是换个地方……"谷秸觉得今非昔比，诸多不便。

干娘躺下来，说："别看你跟早青儿都长高憋粗了，这条小炕也装得下。"

在干娘心里，谷秸和早青儿不但两小无猜，而且并无男女之分。

干娘睡着了，早青儿端饭进来，瞟了谷秸一眼，便把头埋在胸口，好像心中有愧，亏情欠理。

谷秸哼了一声，铁青着脸吃饭。心中火大又怄气，只喝了半碗小米稀粥，吃了几箸拌黄瓜，没吃一口干粮，便把筷子一扔。

早青儿眼泪围着眼圈转，收拾了碗筷，又打来一盆水，怯生生踮着脚尖退出里屋。在外屋洗净碗筷以后，便到院里给小驴儿添草，分明是躲避谷秸，不敢照面。

谷秸洗了脸，涮了脚，上了炕。干娘睡惯了热炕头，虽已是入伏天气，还是一睡着就紧贴热炕头的火墙。谷秸贪凉怕热，睡在炕脚，小炕中间留有一片空地。

走了一天路，胸中又郁闷，谷秸翻了个身，便进入了梦乡。

半夜醒来，谷秸睁开眼，只见满屋月光，早青儿和衣而卧，就躺在他和干娘之间，无声无息，一动不动。

谷秸的心怦怦乱跳起来，身心一阵阵冲动，想把早青儿拉到身边。这个念头刚一闪现，便又十分恐惧，更感到可耻，于是反而向墙边靠得更紧，恨不能嵌进墙去。

忽然，早青儿幽怨地叹息一声，翻身脸朝向了他，面色十分惨白，腮上挂着两串泪珠儿，一滴一滴到嘴角。沉了一会儿，早青儿的一只手向他伸过来，畏畏缩缩，进进退退。谷秸咬定牙关，心才没有跳出了嘴；陡地，他探出胳臂，抓住早青儿的手，握在手心里。

干娘忽然在梦中问道："早红，你哪一天定亲呀？"

谷秸慌忙把手撤开，早青儿却紧抓不放，称得上处变不惊。

干娘呢喃两声又睡着了。

早青儿和谷秸，双手紧紧相扣，十指连心。早青儿胆子越来越大，竟把谷秸的手扯过来，按在自己心口上，又拉进兜肚里。谷秸虽然人痴，却并不傻，他摸到了早青儿腹胀乳高，生米已经做成熟饭了。

等早青儿沉睡，他悄悄掰开了手，抽身下炕，不辞而别。

李黑牤子把他带回牛背村，眼看着邓白脸子鸠占鹊巢，他强作欢颜道了个喜，洒泪而去。

在牛背村流下一把伤心泪的谷秸回城便迷上了京戏。把他变成戏迷的这个人，后来又在不知不觉中把他变成了八路。

此人姓佟，跟我父亲同住一个大杂院。谷秸星期日常到我父亲的住处，一来二去结识了此人。

这位佟先生是鲜鱼口内华乐戏院的售票员兼护院，有名的武术之乡沧州人，跟京戏《连环套》里的绿林好汉窦尔墩是姑表亲戚。佟先生精通武艺，也粗知文字。他人高马大，虎背熊腰，抬手动脚都是“拳打南山猛虎，脚踢北海蛟龙”的架势。他究竟有多大本领，谷秸没有见识过一回，只听佟太太夸口，说他是金钟罩铁布衫，硬功能掌切石磨；又说他旱地拔葱蹿房越脊，轻功踏雪无痕草上飞。但是，佟先生从不吹嘘自己。

佟太太小巧玲珑，蜂腰肥臀，像个葫芦。她开口说话，眉眼乱动，顾影自怜，爱作小女儿态。她原是李铁拐斜街留香饭店的女招待，十三岁就失了身。留香饭店的财东是四大名旦之一的荀慧生，荀慧生是东光人士，东光是沧州属辖的一个县。佟先生从家乡出来，经乡亲介绍，在留香饭店护院，跟佟太太近水楼台先得月，从相好而同居，并无三媒六证，也没有花烛拜堂。同院的人当面管她叫佟太太，背后都叫她曹粉眼子。粉眼也就是吊膀子的飞眼儿。她的娘家姓曹，几辈子都开老妈儿店。

佟先生每天下午六点上班，次日早晨六点下班，十二个小时都交给了戏园子。于是，曹粉眼子也把白天当黑夜过，黑夜当白天过。她每天晚上拉桌打麻将，赌友都是左邻右舍有钱而又有闲的男女。麻将打到凌晨两三点钟才散局，曹粉眼子打扫了屋子，便给佟先生预备酒饭。佟先生下班回来，进门就勾肩搭背而坐，推杯换盏对酌。酒足饭饱之后上床，交颈叠股一直睡到下午四点。同院的几个半大小子，白天三番五次到曹粉眼子的墙根下听窗，贼眉鼠眼，吐舌咂嘴儿，大饱耳福。

每天佟先生都带回几张戏票，送给本院邻居和粉眼子的牌友，免费看戏。他对谷秸很尊重，不是名角好戏不把戏票送给谷秸。有一回，四大名旦之一的荀慧生在葛华乐戏院演出拿手好戏《红娘》，佟先生拿着戏票放到谷秸手里，说："值得一看。"

谷秸虽不懂板眼，不会演唱，是个外行，但是对于京戏的耳食之学不少。他接过戏票感叹道："四大名旦，如今只能听到两位了。"

那时，梅兰芳蓄须明志，息影上海；程砚秋京郊务农，隐居青龙桥。只有荀慧生和尚小云还登台演出。

"四大名旦，也像五根手指伸出来不一般齐。"佟先生平日话少，开口便出言不俗，"梅、程二位老板，是四大名旦中的上品。"

谷秸敏而好学，不耻下问，忙请教道："四大名旦不是梅、尚、程、荀吗？您把程老板放在尚老板之上，是何道理？"

佟先生微微一笑，说："当年票选四大名旦，两年后考评四大名旦，得票和得分的排列都是梅、程、荀、尚；梅、尚、程、荀是念着平仄顺口，才以讹传讹。"

谷秸又问道："都说程老板的唱工好，我怎么听不出来呢？"

"那是因为你还没有听进去。"佟先生谈兴更浓，"不管是梨园内行，还是戏曲名家，都一致公认，程砚秋在唱工和水袖上超过了他的老师梅兰芳。"

"程砚秋是梅兰芳的徒弟？"谷秸闻所未闻，半信半疑。

“梅兰芳比程砚秋大十岁，程砚秋十五岁时拜二十五岁的梅兰芳为师，是梅兰芳的开山大弟子。”佟先生无所不知，无所不晓，“只不过后来程老板唱红了，名气大品位高，梅先生为人谦虚，退还帖子，了结了师徒名分。”

佟先生滔滔不绝，又说起程砚秋原是一条左嗓子，个子长得又高，连最具慧眼的旦行一代宗师王瑶卿都说：“祖师爷没赏你这碗饭吃。”但是，程砚秋得到高人调教和名人指点，以百倍的刻苦锻炼自己的艺术，竟能独闯一派，独树一帜，与梅兰芳分庭抗礼，双峰并秀。

谷秸听得津津有味，未听程腔已成程迷。戏园子里听不到程派戏，佟先生就带着谷秸串票房，听程派票友演唱程砚秋的名段过瘾。几个月的耳濡目染，谷秸有如“熟读唐诗三百首，不会吟来也能诌”，哼几句程腔，颇有点味儿了。而且，他跟佟先生从同有所好，一变而为志同道合。这时，佟先生才亮出自己真正的身份。原来，他是京东八路军敌工部的地下工作人员，跟谷秸的父亲早就是战友。我父亲收到的谷秸父亲的来信，便是佟先生神不知鬼不觉转递到我父亲手里的。谷秸这时才恍然大悟；佟先生的诲人不倦，可谓用心良苦。所以，又过了一年多，十七岁的谷秸弃学出城，当了八路，正是瓜熟蒂落，水到渠成。他到了山里，才知道父亲已在两年前牺牲。

24

谷秸十七岁离开北京的中学，进山当八路；十八岁又从山里来到北运河，那是一九四五年的仲夏时节。

当时，他在这里当文教助理。全区没有一所小学，只有几家私塾，他这个文教助理有名无实，主要的工作是黑更半夜从北运河东岸偷渡到西岸敌占区，刷标语撒传单；戏弄日伪军炮楼，叫它风声鹤唳，草木皆兵，开枪打炮，整夜睡不了觉。

他白天的栖身之处，是东岸河边的一个堡垒户。

这个堡垒户只有父女二人。男主人张老爹，耕种之外还会杀猪，杀一口猪落下一挂下水，不另收费。所以，父女二人虽然半年糠菜半年粮，嘴头子一年四季却是油汪汪。张老爹嗜酒如命，一根猪肠子能就半斤烧酒。有其父必有其女，女儿三鸭头得自老爹真传，酒量也不小；半个猪肚子就酒，也能喝个四两八钱。谷秸在这个堡垒户寄宿，每日有酒有肉，好比新姑爷住老丈人家；身为娇客，待如上宾，怎能不难舍难离？

张三鸭头是女儿家的身子，小伙子的脾气。自幼有爹无娘缺家教，又在河边上长大，占全了一个野字儿，一动一静都野味儿十足。她长到十一二岁还不知男女有别，脱得一丝不挂，跟光屁股的男孩们一块儿浮水。十三四岁仍是赤条精光下河，只不过找个背静角落，独往独来。十五岁那年三伏天，她嫌天气热，拿起她爹的剃头刀，对着镜子亲自动手，把满头青丝剃成了光葫芦。谷秸在她家落脚栖身那一年，她刚满十六岁，一入夏季虽不再剃光头，却整天光着半个膀子。一条小花兜肚，掩不住奶包子，遮不住肚皮，过来过去的男人谁敢盯着她的胸脯子，她就破口大骂，泼天洒地，字字荤腥儿，句句毒辣。有一回，她疑心谷秸偷眼一瞥，马上骂道：“我抠下你那两颗贼眼珠子！”还觉得不解气，哧啦扯下兜肚，一拍胸口，叫道：“看呀！姑奶奶的大红点子白馒头，馋死你！”谷秸不能忍受如此羞辱，卷行李打背包搬家。她却裸露着胸脯挓挲双臂，拦住谷秸，叫他抬不起腿迈不开步，嬉皮笑脸地哀告：“你正大光明，我贼心烂肺，不是你偷看，是我瞎嘀咕。”谷秸找回了面子，放下背包喝道：“穿上兜肚！”她却咬着舌尖子笑道：“叫你看个够呀！”谷秸扛起行李又要走，她放声大哭，地动山摇。铁石心肠也会为之感动。

谷秸没有离开，张三鸭头穿上裹住上半身的紫花布褂子。谷秸心里明白，他爱上这个野丫头了。但是，他当八路不过一年两个月，要结婚还不够年资。而且，当八路的都是脑壳拴在裤带上，说不定哪天饮弹而亡，命丧黄泉，不能害得人家当寡妇。三鸭头为人粗心大意，没有谷秸那么感情细腻，只知道她的奶包子不许别人瞧，只乐意叫谷秸看。她也没有想过嫁给谷秸，只想趁嫁人之前，跟谷秸好一阵子，也不算白来一世。她今生的命运，老爹早有安排，为了不当绝户，张老爹想招个更名改姓的倒插门女婿，为张家传宗接代。情愿更名改姓的男人，不是行为不端，就是人品不正，再不就是五官四肢不全，秃、瞎、聋、拐，面貌丑陋。三鸭头是个孝女，低头从命，不想挑剔：嫁鸡随鸡，嫁狗随狗，嫁一根扁担扛在肩上走，眨眼就是一辈子。

张老爹一天比一天忙着给女儿招女婿，三鸭头也就一日比一日紧着勾搭谷秸，露骨而又粗野。谷秸不是不动心，只是没这个胆。张老爹出外杀猪，杀了猪喝酒，不到半夜三更酩酊大醉不回来。三鸭头黑夜睡觉半开半掩房门，谷秸在门外走过来走过去，给地皮踩出了茧子，只是望门兴叹，不敢破门而入。

这两天，一个糊棚匠来到张家，给三鸭头那间泥棚茅舍糊屋顶，粉刷四壁，三鸭头给这个糊棚匠打下手。谷秸想打听一下是何缘故，但一见三鸭头满面杀气，就吓得噤若寒蝉，不敢开口。

谷秸每晚过河，往返都是张老爹摇船接送。这一天后半夜，他从河西岸回来，接他的却是三鸭头。

船到河心，三鸭头停住桨，一叶扁舟滴溜溜打转。

“怎么不走呀？”一仰一合的谷秸，睁眼问道。

寒光一闪，三鸭头嗖地抽出一把杀猪刀子，逼住谷秸胸口窝儿，恶狠狠问道：“姓谷的，你想死想活？”

谷秸吓出一身白毛冷汗，哭脸强笑问道：“姑奶奶，我怎么得罪你啦？”

“想死，我一刀捅了你，扔下河里喂鱼虾。”

“我是抗日干部，不把日寇驱出国土，死不瞑目。”

“那么，你想活？”

“我希望活到革命胜利那一天。”

“那就在月光娘娘眼皮下，了结咱俩的露水姻缘。”

“你疯啦！”

“我不是一枝花，可也不愿插在牛粪上。”

“老爹给你找了主儿？”

“一个刚还俗的和尚，比我大十岁。”

“你不中意？”

“那秃驴偷看当家方丈跟拜佛求子的娘儿们睡觉，被赶出了庙门。”

“老爹怎么相中了他？”

“情愿更名改姓的男人，哪个不是歪瓜裂枣儿？”

"那就别嫁给他。"

"我爹急着抱孙子哩！"

"不听你爹的。"

"我三岁死了娘，是我爹老燕子啄食，一口一口把我喂养大，我怎么能惹他伤心呢？"

"顺者为孝，嫁给还俗和尚吧！"

"我又觉得委屈……"

"你这是小驴儿拉碾子，转来转去绕了个圈儿。"

"他是个歪瓜裂枣儿，我还他个残花败柳。"

"你想……"

"想叫你吃我的鲜桃一口，给那秃驴烂杏一筐。"

"原来如此！"

"除了王华买父，天下最大的便宜叫你占了。"

"你杀了我吧！"谷秸突然扯开褂子，袒露胸口大叫，"抗日干部污辱妇女，犯的是死罪，倒不如让你结果了我的性命，免得留骂名。"谷秸面不更色，一副视死如归的神气。

当啷一声，杀猪刀子落在船板上，三鸭头又摇起双桨，只是一声不吭，像个会出气的石头人。

三鸭头招婿之日，谷秸本想回避，张老爹却不放他走。坐地招夫的女子，在姐妹堆里大为减色；三鸭头的婚礼上能有谷秸这个官方人士出席，张老爹觉得女儿脸面光彩。谷秸心里虽然酸苦，但是盛情难却，只得从命，留了下来。

三鸭头跟还俗和尚拜天地，谷秸难过地闭上了眼。

拜完了天地拜高堂，喜倌刚喊出了夫妻相拜，村口砰的一声枪响，十几个伪军摸进了村。那个还俗和尚像受了惊吓的兔子，蹦起三尺多高，翻墙而逃。救场如救火，张老爹抓住谷秸叫他当个代理新郎，把他和三鸭头推进洞房，假戏也得有个圆场。

十几个伪军过河抄肥，抓鸡宰鸭，大吃大喝了一顿，酒足饭饱之后便“金乌坠，玉兔升”；天一擦黑慌了神儿，小队长放下酒杯扔下筷子，急如星火下令撤退。路过张老爹家门口，抓张老爹摇船把他们送过河去。

有两个伪军的眼睛贼又亮，月色中看见三鸭头的屋门贴着喜字。

“你家……有喜？……”两个伪军打着饱嗝儿。

张老爹满脸堆笑答道：“今天是个黄道吉日，我招倒插门女婿。”

“叫出来给我们磕个头！”

“小两口入洞房，睡下了。”

“我正想看看被窝里戏鸳鸯。”

洞房漆黑一团，三鸭头和谷秸坐在炕沿上，一个倚门，一个靠墙，两个人都屏声静息，呆若木鸡。

伪军踢门，三鸭头一个饿虎扑食，趴到谷秸身上，说：“快脱衣裳！”不等谷秸自己动手，三鸭头已经三下五除二把他剥了个精光。

屋门倾倒，伪军闯入，两道白花花的手电光照在炕上。

“都给我从被窝里爬出来！”伪军醉醺醺喝道。

“你们出去！我们……穿衣裳。”三鸭头怕谷秸起火，一翻身把他压在身下。

“你的被窝里藏着八路的机关枪，搜！”一个伪军的刺刀挑起了大红被子。

“好个以下犯上的小娘儿们！”那个伪军在三鸭头身上拍了一巴掌。

河边传来哨子声，小队长已经等得不耐烦，两个伪军才闻声而动，仓皇退出洞房。

天蒙蒙亮，谷秸趁三鸭头香甜沉睡，悄悄穿衣下炕，直奔十二里外的一个村庄，找到区长，一五一十从头说到尾，细枝末节也不打一点埋伏，并且愿立文书，打败了日本鬼子，跟三鸭头正式成亲。区长铁面无私包公脸，听完谷秸的艳遇怒气冲天，命令两名区小队队员，将谷秸五花大绑，押送山里惩办。

谷秸在山里被关了三个月的禁闭，受到撤职处分，留在山里教书。也正是因为有这个污点，一直到土改之后，北京和平解放之前，才入了党。

三鸭头醒来，喊破了嗓子也唤不回谷秸，失身之名不胫而走。三天后，那个还俗和尚捎来口信，他虽“小子无能真无能，情愿更名改姓”，却不甘心吃别人的残茶剩饭。三鸭头并不伤心落泪，打掉牙咽进肚子里，从此不想婚嫁之事，专心侍奉老爹了。

谷秸进京，拐弯来到三鸭头那个村，见人便打听张家父女，才知道张老爹三年前已死；三鸭头葬埋了老爹，摇船顺流而下，不知去向。

25

谷秸在一个小村当土改工作队长，累吐了血，开了头没有扫尾，就在堡垒户的热炕头子上躺了半年多，至少有一缸的药汤子喝进了肚里。病情好转，北平已经和平解放三个多月。进城报到，封神榜上漏掉了姜太公，只有个临时差遣给了他，任命他为前门外整顿市容工作队队长。

整顿市容工作队简称整容队，工作杂而多，多而乱。抓捕四处流窜的银圆贩子，驱赶街头巷尾的野妓暗娼，矫正沿街铺面的广告招牌，整顿马路牙子上的旧书摊……它一不属于公安局，二不归口文化处，而是由区长直辖。

区长跟谷秸是同乡兄弟，又是同校同学，手拉手一块儿当的八路。军管会把谷秸拨到他的名下，好像是暂时寄存包裹；他觉得还是以客卿之礼相待，比较妥当。人是暂时寄存，单位是临时建制，区长也就不大放在心上，忘了给他们找个窝儿，没有安排个坐北朝南的衙门口。

整容队员五花八门，无奇不有，都是从各个部门抽调来的编外人员。其中一位，是个留用的老巡警，过去遛大街串胡同，可算一张活地图，没有几天就在玄女庙胡同二十六号民宅内，给整容队找到办公处。

这座私人住宅，共有三进院子。外院一座大门，一座影壁，四间倒座南房，迎门的影壁前是个花坛。大门外七级石阶，左右四棵龙爪槐，两尊上马石，一看就是官宦人家的深宅大院旧门庭。

房主姓金名宝库，自称佛教徒，在家修行，法名四空居士；又醉心京剧，酷爱唱票，艺名金屋馆主。他的老爹在京东通州漕运总督府当过二十年的四品仓官，东仓、西仓、后南仓、禄米仓，专门储存漕运而来的宫中用品，沾手就能三分肥，二十年得捞到多少油水？老仓官年交花甲辞了官，不算金满箱银满柜，珍珠玛瑙一驮驮；光是粮栈就开了八处，饭馆子十家，买下东、西、南、北城十八座宅院。老仓官一妻四妾，给他生下十二个儿子、十二个女儿。金宝库是老仓官的小妾所生，排行二十四，所以他又有个诨号叫24K金。跟名票金秋声是同父异母。

老仓官死后，金宝库分到一座宅院和一家饭馆的三分之一股份，可以坐吃不空。吃、喝、嫖、赌、吹、拉、弹、唱，他无所不好，而最有瘾的还是吸食鸦片烟。

金宝库年方而立，烟龄却已二十又六，四岁就染上了烟瘾，他自幼不上学堂念家馆，一个上午在课堂上就得抽三回。念完半部《论语》，耗费了十斤上等云土，字字句句都带芙蓉膏味儿。十年一晃而过，十六岁完成了学业，十七岁就洞房花烛小登科。太太是个破落的大家闺秀，比他大三岁；女大三抱金砖，要的就是这个吉利。大家闺秀假道学，熄了灯躺在床上是一根木头；于是，他十八岁嫖妓，十九岁就纳妾。

他的爱妾名叫周翠霞，八大胡同之一的韩家潭小班出身，自幼学过京戏，专工筱（翠花）派，扮演淫妇最为拿手。金宝库玩票，唱丑颇有造诣。他到韩家潭小班梳栊周翠霞，床上谈心聊的都是戏，相见恨晚，结为知音。八大胡同有个不大不小的戏园子，专供嫖客妓女票戏演出。金宝库和周翠霞合演的二小（小丑、小旦）戏，在花街柳巷中有口皆碑。金宝库给周翠霞赎身从良之后，仍旧常到八大胡同的票房消遣。一出《活捉三郎》，周翠霞把个阎婆惜演得惟妙惟肖，金宝库扮演的张文远更像借尸还魂。

自从整容队驻扎外院，金宝库就龟缩内院深宅，以诵经度日。诵经要讲究音韵节拍，跟唱京戏有异曲同工之妙，至少能够遛嗓子，金宝库也就乐此不疲。念经如唱戏，佛典如唱本；四空居士逍遥人间，更游戏佛门。

整容队员都是本地人，下了班各自回家吃饭睡觉，只剩谷秸一人留守大本营，自起伙食。谷秸空闲下来喜欢读书、看报、写字，不愿烟熏火燎地做饭炒菜。但是，到区政府食堂吃饭，要走二三里路，便舍远求近，在鲜鱼口的一个临街饭摊包伙。早晨是油条豆汁，午饭是荤素炒饼，晚饭是小米面贴饼子和牛骨头杂烩汤。谷秸虽是县级待遇，每月的全部供给也不过二百四十斤小米，吃包伙就用去了一百八十斤；嘴馋了还到附近的会仙居吃炒肝，门框胡同吃爆肚儿，一条龙酒楼吃涮羊肉，二百四十斤小米整个儿填了嘴。多亏他父母双亡，又无妻小，一个人吃饱了天下不饿，才能无忧无虑。

谷秸形单影只，全靠哼唱京戏消除寂寞。他醉心程（砚秋）腔，《哭冢》《骂殿》《刺汤》《抗婚》，都哼得像那么回事儿。他进城刚领到津贴，正赶上程砚秋在长安大戏院演出《荒山泪》《锁麟囊》《碧玉簪》，他连听了三场，二百四十斤小米花得一粒不剩，只得四处向老战友告帮，才混过了头一个月。然而，他丝毫不悔，有如孔夫子只顾闻韶而忘了吃肉。

晚上下了班，他从饭摊上填饱肚子回来，关在倒座南房里，读书看报写字。读着读着，看着看着，写着写着，忽然嗓子眼儿发痒，便情不自禁低声轻唱起来。越唱兴致越高，不免得意忘形，声音高上去，收腔又余音袅袅，想不到窗外竟有人捧场，喊了声：“好！”

他推门一看，竟是金宝库的爱妾周翠霞。

金宝库本来胆小如鼠，多年的反共宣传又深入脑髓，虽然谷秸不过是个呆头呆脑的迂夫子，他却觉得笑脸之下还有一副青面獠牙，龟缩在内院不敢跟谷秸照面。为了躲避“剥削”二字，又辞退了老妈子，采办柴、米、油、盐、肉、菜，便由周翠霞跑街。

周翠霞趁此机会正可逛公园散心，看电影解闷儿，而且水过地皮湿，采办中捞点外快，积攒私房钱，可算一举两得。

周翠霞一天出来进去不知多少趟，谷秸都“天低吴楚，眼空无物”，没有瞟过她一眼。周翠霞一向以狐媚美人自居，任何男人看见她都会丧魂落魄，而谷秸竟眼角也不睒一睒她，心中十分愤愤不平，千方百计要引起谷秸的注意。今晚她外出闲逛回来，隔窗听见谷秸哼唱京戏，行腔吐字都够板眼，正好找到进身之阶，喝一声彩是投石问路。

谷秸看见，周翠霞站在窗外花畦旁，月色花光中搔首弄姿。

周翠霞不知从何日何时，已经改头换面，脱下裸露两只肥白膀子的花旗袍，穿起经过她巧手加工的延安干部服。条是条，块是块，棱是棱，角是角。两只奶子像两个坟座，目光如钩又带着刺。紧身、抱腰、裹臀，曲线毕露，摇曳多姿。

“原来是……”谷秸点点头，干咳两声，“周同志散步刚回来？”

“谷队长，高抬小妇人了。”周翠霞不等谷秸关门，一只脚已经迈进南房门槛，“小妇人是个烟花女子，不配您尊称同志。”

“革命不分先后，只要愿意革命便可以同志相称。”谷秸平易近人，循循善诱，“欢迎周同志放下包袱，轻装前进，走上革命道路。”

“愿走，愿走！”周翠霞在谷秸办公桌旁的座椅上安放了屁股，“我要两步并成一步走，三步当作两步行。”

“跑步前进，后来居上。”谷秸给周翠霞倒一杯白开水，以免失礼，“许多参加革命比我晚得多的同志，一个个都超过了我，便是明证。”

周翠霞判定这个迂夫子不会赶她走，便把整个屁股落实在坐椅上，媚笑着道：“刚才我听谷队长的程腔，声情并茂可以乱真。”

“过奖，过奖。”

“干唱伤嗓子，我家男人会拉胡琴，叫他给您伴奏托腔。”

“不敢，不敢。”

“您等着，我就来。”

周翠霞一个拧腰摆胯，转身风摆杨柳走莲步，进内院去了。

过了好大工夫，周翠霞像牵着一匹懒驴上磨，左手拎着一把二胡，右手扯住金宝库的袖子，嘴里哄着骂着，来到了倒座南房。

金宝库也换上了一身干部服和毛边布鞋，只是目光闪烁，缩脖耸肩虾米腰，畏畏怯怯一副乏相，被人一眼就能识破是个赝品。到达谷秸门外，金宝库牵着不走，打着倒退，周翠霞运足了气力，一掌把他搡了进去。

“谷队长，晚上好！”金宝库趔趄进门，点头哈腰有如风吹草低，“听二贱内回禀，您传唤敝人前来操琴，敢问侍候您哪个段子，谁家路数？”

“岂敢，岂敢。”谷秸连连摆手，“本人并无此意，尊夫人过于热心了。”

“听听，尊夫人！”周翠霞跟踵而进，跷起兰花指，狠狠点了一下金宝库的太阳穴，“什么他妈的二贱内，你这个嘴上长痔疮的东西。”

这个青楼出身的美貌女人，开口粗俗不堪。

“知罪，知罪。”金宝库一躬到地，比周翠霞更把肉麻当有趣。

“谷队长，惹您耻笑。”周翠霞啐了金宝库一口，“他是台上唱丑，台下出丑；天生的贱坯子，一副丑态。”

“无酒不成席，无丑不成戏。”谷秸不苟言笑地问道，“金先生宗的是哪一派？”

金宝库马上挺起腰杆子，面带骄色，答道：“袁派！”

“袁……派？”谷秸想不起哪个名丑姓袁，口气中带出了疑问。

“袁二太子，寒云居士呀！”金宝库得着了在谷秸面前吹嘘的机会，眉飞而又色舞，“他是老袁（世凯）的高丽夫人所生，自幼聪明绝顶，琴、棋、书、画无不在行，只爱风月不贪权势，反对他的老子称帝。他死后，京津两地花国美女为他大出殡，胜过了众名妓春风吊柳七（永）。”

“跟二太子学戏，要花不少袁大头（银圆）吧？”

“寒云师视金钱如粪土，只收了我一张画。”

“谁的手笔？”

“唐伯虎的春宫真迹。”

“换来几出戏？”

“一出《刺汤》。”

“好贵！”

“便宜，便宜！”金宝库口沫飞溅，“谁人不知，哪个不晓，袁二太子的汤裱褙（《刺汤》中的汤勤）是票界一绝，菊坛独步。”

周翠霞见机行事，马上插嘴，说：“《刺汤》也是程四爷（砚秋）的拿手好戏。谷队长和我家宝库，正是程派青衣、袁门丑儿，珠联璧合唱个尽兴。”

“我虽然有时喜欢哼几句程腔，却反对男人演女人。”谷秸严肃起来，表明态度，“过去在山里，逢年过节开个同乐会，不能不出个节目，我也只是在笛子和唢呐伴奏下，唱一段《夜奔》的昆腔。”

谷秸本想找个借口，岔开这个话题，谁想周翠霞却兴致勃勃叫道：“我会吹笛子！”

“我气血两亏，可吹不了唢呐。”金宝库吐吐舌头，挤挤眼。

“闭上你的臭嘴，不要吣泔水！”周翠霞骂金宝库，可谓出口成章，“我去拿笛子，给谷队长助兴。”

周翠霞一走，谷秸卷起一支喇叭筒烟吸着，笑问道：“你们如此戏迷，为什么只唱票不下海呢？”

金宝库欠了欠身子，答道：“我是宦门之后，下海当戏子有辱家风，丢不起这个脸；二贱内娼门出身，下九流中优大于娼，她下海又身份嫌低。”

“今后七十二行不分贵贱，人人互相尊重。”谷秸时时处处不忘宣传群众，“比如尊夫人，过去被卖入娼门，家庭出身可能是农村贫雇农，或是城市贫民，更应该格外受到重视。”

“谷队长，您真好眼力！”金宝库双挑大拇指，“宝剑赠予壮士，红粉送给佳人，您如此厚爱二贱内，我愿拱手相让，不讨分文身价。”

“岂有此理！”谷秸陡地变脸，一拍桌子，“作为一个男人，你……怎能……如此不顾脸面！”

“翠霞不过是我花钱买来的玩物，并非明媒正娶的妻室。”金宝库毫不羞愧，振振有词，“谷队长难道不知杜牧索取小妻的‘司空见惯’这个典故吗？”

“现今不是唐朝，我也不是酒色文人。”谷秸怒喝一声，“你给我出去！”

金宝库虽不是抱头鼠窜，却也是夹起尾巴溜走。

谷秸哪里知道，几个月前，解放军还没有进城，金宝库又讨了个三姨太太，他喜新厌旧，急于摆脱周翠霞。此人对待姬妾的态度，一向是喜爱时舍得花钱买来玩，玩腻了也舍得随手一扔不可惜。他见谷秸喜爱京戏，周翠霞可算难得的知音，便想亲手撮合，同时减轻自己的负担，不亦宜乎？谁想热脸碰了个冷屁股，从此禁闭内院，不敢越雷池一步。

周翠霞那一双钩子带刺儿的眼睛，早看出金宝库别有用心，她也想幽谷迁于乔木，谷秸正是一块难得的跳板。于是，她便在外貌装扮上大下功夫，花枝招展的姨太太变成了布衣荆钗的小家碧玉，风骚泼辣的彩旦变成了憨态可掬的闺门旦。谷秸有自知之明，却无识人之智，竟误以为她在脱胎换骨，而且日新月异。周翠霞不失时机，得寸进尺。

26

整容队借用一家私立小学的教室，办了个市民夜校，主要是扫盲。还成立了一个宣传队，利用文艺形式宣传政策。周翠霞抢着起带头作用，扫盲班头一个报了名，宣传队也头一个挂了号。

周翠霞在妓院小班本来识几个字，只是能认不会写，也能看闲书。领家妈雇人教妓女们识字是为了接待风雅嫖客。但是不许妓女们提笔写字，怕她们跟某个嫖客情投意合，传书递笺私奔，落得个凤去楼空，人财两失。扫盲的识字课本都是一些常用字词，周翠霞已经相识多年，现在不过是学而时习之，驾轻就熟，轻而易举，便在扫盲班出人头地，连得两张大红奖状。她脸皮厚嗓子好，票房里上过台，装神弄鬼三分像，加入宣传队也就挂头牌；《兄妹开荒》扮哥哥，《夫妻识字》演媳妇儿。这个宣传队越演名声越大，不但被请到几个单位的礼堂演出，后来更被邀请到鲜鱼口内的华乐戏院和大栅栏内的庆乐戏院公开表演。周翠霞过足了戏瘾，又大出风头，也就越来越像个“角儿”。

她每天晚上不过十二点不睡觉。早晨头顶着星星起床，在后院小花园里踢踢腿，弯弯腰，起个霸，拉个云手；身上一见了汗，便咿——咿——哦——哦遛嗓子。此时，佛堂里金宝库也刚上座，青灯黄卷，木鱼敲响，念经做早课。两人抑扬顿挫，行腔使调，《金刚经》与《小上坟》一比高低；好似法海和白蛇唱开了对台戏。周翠霞把嗓筒遛得豁亮而又痛快，便又返回香闺大睡回笼觉。这一觉醒来，已经时近正午，梳洗打扮之后吃午饭，吃过午饭打个盹儿，然后满面春风到宣传队去。她前脚走出家门，大奶奶便从背后戳她的脊梁骨，咒她出门就撞上汽车，马失前蹄掉进打开铁盖子的下水道里。当面，大奶奶怕她“革命”，早就收敛了雌威，敢怒而不敢言。

周翠霞排戏或是演出回来，都要先到谷秸屋里坐个够，才回自己的卧房吃夜点，吃完夜点洗洗涮涮，然后上床酣然入梦。谷秸的最大乐趣，是手不释卷，闭门读书。有时，供给制的那点津贴不够开销，便写几篇小文换几个稿费，买烟抽打酒喝。那时的稿酬很低，每千字只给六万元，折合后来的六块钱。但是，那时的物价便宜。千字稿费所得，可以请人到全聚德吃一顿烤鸭，还能剩几个零头。内行人都说他的文笔极有功力，文风别具一格，他淡然一笑，并不放在心上，不想卖文为生。但是，周翠霞每晚必来打扰，妨碍他的读书作文，使他十分气恼。他张不开嘴下逐客令，又找不到闲房迁居，只盼整容队早日散摊子，他布衣还乡，仍旧教书为业。他干了七八年革命，没打过一回仗，毫无战功可言；自从受到撤职处分，只临时当过一年村土改队长，也没有从政经验。只有教书吃粉笔面，才是轻车熟路，老马识途。

他开始暗中活动，给家乡的县委写了封信。县委书记也是他当年的同学，不收留也不够交情，收留他而不给个一官半职，又觉得对不起他的苦劳。恰巧，县里为丰富土改后的农民文化生活，打算成立文工团。文工团团长这顶乌纱帽，戴在谷秸头上正合尺寸。不过，县委书记深知谷秸的拗性，暂时秘而不宣；只要他在北京物色几个主要演员，配角和龙套就地取材，不劳谷秸大驾。谷秸马上想到周翠霞，票友下海正如秃子出家当和尚，方便得多。她不但是京戏内行，在宣传队里演唱评戏和歌剧也是一点就通，正是不可多得之全才。为了诱导周翠霞到县文工团当演员，谷秸一改过去的反感，十分欢迎周翠霞前来串门子。周翠霞是风月场中人，谷秸的态度变化，不能不使她产生误会。

在周翠霞眼里，谷秸不过是个乡下老憨，并不令她动情。但是，谷秸是个正牌八路，沾个边便能脸上放光。在家，大奶奶和金宝库因此而对她惧怕；出外，又由于她和老八路的亲近，受到另眼相看。所以，她还是想施展魅力，把谷秸按倒在她的石榴裙下。

这天晚上，她在谷秸屋里，跷着二郎腿点起一支烟，圆而又圆地喷了个烟圈儿，娇嗔地问道："谷队长，我们宣传队的几出戏，您都过了目，怎么偏跟我的《夫妻识字》犯相，不肯赏光呢？"

"哪里，哪里！"谷秸红了脸，神色有些慌张，"忙，抽不出时间一饱眼福。"

"上礼拜三晚场演出，您看了前几个节目，压轴的《夫妻识字》刚一开锣，您就抽了签儿（退场），是看我扮相欠佳，台风不正，横竖不顺眼吧？”

“不，不！临时通知开会，不能不去。”谷秸脸涨得通红，一望而知是在说谎。

“谷队长，明摆着您心口不一。”周翠霞挂下脸儿，像个受了委屈的少女，“反正您不是对我有意见，就是不喜欢这个戏。”

“我喜欢这个戏，也对你没意见。”

“后天晚场，我特意为您补这一出，您光临不光临？”

“后天晚上只怕……”

“您哪天晚上分得开身，我哪一天晚上侍候您。”

“这一阵子都忙。”

“哼！我断定您必有难言之隐。”

“没……没……有……有……我一看这出戏，便触景伤情，想起一个女人。”谷秸不打自招，吐露真情。

周翠霞不但大感兴趣，而且带着三分醋意，紧盯着追问道：“这个女人是谁？”

“一个跟我假扮夫妻，救了我的命，却给自己造成不幸的女人。”

“您给我讲讲这个故事，我也学习学习这位女同志。”

谷秸并无这个兴致，三言两语说了个挂一漏万，连声叹息：“只要我打听到三鸭头的下落，哪怕是远隔千山万水，我也要去找她，求她跟我结为终身伴侣。”

“您真是难得的痴情男子呀！”周翠霞眼圈儿红了红，“您再给我说一说她的模样长相儿，抬手动脚有哪些出奇之处，我一招一式学习她。”

流年似水，已经冲淡了谷秸头脑中的三鸭头形象。只依稀记得洞房花烛夜时三鸭头的穿戴打扮，拙嘴笨舌也描绘得并不生动，最后说了句：“跟《夫妻识字》里的小媳妇儿差不多。”

周翠霞听到此处，已经索然无味，打了个哈欠伸懒腰，说：“谷队长，今夜您梦不见三鸭头，过三天在戏台上看我的！”说罢，拂袖而去。

当晚，谷秸没有做梦，却着了凉，医生给他开了三天假条子，他在家里溜溜躺了三天。君子一言，驷马难追，他只得抱病观看周翠霞的演出。

谷秸发着高烧，头昏眼花来到剧场。这个剧场坐落在鲜鱼口西端，小而破旧，名叫迎秋茶社，专演相声大鼓。这些日子，说相声的都到外埠跑码头，剧场晾了台，老板为了讨好整容队，免费提供给宣传队当演出场地。谷秸一进迎秋茶社正厅，《夫妻识字》恰巧开锣；角儿上场，聚光灯一亮，满场通明。周翠霞一溜碎步跑圆场，婀娜多姿颇像筱翠花踩寸子。不知是谷秸烧得目光迷离，还是周翠霞狐媚善于惑人，那眉眼，那神态，那身段，那衣着，竟是当年的三鸭头活灵活现，使谷秸顿生久别重逢他乡遇故知之感。

没听一句道白，也没听一句唱，谷秸一见之下便感动得不可名状，两行热泪扑簌簌淌下来，从脸腮顺流而下湿透了衣襟。他没有入座，站在后排靠墙，流出不知多少泪。他回到住处，浑身酸软得像剔骨抽筋，倒在床上蒙头便睡。

刚解放的北京城供电不足，那一天正巧玄女庙胡同一带停电。他在黑暗中不知沉睡多久，忽然好像听见房门吱扭一声响，吹进一阵凉风，照进一片白光，闪进一个人影，浓郁的脂粉香气笼罩他的床头，一只柔软的手掌压在他的额头。他呻吟了几声，张开酸涩的眼皮，只见思念多年的三鸭头，眼泪汪汪坐在他的身边。

“谷秸……”三鸭头声音哽咽，几滴眼泪落在谷秸脸上，“咱俩……一夜夫妻……百日恩……”

“这些年，你在哪里，怎么杳如黄鹤？”只当是在梦中的谷秸，紧紧握着三鸭头的手，心中充满柔情。

“我像断了线的风筝，跟随一个外乡老客，飞到东来飘到西，最后一头栽到北京城的一家暗门子里。”三鸭头哭一声说一句，“多亏你们整容队雷鸣电闪，吓得养家妈把暗门子关了张，我也就摆摊卖香烟为生。”

“你……受苦了，受苦了！”谷秸也泪下如雨，“你……怎么知道我的住处？”

“今晚上我到迎秋茶社听戏，看见后排靠墙站着一个人，怎么看都像你；我见你听完《夫妻识字》就退了场，便踩着你的脚印跟你回来了。”

“三灾八难，不解之缘呀！”

“我今夜晚就留下来陪你。”

“非礼勿行……我要打个报告给上级，上级批准才能……”

“婚姻自主，我等不了啦！”

三鸭头熄灭了那一片白光，又闩上了门，宽衣解带上了床；谷秸一阵冲动，鸳梦重温。

黎明，浑身软得像一摊稀泥的谷秸，耳边响着窸窸窣窣的穿衣声；

费尽九牛二虎之力，睁一只眼闭一只眼看，三鸭头穿起衣裤下了床。

“三鸭头，别走……”

“不走？等着金宝库堵窝掏螃蟹呀！”

三鸭头一回身，好像川剧《白蛇传》中的青蛇变脸；昨夜真如其人的三鸭头，一夜之间变成了逢场作戏的周翠霞。

谷秸又羞又恼，高烧上升，住进医院。病愈出院之后，谷秸找了个做伴的，以防周翠霞夜袭偷营。

后来，周翠霞到县文工团挂了头牌，谷秸却不敢回乡工作。他跟周翠霞的春风一度，成了他的一块心病，抱愧终生。一九五七年他被划右，恨不能连三岁时尿炕都写进了交代材料，只有此事闭口不谈，烂在肚子里。

27

佟先生也从地下转为公开。整容队结束以后，谷秸被分配到他主管的单位。直到谷秸划右，佟先生一直是谷秸的顶头上司。不过，互相之间的称呼，改为小谷和老佟了。

但是，没有多久，谷秸和老佟的多年情谊便出现了裂痕：起因是老佟公开之后，便不承认曹粉眼子是佟太太。老佟家有发妻，是个比他大九岁的小脚农妇，而且生有两男一女。老佟进城后，跟曹粉眼子姘居，乃是借破庙躲雨，找个障眼的掩体。

老佟铁石心肠，谷秸愤愤不平。

曹粉眼子孤身一人，只得自食其力，在华乐戏院门前摆香烟摊子。

新社会不喜欢涂脂抹粉，她不但不敢梳妆打扮，而且不敢穿红戴绿，过去的妖冶风骚不留痕迹，变成了形容憔悴的黄脸婆儿。

但是她藕断丝连心不死，还想巧施手段，跟老佟重归旧好，破镜重圆。于是，心软脸热的谷秸便被她利用，充当她窥伺老佟行动的眼线，探听老佟情况的耳报。

谷秸不改老爱好，仍旧是个戏迷，前门外有华乐、广和、中和、三庆、庆乐、开明几大戏院，他有点闲工夫就跑戏园子。华乐戏院近便，他到华乐戏院看戏最多。老佟却跟他大不相同，虽然在戏园子卖票多年，每日耳闻目睹笙歌弦唱、粉白黛绿，竟没有染上戏瘾。自从当官以后，更没进过戏院一回，也不从华乐戏院门前路过。

有一天，谷秸到华乐戏院听程砚秋弟子演出的《春闺梦》，刚要进门便被曹粉眼子叫住。曹粉眼子已经面目全非，如果不是她自报家门，谷秸就是走对面也不敢认她。

“你那个……上司，身体好吗？”曹粉眼子递过一盒香烟，可怜巴巴问道。

谷秸推开她的手，不受贿赂，答道：“他一顿能吃八个肉包子，请你放心。”

“怎么不见他的影子呢？”

“除了开会，他难得走出机关大门。”

“难道也不跟他那小脚娘儿们过一过‘礼拜六’？”

“他一心扑在工作上，没有家庭生活。”

“又有了新相好吧？”

“不可胡说八道！”

谷秸拂袖而去，步入戏院。

散戏以后，已经将近半夜十二点，小贩都收了摊，只有曹粉眼子怀抱两条大前门香烟，面对戏院大门站立，等候谷秸露面。

“谷秸兄弟，辛苦你了。”一见谷秸走出戏院，曹粉眼子抢步迎上去，“拜托你把这两条烟捎给老佟。”

曹粉眼子痴情可感，谷秸欣然受命。

谁知，他把香烟交给老佟，老佟竟勃然大怒。

“退回去，退回去！”老佟拍着桌子怒叫，“你……你胆敢替她行贿，我……我不能丧失立场！”

“一日夫妻百日恩……”

“我跟她不是夫妻，也无恩可言。”

这两条烟，谷秸扯不下面皮退回去，便留下自己抽了。为了等价交换，不占曹粉眼子的便宜，就给曹粉眼子买了几尺衣料却又谎称是老佟送给她的。

曹粉眼子那颗不死的心，更活了起来，又包了一食盒的三鲜馅儿饺子，请谷秸转交老佟换个口味。

谷秸照转，老佟暴怒。

那些日子，谷秸正忙着给城市游民办讲习班，动员他们到京郊务农。办了一班又一班，送走一批又一批。直到最后一批装车启运，谷秸才长出一口气，车站送行归来，不回机关，先到华乐戏院看戏。

华乐戏院门口，不见了曹粉眼子的香烟摊子。他向别的小贩打听，才知道曹粉眼子早被遣送京郊。

谷秸返回机关，翻出游民遣送人员花名册，哪一册都没有曹粉眼子的名字。

过了许多日子，谷秸听说正册之外还有副册，副册之外还有另册。他到老佟的办公室问个明白，老佟黑着脸点了点头。

曹粉眼子是被老佟特殊处理的另册人员。

当年，谷秸和我在河中骑水牛，差一点儿葬身鱼腹；命中注定，在劫难逃，一九五七年反右，他却跟我同归于尽了。

谷秸划右，何罪之有？只不过为我喊了几声冤，叫了几句屈，本身却是吹毛无疵，鸡蛋里挑不出骨头。

我被划右以后，主管反右的整风办公室工作人员，受命四出罗织罪名。当时，谷秸在公私合营蓟门书店当公方经理，我俩来往密切，走动甚多。于是，整风办公室想从谷秸身上挖点材料，便通知蓟门书店的上级单位古旧书店管理处，做谷秸的思想工作，动员他破除情面，揭发我的种种罪行。管理处党委书记老佟，指令党委办公室女工作人员方梦菲找谷秸谈话。这叫初步接触，也叫火力侦察。

方梦菲年龄不大，来头不小。她的老爹解放前是个挎篮串街小贩，暗中当老佟的交通员；被捕宁死不屈，没有供出老佟。解放以后老佟有了权势，把方梦菲安排在自己身边工作。方梦菲白脸玉面，体态丰腴，未婚而像妇人。她独身不嫁，却跟老佟亲密无间，又和老佟的小脚娘儿多次口角；机关里人多嘴杂，难免闲言碎语，飞短流长。

谁都知道，方梦菲出马，都是带着老佟的尚方宝剑；宰相门子七品官，上差衙役大三辈，谁也不敢小看她。

然而，她那恃宠凌人的口气，傲慢无礼的态度，惹恼了谷秸。

“自个儿养的孩子，自个儿动手掐死！”一向温文尔雅的谷秸突然暴跳如雷，“虎毒不吃子，这个当娘的发疯了。”

“你骂谁？”方梦菲尖叫着喝道。

“我骂那些必欲置刘某于死地而后快的人！”谷秸大嚷大叫。

方梦菲转身就走，马上到老佟办公室告状；老佟立即召开党委碰头会，三言两语一分钟就给谷秸戴上了帽子。

一九五八年暮春，谷秸受到处理，党籍被开除，行政降三级，留在蓟门书店看管书库。谷秸咽不下这口气，不认账不签字，自动退职回乡务农。

行前，他偷偷给我打了个电话。

自从我接受审查那一天起，我们已经将近一年不通音问，以免互相串供、订立攻守同盟之嫌。

“好呀！咱俩虽非串通一气，却是不约而同。”我口对话筒惊呼，“我也是回老家脸朝黄土背朝天。”

“你回咱村，我另有去处。”谷秸对于我们共同的生身之地，没有我那么一往情深。

我们约定，明天上午在北京和通州之间的八里桥见面，不见不散。

我回村投奔我的表姐。划“右”之前我下乡挂职，就住在她家。这一年多回城挨整，被褥还在她家收存。所以，我只挎了个书包，拎了个提包，坐上京郊长途汽车，便自我流放了。

从正阳门楼下上车，走东长安街，出建国门，一路向东，到八里桥下车，只花三十分钟。下车我便登上高台，手搭凉棚四下张望，只见河边苇塘旁，伞柳绿荫下，停放一辆排子车。车上仰躺一人，斗笠盖脸，搭二郎腿，颤动一只脚丫子，哼唱着《文姬归汉》里的胡笳十八拍。不但自得其乐，乐在其中，而且忘乎所以，放浪形骸。

此公正是谷秸。

我走过去，揭开斗笠扯起了他，问道："你怎么不坐汽车？"

"坛坛罐罐，破书烂纸，大堆小捆，谁家的汽车甘愿托运？"谷秸伸着懒腰，睡眼蒙眬，"倒不如自备排子车一辆，想走就走，说停就停，夜行昼伏，自由自在。"

"前方哪儿是一站，你到何处去藏身？"我内心还想劝他跟我结伴而行，一同回到生身之地鱼菱村。

"一山不住二虎，一村也别有俩右。"谷秸眨眨眼，肚里咕噜响，"我已一文不名，你还有几个存款，抽肥补瘦该你掏钱请客；到那边草桥茅店打酒买肉，我们要开怀畅饮。"

草桥茅店的酒菜田家风味，肉是羊头、狗腿、牛杂、猪下水，狼吞虎咽最下酒；菜是小葱大蒜、白盐香油拌黄瓜，有个名目叫青龙白虎卧沙滩，吃起来解酒而爽口。

谷秸扒下上衣光膀子，大块吃肉，大碗喝酒，汗流浃背，胸膛燥热，便三步两步直奔河边，投河消暑，上岸又大块吃大碗喝。喝了一斤酒，吃了三斤肉，不醉也不饱，后来干脆脱得赤身露体，只拿一条枕巾围腰，一会儿大叫，一会儿大笑。

我早已不耐烦，夺过他的酒碗喊道："秸哥，咱俩此地一别，今后还不知何日相逢，我们应该倾诉衷肠。"

谁想我一夺一喊，谷秸不但扔了酒碗，而且像一堵墙坍倒，四脚拉叉在柳荫下写了个大字。

太阳平西，我不敢错过末班车，只得硬了硬心肠，含泪而别。

谷秸不说我也猜到，他只有到牛背村一条路可走。牛背村有他少年结拜的哥们李黑牤子，还有那砸断骨头连着筋的干姐姐早青儿；村是堡垒村，户是堡垒户。

李黑牤子眼下是牛背村党支部书记、村长和农业社主任，一身三职，大权独揽。牛背村小而又穷，交通不便，县里的工作人员几年不来一回，乡里的工作人员也一年来不了几回。于是，李黑牤子称王道霸，无人敢惹，只差自立国号。

谷秸进城以后就没有回过牛背村，但是每年都写信请李黑牤子到北京住几天，听听戏曲，看看杂耍，下几回馆子。李黑牤子趣味不高，口味也不高，最喜欢逛天桥，听小金牙拉洋片，看大狗熊演双簧，为飞飞飞翻杠子叫好。肚子饿了，就跑到路边饭摊上吃零嘴，比下大饭馆子还有瘾。李黑牤子逛一趟北京，返回牛背村要吹十二个月；他觉得谷秸有良心，赏他脸。他当土皇上多年，一人独霸牛背村，夜郎自大，不知天高地厚。他心里不怕县长，眼里不睐乡长，却把谷秸看得比县长尊贵，比乡长高明。谷秸是京官，能在北京当官的都不是等闲之辈，管个旧书店也得有举人、进士的学问。

相比之下，谷秸冷淡了早青儿。进城以后，供给制改为工资制，每年四时八节，谷秸都给干娘寄钱，却没有接过干娘到北京开一开眼，怕的是跟早青儿见面，更不愿意看见邓白脸子。干娘病故，谷秸正在外地出差，闻信已晚，来不及奔丧，便寄了一笔钱给早青儿；谁知过了几天，汇款被原封退回，从此两下便不通音问。

谷秸打算到牛背村落户，动身之前半个多月，已经分别给李黑牤子和早青儿各写一封信，凿定了日子。八里桥下酒醒，月上柳梢头，拉着排子车走进牛背村口，将近三更半夜。

一犬吠影，百犬吠声，黑夜中牛背村狗叫一片。谷秸虽不是做贼心虚，狗叫声中心也乱跳，仓皇逃奔早青儿家。

28

早青儿家气象大变。

小院四框，拔下了柳篱，圈起了土坯抹麦芋泥的围墙，荆条柴门换上了青砖铜钱花眼门楼，平顶的泥棚也翻盖成三间起脊的砖房。屋里的灯光，照满了屋子，又涨出了院外。

谷秸抬起胳膊想敲门，却又像被烧红的烙铁烫了手，不敢碰一碰门板。门内趴着一条看家狗，感觉门外有人，汪汪叫起来。

他惊慌后退，正想拉车离去，只听院里门帘响，有人走出屋来高声问道："谁呀？"

一听就知道是早青儿，只不过比十年前粗哑了一些，妇人声调。

谷秸不得不站住脚，答道："早青儿，是我。"

"你是谁？"早青儿已经听不出他的声音，不肯开门迎客，隔着门缝儿又问。

"我是……"谷秸吞吞吐吐，"开门一见便知。"

"你不说名道姓，我放狗咬你！"早青儿口气霸道，像吆喝叫花子。

"我是过路行人，路过你家门口，讨口水喝！"谷秸气恼得大叫起来。

门开了，早青儿站在门楼下，手里牵着那条狗。

她眨着眼睛，看了又看，才不冷不热地说：“原来是你，进家来吧！”

早青儿牵着狗转身带路，谷秸只得尾随而进。

隔着玻璃窗，屋里有个男人问道：“早青儿，黑灯瞎火，哪位贵客临门？”

谷秸听不出却猜得出，这个男人必是早青儿的丈夫邓白脸子。

“北京来的，孩子他舅舅。”早青儿牵狗到窗下，也隔窗答道。

“原来是……原来是……谷……谷……”邓白脸子假装急忙下炕穿鞋，嘴上却不知如何称呼。

“我祸从口出，已经削职为民了。”谷秸干笑着走进屋里，“今后我要借贵村一块宝地，落脚谋生，躲在你们的树下乘凉了。”

“不敢当，不敢当。”邓白脸子刚过三十，已经谢顶，“黑牤子大哥才是一棵遮天蔽地的大树。”

窗下，咣当一声响，早青儿踢翻了水筲，哼了一声走出去。

谷秸感到，在他来到之前，这两口子刚吵过嘴，还在怄气。他推开邓白脸子递过的烟，抽腿从屋里退出，说：“我见了你们的面，就不算失礼了。”

邓白脸子并不留客，却扯脖子向窗外喊道：“早青儿，你不给客人做饭，大黑天到谁家串门子？”

“我找黑牤子大哥去！”早青儿冲出街门，奔跑起来。

“娘儿们家胆小心窄，她把你当扎手的刺猬了。”邓白脸子耸肩一笑，叹了口气，“自从我调到乡粮库当个小头儿，她就更怕惹是生非吃挂落儿，我倒不怎么看重这个鸡蛋壳大的乌纱帽。”

弦外之音，言下之意，三岁的孩子也能听出来。他急忙一溜小跑脱身，以免忍不住停脚留步，回头怒骂。

“不送，不送！”邓白脸子虚情假意，“找着住处，过来吃饭。”

谷秸出了门，从胸膛里吐出一团浊气，拉起排子车快走。

“谁？”突然，一棵杜梨树后，有人大喝。

虽是粗声大气，谷秸却听得悦耳感动，哽咽着叫道：“犿子哥！”

“谷秸！”李黑犿子肩上背枪，手里牵狗，大步走了过来，“怎么黑灯瞎火才到？”

“白天我无颜见牛背村父老。”谷秸垂头丧气，像霜打的谷穗低了头。

“你一没偷，二没抢，三没杀人，四没放火，五没强奸妇女，就有脸面见人，直着腰走路！”李黑犿子推开谷秸，抢着驾车，穿街入巷。

谷秸追赶着问道：“这不是到你家的路，你把我带到哪儿去？”

李黑犿子家住村东南角，有个双目失明的老娘，还有个耳聋口哑的媳妇。

三岁丧父他娘哭瞎了眼，只能手拄一根枣木棍子，臂挎一个柳条篓子，走村串乡喊爷爷叫奶奶，挨门挨户乞讨残汤剩饭。他七岁到财主家放猪，自己挣饭吃。十三岁就敢到大河背纤，又挣出老娘的嚼谷。走船长年外出，他在河边沙冈上给老娘挖一座寒窑，搭一座窝棚遮风避雨栖身。十八岁那年大河堵塞断了水路，他又回村给财主家扛长工。力大如牛而又手勤腿快，不到二十就领青打头。他也曾暗中喜爱早青儿，只是不肯抢夺谷秸口中的果子，又不愿更名改姓当倒插门女婿，才被邓白脸子冷手抓走了热馒头。早青儿出嫁，谷秸心里难过，他也不好受。正巧，早青儿娘到河边拾柴，遇见一个逃荒的哑巴姑娘，被家人丢失在半路上，走投无路，进退两难，便带回了家。早青儿虽有容人之量，邓白脸子却嫌她吃得多。早青儿娘不想惹得女儿夫妻不和，便打算给哑巴姑娘找个婆家。她跟黑牤子娘逢年过节常有走动，便到寒窑给李黑牤子保媒。黑牤子娘觉得自家房无一间，地没一垄，不管秃、瞎、聋、哑，捡到筐里就是菜，能够生儿育女便不求全责备，一口答应下来。李黑牤子是个孝子，虽然从心眼儿里不愿意，老母之命却不敢违。雇了一顶二人抬的小花轿，把哑巴姑娘从早青儿家搭进自家的门。哑巴姑娘不会说话，也就不知她姓甚名谁，早青儿娘想起谷秸丢下了个早红，便拾起来安在了哑巴姑娘头上。于是，早青儿娘成了李黑牤子的干丈母娘，早青儿成了李黑牤子的大姨子。邓白脸子也因而沾了光，一变而成李黑牤子的一担挑，当上了村干部；他又会玩花活儿耍手段，哄得李黑牤子把他提拔到一人之下、众人之上，外号当朝一品。

成亲几个月，哑巴姑娘肚子大得像扣锅，娘怀儿十个月，哑巴姑娘一胎生下两个黑胖小子。就在这一年里，牛背村土改，李黑牤子一家分到三间房十亩地，可算双喜临门。福从天降，人财两得，黑牤子娘只当是哑巴儿媳带来的洪运，便更加疼爱，视如己出，比亲生儿子还看重。李黑牤子孝顺老娘，也就越发不敢嫌恶哑巴媳妇。

谁想，土改两年之后，从北京下来一伙游民，分配到牛背村，桃花源里学耕田。其中一个孤身女子，被李黑牤子看中，男有心女也有意，一拍即合立起门户。区长听说也曾把李黑牤子叫去，拍桌子打椅子臭骂一顿，李黑牤子却不肯低头认错，鼓着牛眼吼叫道："地主能娶三妻四妾，翻了身的贫雇农为什么不许娶一个小老婆？”当时，新婚姻法还没有颁布，区长无法可依，张口结舌，只得默许。

李黑牤子不是不知理亏，所以对谷秸一直秘而不宣。

因而，这时谷秸问他到哪儿去，他才不好意思嘿嘿一笑，迫不得已答道：“二房。”

李黑牤子虽然压低了嗓音，谷秸却惊骇得如雷贯耳。

李黑牤子驾着排子车，在一座地主老宅子的高门楼前停下来，隔墙咳嗽了两声。沉了一会儿，不见有人开门，李黑牤子从腰中摸出一根小铁钩子，很像发簪和挖耳勺儿，拨开了街门的门闩，一掌推开门扇，大摇大摆走进去。

谷秸一望而知，此地必是李黑牤子常住的行宫。

“你变夜猫子啦！”正房西屋，一个女人打着哈欠娇声娇气，“半夜三更找我吃奶呀？”

这个女人的声音，谷秸听着耳熟，一时又想不起是谁。

“滚起来，做饭！”李黑牤子笑骂着吆喝一声，转身向门外呆立的谷秸招手，把谷秸带进了东厢房北屋。

屋虽小炕虽窄，却是四白落地，像洞房。

“好个安乐窝儿！”谷秸啧啧赞叹，“我死有葬身之地了。”

上房已经灯明火亮，那个女人又娇滴滴问道：“几个下酒菜？”

“荤、素、冷、热，四大盘子。”

“吃什么？”

“过水捞面！你要抻得一窝丝不断头。”

谷秸看过房子，就跟李黑牤子又走出门去卸车。谷秸本来没有几个包笼书箱，李黑牤子三下五除二就搬进屋来，盘膝大坐在炕上抽烟。

“眼看就要鸡叫，这个女人到哪儿打酒买肉？”谷秸摆放着行李问道。

李黑牤子嘻嘻笑道：“她是一只狐狸精，没有她变不出来的。”

一会工夫，李黑牤子的这个二房小老婆送酒过来，挑起门帘高抬头，谷秸一见大吃一惊，原来此人竟是那位佟太太曹粉眼子。

曹粉眼子好像早有所知，一点不慌，面色不变，侧脸问李黑牤子道：“这位贵客是谁，我怎么眼生？”

言下之意，谷秸一点就透，也就配合默契，假装并不相识。

“这就是我跟你念叨了八百遍的谷秸兄弟。”李黑牤子说着，把曹粉眼子扯到谷秸面前，“兄弟，见过你二嫂。”

“我是二，谁是一？”曹粉眼子拉长了脸，噘起的嘴能挂油瓶儿，“当初有言在先，两头为大，不分前后。”

李黑牤子在她的脸蛋上拧了一把，低声下气笑道：“便宜都叫你一个人独占了，难道就不能吃一点小亏？”

谷秸见状，阵阵肉麻。

“兄弟，我不爱听你管我叫嫂子。”曹粉眼子放好炕桌，摆下酒壶，“你和我，都是从北京城圈里发配出来的‘散仙’（游民），同命相怜亲上亲，你就算是我的娘家兄弟，管我叫粉姐儿。”她一边说话一边向谷秸飞眼，每个眼色都大有文章。从此谷秸只得跟她假戏真唱了。

李黑牤子拍着曹粉眼子的屁股，像拍一匹心爱的骒马，说：“哑巴能有你这一张利嘴，一双巧手，我打个佛龛把她供起来。”

“你该多谢她有一眼好窑！”曹粉眼子打开李黑牤子的螃蟹爪，酸笑一声退出去。

李黑忙子的哑巴正宫，三年坐两回胎，五年一个双生，十年来给李黑忙子生了个七狼八虎。

“这个娘儿们！”李黑忙子脸色不悦，“碱地不出苗儿，我白撒那些种子了。”

“忙哥，你听我一句逆耳忠言。”谷秸趁机劝道，“你身为党支部书记，不该跟地主老财相比，纳妾娶小，一夫二妻。”

“你想叫我撇了哑巴呀？”李黑忙子翻着眼皮，“她为李家传宗接代，是我的有功之臣，我怎能赏罚不明，一脚把她踢开？”

谷秸见他装傻充愣，也就怒声火气，说：“我是劝你解除跟曹粉眼子的重婚！”

“你下刀子割我的心头肉呀！”李黑忙子牛眼瞪圆，青筋暴起，“曹粉眼子千金不换。”

谷秸已经祸从口出，眼下在人屋檐下，岂敢直言犯谏，得罪这个土皇上？

曹粉眼子就像大变古彩戏法，流水一般上菜。四个酒菜上齐，她一屁股偏坐在炕沿上，嬉笑道：“我陪你们喝三盅。”

李黑忙子连忙凑趣，说；“一盅酒还得带着一句吉利话儿。”

“这头一盅，给我娘家兄弟谷秸。”曹粉眼子端壶斟酒，把酒盅送到谷秸唇边，“你解甲归田来到牛背村，有你黑忙子姐夫一手遮天盖地，你就放心睡觉，恶狗不敢上门。”

“我跟谷秸自幼兄弟相称，”李黑忙子也给谷秸满上一盅酒，“我把你安排在这个院子住，就为的是有你粉姐儿管着你的吃穿；冬暖夏凉，冻不着热不着，安乐茶饭，饿不着渴不着。”

“我只愿你们哥俩抱成一团，一个心眼一股劲儿。”曹粉眼子忽然脸带冷气，目露寒光，“兄弟，你可别像邓白脸子，恩将仇报奴欺主。”

谷秸摸不着头脑，看看曹粉眼子，又瞧瞧李黑牤子。

李黑牤子咬牙切齿，像要嚼碎酒盅，说：“这只癞蛤蟆，想吃我的天鹅肉。”

谷秸仍然蒙在鼓里，装在罐里，瞧瞧李黑牤子，又看看曹粉眼子。

曹粉眼子脸一红，说：“那只白眼狼，不光摸我的奶子掏我的裆，还暗中给乡里递黑状子，想把你姐夫哥哥扳倒在地，他坐上头把金交椅。”

“你们……怎么知道？”谷秸半信半疑。

“我朝里有人，给我通风报信！”李黑牤子拍着胸脯，一副有恃无恐的骄横神气，“哪一任书记、乡长不跟我一个鼻孔出气，伙穿一条裤子都嫌肥？”

虽是大热的天，谷秸竟不寒而栗，只怕言多语失，又喝了三盅便假装醉倒。

李黑牤子搬起谷秸，顺到炕脚，靠墙倒卧。曹粉眼子脱下身上的布衫，只穿水红兜肚，两人对饮起来。

“谷秸兄弟在京城里罢了官，一定是犯了大案吧？”曹粉眼子端起酒盅，自己喝了一小口，便把那大半盅灌进李黑牤子嘴里。

李黑牤子爱喝曹粉眼子的残酒，美其名曰沾嘴香。

“听说是两脚靠右站，犯下立场罪。”李黑牤子知其然不知其所以然，想当然答道。

曹粉眼子打破砂锅问（纹）到底，说："难道今后就不许右手使筷子？"

"不管你多右，就怕你成了派。"李黑牤子醉雷公胡劈（批），"好比不怕有多少黄鼠狼，就是不许有一个成了精。"

"苍天保佑谷秸兄弟吧！"曹粉眼子祷告。

谷秸本来憋不住想笑，忽然心里一酸，眼角悄悄淌下热泪。

李黑牤子笑道："粉眼子，你真把谷秸当娘家兄弟了。"

"你不是也把他当一奶同胞吗？"曹粉眼子反问道。

李黑牤子喷了口酒气，说："我这个人，也算得心狠手辣，就是跟谷秸有桃园结义的缘分儿。"

曹粉眼子不放心地又问道："你窝藏要犯，乡里追查下来，会不会也连坐问罪呀？"

"我的粉眼子，你不必为我牵肠挂肚。"李黑牤子嘻嘻哈哈把曹粉眼子搂在怀里，"当年谷秸兄弟在这一方当土改队长，眼下乡里的书记、乡长是他的队员；只要他自个儿不招灾惹祸，这些人都睁一只眼闭一只眼。"

柳暗花明又一村，天无绝人之路。

29

谷秸改名谷天佑，在牛背村落地生根；李黑牤子只觉得他少个女人陪伴，不成个家。

这天夜晚，李黑牤子又来找谷秸喝酒。此时，正是口粮不足，家家挨饿的年月。村里刚解散了食堂，各家分户起灶，谷秸一天只吃一顿，还不敢装满了肚皮。不过，李黑牤子却不缺荤腥。队上死口猪，黄鼠狼咬断鸡脖子，他都吃头份儿。这天他在村外打死一条追骚的狗，叫曹粉眼子煮了一锅肉。狗腿和胸脯、臀尖，拿到东厢房北屋，与谷秸一边喝酒一边享用。狗头狗脑狗下水，赏给了哑巴和孩子们油嘴。李黑牤子的老娘，不吃干粮光吃野菜，菜少又多放盐，得浮肿病死了。

他和谷秸对坐在炕桌两旁，每人一只狗腿一碗酒。

"天佑！"李黑牤子叫谷秸的假名，已经顺口，"我想给你娶个媳妇，攒个人家。"

谷秸啃着狗腿摇头，说："肚里无食两肾亏，非其时也。"

"我有目标了。"

"谁？"

"一闻见肉味儿，就露出了馋相儿！"李黑牤子嬉笑着，"外村有个黄花闺女，一不丑二不烂，还捧着公家饭碗，只因在公社配种站当配种员，就没人肯娶她。我知道你书念得多心胸大，不会坛子里放爆竹——响（想）不开。"

"我不嫌弃她的工作，只怕害了人家。"谷秸放下酒碗，低垂了头，"有一天我的身份暴露，连累她砸碎了铁饭碗。"

"你想得周全。"李黑牤子沉了沉又开口，"还有个成色差一点儿的女人，你肯要不？"

"褒贬是买主儿，货卖与识家，你说吧！"谷秸不愿扫李黑牤子的兴。

“这个女人是个离婚的二茬子货，身子却是原封不动没走色。”

“怪了。”

“她那个男人是个骡子。”

“你怎么知道？”

“粉眼子跟这个娘儿们是干姐妹，两人关门闭户无话不说。”

谷秸前思后想了一会儿，说：“此人已经饱尝辛酸，不该再为我吃苦。”

“这个不要，那个不要，你想要谁？”李黑牤子瞪起眼睛。

谷秸哈哈一笑，说：“光棍好过，我一生独身了。”

“我知道你眼盯着一个人！”李黑牤子拧起眉毛。

谷秸只当是玩笑，说：“言者无罪，你只管知无不言。”

李黑牤子一拍桌子，大叫道：“兔子不吃窝边草，你却想偷我的粉眼子！”

“血口喷人，我搬家！”谷秸把筷子一扔，跳下炕就走。

两人喝下二斤烧酒，吃光满盆狗肉，却落得不欢而散。

谷秸在院外转了三圈，想不出何枝可依，只得去而复返，仍旧寄人篱下。

李黑牤子虽没有将他驱逐，却把他流放到北运河边，葫芦秧子河汊入河口，搭起一座老鸹窝似的泥棚屋，白天管水，夜晚看青。地净场光之后，再作处理。

谷秸更喜欢离群索居。他在泥棚屋的四周栽满牵牛花藤萝，上下左右缠了个遍，远看像个花轿。孤身独处河边野外，与花木鸟虫为伍，心静神安。每日早起，一河碧水供他刷牙洗脸，吃几口昨晚剩下的凉饽饽，然后破帽遮颜，光着膀子，肩扛一把铁锨，挽起裤腿赤着双脚，一路蹚着草丛中的露水，沿途察看水情。晚上吃过了饭，穿起满身大小补丁的破褂子，扎起裤脚穿上水袜子胶鞋，铁锨换了柳叶枪，钻青纱帐串地垄，驱赶夜深天黑偷粮盗米的人。

看守难免自盗，在这个挨饿的年月他饿不着。李黑忙子看似无情却有情，赏给他的是一大肥差。

但是，他并不想扮演一只御猫，跟饿瘪了肚皮的乡亲为敌作对。听见有人在青纱帐里掰玉米，他并不过去抓捕，只是响亮地连声咳嗽，吆喝道："喂！掰几个够吃一顿的就走吧，还想把整块的玉米地搬回家呀？"于是，偷玉米的人鸟兽四散，两下相安无事。

有一回，他碰见了早青儿。

"你家也揭不开锅？"他惊疑地问道。

早青儿的神气，像是刀搁在脖子上也不服软，冷着脸子问道："你想打还是想罚？"

"打人犯法。"谷秸装得铁面无私，"队里有规定，偷一个玉米罚五斤粮食，从秋后的口粮里扣除。"

"你想饿死我一家呀！"早青儿哭了。

谷秸冷笑道："邓白脸子在粮库，这只锦毛鼠能不近水楼台先得月？罚你家几斤粮食，不过是羊毛出在羊身上。"

"邓白脸子犯案坐了牢。"

"我怎么没有听说？"

"你在村外，跳出了三界五行。"

"你……回家吧！明天夜晚背筐来掰。"谷秸挥了挥手，"有我看青，饿不着你们。”

“你罚过了我才心安。”早青儿忽然仰躺草地上，两手解着裤带，“这是千年古例，你上身吧！”

牛背村的乡俗中有个不正之风，看青的光棍汉多，抓住偷粮的女人，一不打二不罚，就要开个荤。

“你……你疯啦！”谷秸又气又急，猛踢早青儿一脚，转身背脸，呜咽起来，“不要脸！我替你羞死。”

“为了养家糊口，我自卖自身。”早青儿跳起来，像一只母狼，“金枝玉叶富贵小姐，也能饿成娼妇！”

早青儿走远，谷秸瘫倒地上，心如刀割，却又欲哭无泪。

“兄弟，人困马乏了吧？”青纱帐里钻出李黑牤子，怪模怪样儿，“一个干柴，一个烈火，小心那个娘儿们把你烧成灰。”

“我不是猪狗！”谷秸哭叫道，“乘人之危占便宜，天理难容。”

“书呆子！”李黑牤子讥笑道，“邓白脸子夺走了你的顶花黄瓜带花藕，你从他手里收回的是败柳残花剩饽饽，谁占便宜谁吃亏？”

“闭上你的臭嘴！”谷秸骂道，“我要劝早青儿跟邓白脸子离婚，明媒正娶她。”

“你这又是不摸早青儿的底了。”李黑牤子口气轻薄，“乡下娘儿们不怕暗中偷野汉子，捉奸没有拿双不算丢人；上得公堂打官司，一纸休书离了婚，三亲六故都跟着背兴。眼看一大块肥肉你不动箸，我可要下筷子啦！”

谷秸抓起柳叶枪，向李黑牤子扎去，李黑牤子早有防备，大笑着逃走。

李黑牤子是谷秸的靠山，谷秸也是李黑牤子的智囊。十年动乱处处造反，村村冒烟，牛背村却是世外桃源，风吹草不动。牛背村有个造反团，只不过东家是李黑牤子，军师是谷秸，百分之百的保皇御林军。李黑牤子不但没有被打翻在地，而且一天也没有靠边站，仍旧是金口玉言说了算。他下令凡是加入造反团的社员，一天记两个满工。重赏之下必有勇夫，这些造反团员没有一个不替他卖命。

牛背村假造反，在公社和县革委会眼里，是一座顽固堡垒土围子，有如前进路上绊脚石。但是，当插队知青、下放干部和“我们也有两只手，不在城里吃闲饭”的市井平民，从北京蜂拥而至的时候，乱成一锅粥的各村都不肯收留，只有独立自主的牛背村开门迎客。

牛背村变成了五光十色的人库，李黑牤子更显得大有识人之智，委任知多见广而又有官场阅历的谷秸当人库管理员。知青无知，谷秸看书比他们多，可为老师；市井平民人多事杂，谷秸任职公私合营书店之前做过街道工作，易地而居仍可重操旧业；下放干部都是丢了乌纱帽的官儿，跟谷秸颇有异曲同工之妙，正可打成一片。李黑牤子虽然胸无点墨，但是心眼儿窟窿多，肠子拐弯多，粗而不蠢，知人善任。

某年某月某日，一辆卡车沿着葫芦秧子河汊，开到牛背村口，从车上卸下被褥包裹，锅碗瓢盆；又抬下一个五十多岁的男子，放在村口柳荫下。留下一个三十岁多一点儿的女人，卡车掉头而去。

谷秸闻讯赶来。

那五十多岁的男子身患重病，呻吟不止，气息奄奄，谷秸过去一看，惊叫道：“老佟！”

看守老佟的三十多岁的女人，呜咽着叫了声：“谷秸，想不到身陷绝境遇见你！……”

“方梦菲！”谷秸又吃一惊，“你……你们……一块儿下放？”

“一九五八年冬天我跟老佟结了婚。”方梦菲眼泪像断线珠子，“老佟给打成了叛徒，我也跟着黄瓜、茄子一锅煮了。”

“老佟，老佟！”谷秸转脸又向老佟喊道，“你够多左呀！怎么会成了叛徒呢？”

老佟睁开眼皮，两眼无神，目光散乱，两颗浑浊的眼泪从眼角渗出来。也许谷秸那火热的目光灼人，他又闭上眼睛，咬紧嘴唇，一声不吭，像个死人。

“他不知挨了多少打，脑子打坏了。”方梦菲又甩了两把鼻涕，“他从牛棚里出来，连我都不认得了。”

谷秸连声叹息，说：“你们等一等，我进村给你们安排住处。”

“慢走！”方梦菲扯住谷秸袖口，“房子好坏我不挑拣，只愿是个背静角落，不住大杂院，免得老佟挨打受骂。”

谷秸没多想，就说：“住我那三间房吧！”

这几年谷秸一直看青，半年住在河边泥棚屋，半年住在早青儿家，他那三间房也就空下来。

谷秸叫方梦菲看守家当，他背起老佟先行一步。

老佟中年发福，眼下虽是牛鬼蛇神，七斗八斗却仍十分肥胖。谷秸把他背在身上，比肩负两麻袋麦子还沉重得多，一路气喘如牛，大汗淋漓，背到他那个东厢房北屋，将老佟放在炕上，两腿一软便瘫坐在炕沿下。

老佟又睁开眼，骨碌眼珠子看着顶棚，满脸呆相，傻气十足。谷秸心想，这个过去多么骄横的人，竟落得今日这般光景，情不自禁鼻子发酸。

“……饿……吃……”老佟咿咿唔唔，嘴角垂涎，像个弱智儿童。

谷秸只得到曹粉眼子屋里讨吃的。这才如梦方醒，发觉自己刚才疏忽大意，竟把老佟安置在曹粉眼子眼皮下。冤家路窄，果然不假。他到曹粉眼子屋里，没敢说名道姓，只叫她给一位下放干部做点吃的。然后，推起一辆独轮车，到村口给方梦菲搬运家当。

一去一回半点钟，独轮车停在门口，他搬着行李进门，就听东厢房北屋曹粉眼子一边抽打老佟嘴巴，一边哭着叫骂。

“姓佟的，你遭了天报，也有今天呀！”曹粉眼子声泪俱下，骂得凶打得狠。

“我……有罪……有罪……”老佟在炕面上连连碰头。

“粉姐儿，不许雪上加霜！”谷秸大喝一声，夹着行李跳进屋里，从老佟身上撕开像一只疯猫的曹粉眼子。

曹粉眼子抬起老佟的下巴，眼瞪眼，脸对脸，说：“老佟，你落在我的手心，看我掰开揉碎收拾你！”

“革命小将……造反有理！”老佟目不转睛，呼起口号。

曹粉眼子毛骨悚然，一声尖叫，像白日见鬼，鼠窜而去。

她不敢叫李黑忙子知道老佟是她的前夫，谷秸也不念旧恶，往事重提；两人不谋而合，把李黑忙子装进闷葫芦罐里。

老佟到牛背村三年零一节，整天躺在炕上，如同活尸，不但足不出户，而且一言不发。李黑忙子管他叫佟大傻子，并不难为他。方梦菲有谷秸相助，曹粉眼子也发善心，寻觅偏方草药，给老佟治病。但是，哀莫大于心死，老佟的病还是日日、月月、年年加重。

这年秋收以后，老佟病危，躺在炕上呼噜噜捯气，方梦菲去找赤脚医生抢救，再把谷秸找来才有了主心骨。曹粉眼子做了一碗鸡蛋面条汤，趁机送过来。

“粉……眼子，谢谢你！”当了三年多哑巴的老佟突然开口，舌头僵硬吐字含糊。

“老佟！”曹粉眼子刀子嘴豆腐心，一句好话便引发旧情，“你能说话，病就有救。”

“粉眼子，我……我不是……叛徒，”老佟咧开大嘴哭道，“我搞地工……那几年，你跟着我……过日子，求你给我做个见证吧！”

方梦菲带着赤脚医生和谷秸赶来，赤脚医生量血压，听心跳，摸了脉，摇头摊手，说：“事不宜迟，赶快准备后事。”

“老佟！挺住。”谷秸扑到老佟身旁，在他耳边喊道，“你要活到平反昭雪那一天。”

三年多没跟谷秸说过一句话的老佟，面如死灰的脸孔痉挛一笑，闭着眼说道：“谷秸，那一天……是你的，我……活不到了。”

人之将死，其言也善；鸟之将死，其鸣也哀。老佟在谷秸和曹粉眼子的泪雨中死去。方梦菲却颗泪未滴，如释重负，宣布丧事从简，马上下葬。

一卷苇席，一座孤坟，老佟葬身在牛背村外，葫芦秧子河汊岸边。过了几天，方梦菲把全部家当卖个精光，说是进城上访，一走了之。多亏谷秸和曹粉眼子年年扫墓添土，老佟才没有暴尸露骨喂了野狗。

30

几年之后方梦菲重返牛背村，别有一番气势。

时在一九七九年仲夏时节。方梦菲乘坐一辆半新不旧的上海牌小轿车，也是沿着葫芦秧子河汊，一阵风来到牛背村口。旧地重游，百感交集，方梦菲从车窗里就看见村口那棵伞柳。想当年，她陪老佟下放，就是在这棵伞柳下下车落地。今日伞柳仍是一片浓荫，浓荫中坐着个五十出头的女人，抬手抹着泪眼，低头长吁短叹。

“早青儿嫂子！”方梦菲叫司机停车，她跳出车门跑过去。

早青儿满脸皱纹，头发蓬乱，木木呆呆，皱眉看了看方梦菲，问道：“你是谁？……”

方梦菲虽然比在牛背村时大了几岁，已经四十挂零，但是彼一时此一时，变换了环境、心情、吃喝，竟比几年前在牛背村时年轻了许多。黑头发油光水滑，鸭蛋脸儿白胖红润，上身穿着短袖花绸汗衫，露出两截膀子像刚出水的鲜藕，头上脚下十分富态大方。

“我是梦菲呀！”方梦菲掏出绣花手帕擦了擦鼻尖上的汗粒儿，“下放牛背村那几年沾谷秸的光，常到你家讨嘴。”

早青儿面无表情地点点头，说：“想起来了。”

方梦菲还想多问，又见从村里跑出一个女人，临近一眼便看出是老来俏曹粉眼子；五十多岁的年龄二十来岁的打扮，最引人注目的是脚下穿着一双粉红塑料凉鞋。一喊一叫，一追一跑，令人不由自主想起骆宾王的七岁佳句：“鹅，鹅，鹅！曲项向天歌。白毛浮绿水，红掌拨清波。”

不等方梦菲张开嘴，曹粉眼子便红掌站定，咋咋呼呼叫道：“哎哟，原来是方家大妹子！”

曹粉眼子为了瞒住李黑牤子而守口如瓶，谷秸不愿惹是生非也不肯说破，方梦菲一直不知道曹粉眼子曾是老佟的同床共枕人。

“粉姐儿，你不见老！”方梦菲很会花言巧语，讨人欢心，“黑牤子大哥在哪里？”

“他在家里跟谷秸兄弟掏心窝子。”曹粉眼子更能蜜语甜言，送顺水人情，“大妹子，看你的气色，瞧你的容光，不是当了官儿，就是嫁了个如意郎君。”

“粉姐儿一双凤目，真有眼力。”方梦菲口气中含有官腔，脸上流露出骄色，“刚被委任为人事科长，官儿不算大。”

曹粉眼子见官就巴结，忙问道：“你刚升了官就找我家黑牤子，有什么吩咐？”

一说起公事，方梦菲便把官架子端起来，说：“我奉命来接谷秸回北京平反，不能不先拜黑牤子大哥这个当方土地。”

“谷秸兄弟也时来运转啦！”曹粉眼子扔下方梦菲，风风火火奔向早青儿，“妹子，你只要点个头，就王宝钏大登殿了。”

“谁唱这出戏？”方梦菲想解开这个哑谜。

“方科长，忙你的去吧！”曹粉眼子扮了个鬼脸，鬼鬼祟祟一笑，“咱们花开两朵，各折一枝。”

方梦菲只得上车进村。

来到曹粉眼子宅院的花门楼前，下车一脚门里一脚门外，就听见李黑牤子和谷秸吵得天昏地暗，好像二虎相争。

方梦菲素有窃听之癖，李黑牤子和谷秸的争吵又引起她的浓厚兴趣，便蹑手蹑脚走到东厢房北屋窗根下，屏声静息侧耳偷听。

偷听了不到半个小时，她已经了然于心，摸清了来龙去脉。

牛背村已经分田到户，李黑牤子那土皇上的宝座，变成了缺腿的椅子，坐着没滋味儿，扔掉舍不得。曹粉眼子枕边献计，叫他让位给谷秸，自己承包大小两台拖拉机，跑长途贩运。谷秸曾被开除出党，后来又没有重新入党，死活不肯接李黑牤子的班。

“那我就交给邓白脸子！”李黑牤子暴跳如雷。

邓白脸子在饥荒年月盗窃公粮，性质恶劣，从重处理，被判处二十年徒刑，至今已经服刑十六年十一个月二十三天。劳改农场在平反冤假错案中也给他减刑三年，只差一个星期就要放出来。他给早青儿和李黑牤子都写了信，李黑牤子照例找谷秸一字一句念给他听。信刚念完，早青儿也拿着信来找谷秸。

“这封信走了五天，还有两天就回来了。”谷秸念完之后，把信还给早青儿，心头发乱，嘴里发苦。

“你俩还不赶快合灶呀！”李黑牤子着了急，好像火上了房，“趁邓白脸子还没有回来，我给公社捎句话儿，早青儿就跟他离了婚。”

“我不想在谷秸脖子上挂磨盘。”早青儿一把鼻涕一把泪，“有一天谷秸的冤案平了反，官复原职回北京，还能娶个三四十岁的女人，给他生个一男半女；人活一世留个根，谷家也绝不了户。”

谷秸争吵道：“玉女就是我的女儿！”

邓白脸子被捕时，早青儿怀着两个月的身孕，几个月后早青儿生下了个小丫头儿，谷秸给起名叫玉女。玉女只知其母不知其父，心里把谷秸舅舅当亲爹；谷秸跟玉女也亲如父女，把玉女当成自己的骨血。

“那三个小子容不下你呀！”旱青儿大哭着夺门而去。

邓白脸子跟旱青儿生有三子，这几年相跟着长大，大小子年近三十，二小子二十五六，三小子二十一二，都因为他们是劳改犯的儿子，娶不上媳妇，连地富家的女儿也不肯下嫁他们。他们的娘跟谷秸私通，小时候不敢管，长大可就横加干涉了。如果谷秸不是老右，哪怕是贫下中农里的夯货，为了改换门庭，变一变出身，他们也怂恿他们的娘改嫁。然而，谷秸也是个黑五类，对于他们有害无益，他们也就不能容忍老娘的风流骚情了。

这几年，旱青儿已经不敢叫谷秸进门，只是有时偷偷摸摸到河边的看青管水泥棚屋，跟谷秸相会一回。倒是玉女不怕三个哥哥，一年四季关心谷秸，天天嘘寒问暖。

旱青儿跑走，李黑忙子便喝令曹粉眼子追赶。他和谷秸的争吵，也换了话题。让位接班和娶旱青儿还不是焦点，吵得不可开交的是谷秸该不该申请平反。

“你看你那个姓刘的朋友，平了反在北京多么风光！”李黑忙子威逼不成又利诱，“这才不枉吃得二十二年苦，换来今日人上人。”

“我是桑木扁担，不是墙头草！”谷秸怒气冲冲，“当年是他们把我‘右’，我并没有申请；眼下他们要给我平反，就该由他们主动。为什么非要我写申请书，这不是又强加于人吗？”

“死爹哭娘拧丧种！”李黑忙子气得叫骂，“你不肯服个软儿，砌个台阶，那就一辈子沤在牛背村，死了在葫芦秧子河汊的岸上臭块地。”

“黑忙子大哥，转怒为喜吧！”方梦菲在窗根下高声笑道，“拧种也有了出头之日。”

因受我的株连而被划右的谷秸，平反反而比我晚了几个月，这倒不是由于他的宁折不弯，而是因为他的原单位党委查阅档案，发现他并没有被划右。本单位党委划了他，报请上级审批，上级党委已经完成指标，数额已满，就把这份请示报告留下没批。但是，老佟刚愎自用，没有上级的批示，仍把谷秸按划右处理。害得谷秸不明不白当了二十年不可接触的贱民，平反还要比别人推迟。

方梦菲眼含热泪，说：“谷秸，我要替老佟向你赔礼道歉。”

谷秸却淡淡一笑，说：“老佟就是这么个人，他比我惨。”

“你们谈公事吧！”李黑忙子见这场面，赶忙告退，“我给早青儿报个喜，她比谁都有眼力。”向外一跑，差一点儿被门槛绊了个跟头。

方梦菲从公文包里掏出各项平反文书，谷秸一一仔细看过，都签了字。

“你还有其他要求吗？”方梦菲等谷秸签字之后，又按照人事干部的惯例问了一句。

谷秸正等这句话，忙说：“请安排我的子女。”

“子女？”方梦菲挑起经过修饰的秀眉，满脸惊讶，“你不是还没有结婚吗？”

“没有结婚就不许抱养孩子吗？”谷秸梗着脖子抬杠。

“抱养了几个？”

“一儿一女。”

“女儿我猜得着，必是早青儿的小丫头玉女。”

“玉女今年十七，已经初中毕业。”

“儿子是谁家的，想搭你的车进城？”

所谓搭车进城，就是有些人趁给历次运动挨整的人平反昭雪的时机，伪造亲属关系，或把儿女过继，捞个城市户口和吃商品粮的工作。

“哑嫂的小儿子叫金童，今年十八，比玉女过继得还早。”

“你这是借花献佛，报答李黑牤子。”

“听我讲个故事，你就知道我并不是假公济私。”

原来，谷秸一直觉得李黑牤子不该一夫二妻，便不厌其烦地死说活劝，李黑牤子在上下左右各方面的压力下，迫不得已跟哑巴原配离了婚。离了婚旧情难断，有时还到哑巴原配那边起腻，碰巧就怀了孕。肚子一大算谁的？谷秸为了保住盟兄好友的名声，不怕自己丢丑，挺身而出，把这个孩子认在自己名下。方梦菲下放牛背村时，此事已经发生几年，早不是村人的热门话题，所以她没有听说。

“谷秸呀谷秸！你是尴尬人爱惹尴尬事。”方梦菲笑不是，恼不是，“不过，政策上只能安排金童玉女中的一个人。”

“方科长神通广大，灵活灵活，开个方便之门。”

“除非你提前退休，再安排一个子女顶替。”

“我愿意。”

“听说你要被任命为管理处副主任呀！”

“我非官材，更无官瘾。”

方梦菲满脸难色，一副愁容，说：“我替你办一办看吧！”

其实，她正求之不得。管理处的副主任只有一名空额，如果谷秸拒不就职，自动退休，便要从下属几个科长中挑选补缺。几个科长论起年资和靠山，都非她莫属。她给谷秸开个后门，正是大展自己的仕途。

谷秸千恩万谢，说："金童玉女进了城，今后还要多请你管教。"

"你我是老朋友，我一度也算牛背村人，理当如此，责无旁贷。"方梦菲忽然眼珠一转，眼圈泛红，"老佟的历史问题还没有澄清，九泉之下还戴着叛徒帽子。我目前的身份，不宜为他出头奔走。我想求你顾念旧日情谊，为他喊一喊冤，拜托了。"

谷秸连道："义不容辞，义不容辞。"

"谷秸，如果世上还有多情重义的人，那就是你！"方梦菲感动得落泪。泪浓于水，不是虚情假意。

送走方梦菲，谷秸突然感觉心情沉重，全身疲乏无力，便回到河边泥棚屋里倒头大睡。

一觉睡到半夜才睁眼，只见泥棚屋外月光里，蹲着一支接一支抽烟的李黑牤子，面前满地烟头。

听见泥棚屋里的响动，李黑牤子也不转身回头，问道："醒啦？"

谷秸爬起来，伸了个懒腰，骨节咯吧咯吧响，说："歇过乏了。"

"兄弟，多谢你给金童要来一个铁饭碗。"李黑牤子仰脖咕噜一声，咽下一大口眼泪，"早青儿也叫我替她谢你。"

"你俩怎么知道？"谷秸走出泥棚屋，从李黑牤子嘴里拔出卷成大炮的纸烟，自己怡然自得吸起来。

"我送早青儿到长途汽车站，正遇见方梦菲的小卧车，她下车给我跟早青儿道喜，我乐得恨不能当时给你磕三个响头。"

"早青儿到哪儿去？"

“抢先一步，接邓白脸子去了。”

“嗬！”谷秸手中的纸烟落了地，火星儿四溅乱飞，“我跟她青梅竹马，温柔体贴，怎么就换不来她的心呢？”

“你当事者迷，我旁观者清。”李黑忙子呵呵笑道，“她不跟邓白脸子离婚，你才能找别的女人，别的女人才能找你呀！”

谷秸心灰意冷，躺倒在李黑忙子身边，说：“我这辈子注定是孤家寡人了。”

“插起招军旗，就有吃粮人！”李黑忙子擂得胸脯咚咚响，“你的婚姻大事，包在我的身上了。你是要高的，还是要矮的？要胖的，还是要瘦的？要黑的，还是要白的？要生的，还是要熟的？要大一点儿的，还是小一点儿的？你说出个尺寸斤两，我钻天劈缝，挖地三尺，也给你找来。”

“我要矮、胖、白、熟、大一点儿的，就地取材。”

“谁？”

“粉姐儿！”谷秸捣他一拳。

李黑忙子抓住他的手腕，拧过他的胳臂，叫道：“这么多年，你还贼心不死呀！”

谷秸喊痛告饶，说：“那就换个高、瘦、黑……”

“又是谁？”

“哑嫂。”

“我杀了你！”李黑忙子的铁钳大手又加了一把力，“朋友妻，不可欺。”

谷秸连声痛叫，说：“你跟她早离婚了！”

“我们离婚不离心！”李黑忙子火气冲天。

谷秸哭丧起脸，说："除了她俩，我谁也看不上，你就别为我的找对象操心了。"

李黑牤子这时才恍然大悟，谷秸不过是开心取乐戏耍他，便松了手笑道："你还是娶那个肉团团、白嫩嫩、香喷喷、脆生生的方梦菲吧！"

"耍笑到此为止。"谷秸突然变脸，一本正经，"你不是想跑长途贩运，把土皇上的宝座让位给我吗？我每月拿着退休金，不能白吃国家俸禄，那就取你而代之吧！"

"当真？"李黑牤子眉开眼笑，又怕谷秸闹鬼，"你眼下的级别、地位，怎么看得上这个……方寸之地的一村之主？"

"让位不让位？"谷秸厉声喝道。

"我马上交印。"李黑牤子方知是真，喜出望外，"这块难拌（办）的冻豆腐，我早就不想捧在手里了。"

李黑牤子虽然算不上俊杰，但是没有落得霸王别姬，也称得起识时务了。

谷秸能否使牛背村旧貌换新颜？捞面吃在嘴里才是收成。

不过，他跟两个女人都有一笔陈年旧账，不算清了本利便放不开手脚"当官"。

这两个女人便是周翠霞和张三鸭头。

31

县文工团后来改名叫县剧团。

周翠霞被评为文艺六级，工资上相当行政十三级，与专员同等，比县长挣得还多。过了几年，北京城里实行市民净化。金宝库是无业游民，无业游民要被强制劳动，送到北大荒开垦处女地。金宝库不得已投奔周翠霞，也在县剧团当了演员，被评了个文艺十级。周翠霞唱小旦，金宝库唱小丑，谁人不知他俩是县剧团的两大活宝。这个县民间有句顺口溜："卖了裤子当了袄，受冻也要看二小。"可见吸引力之强，号召力之大。

他俩在这个县出名，还因为他们的衣、食、住、行上与众不同，而且常有家丑外传。

那个年月，人人身上穿的都是布料灰、黑、蓝，他俩春秋两季却是毛料子，女的大红大绿，男的条纹花格。立冬都是一身呢子，女的丁香紫，男的浅栗色。入夏，女的爱穿花旗袍，露出两条粉臂和一双玉腿，男的绸衫短裤皮凉鞋，嗲气十足。在发型上，女的烫头，男的大鬓角；抹油打蜡，闪光耀眼。两口子又都喜欢在身上洒香水，风一吹喷鼻香。这两口子曾有几年不在家里开伙，每天早、中、晚饭，都到饭馆子吃。他俩每月工资不少，却不够每月的饭钱；不是打报告申请补助，就是逢人便借，借了不还，直到十年动乱前两年，现代戏上市，他俩被削价处理，都连降两级工资，才不得不雇了个女佣，在家里做饭。他俩虽然也住的是县剧团宿舍，但是两口人占五间房，一人一间卧室，另有客厅、厨房和梳洗间。邻居是个跑龙套的，三辈八口只住一间房。更引人注目的是他俩养着一匹电驴子（摩托车）。这个县，只有公安局和电报局各有两匹。私人享用这种高等交通工具，他俩是蝎子拉屎——毒（独）一份儿。从宿舍到剧场，走路花不了十分钟，他俩却偏要骑上电驴子呼啸而去，把满街行人的目光吸引到自己身上，才觉得出足了风头露够了脸。周翠霞自从到这个县唱戏，不知有多少人拜倒在她的石榴裙下，光是当官儿的就有十来个在她的石榴裙下失足落水，降职的降职，调动的调动。周翠霞十分口紧，跟她有过瓜葛的男人的姓名，就是砍下她的头也不肯吐一字。每回东窗事发，都是因为两口子吵架，金宝库给喧嚷了出去。不过，谷秸回乡足不出村，周翠霞不愿想到这个人，金宝库也不愿说出此人的名字，免得沾不了光反惹一身晦气。

周翠霞有头无脑，金宝库鼠目寸光。双降两级工资之后应该叶落知秋，走了背字儿仍不收敛。十年动乱大难临头，这出连台悲、喜、闹剧一开锣，他俩就成了祭旗的头刀菜。

县剧团庙小神灵大，池浅王八多，牛鬼蛇神有如过江之鲫。周翠霞和金宝库更是众丑之首，众矢之的。

唱丑的嬉皮笑脸，金宝库的脸皮厚得能磨剃刀子，竟然忍受不了造反小将的百般凌辱，临死唱了一出《碰碑》，头撞南墙而亡。周翠霞虽然惯演淫妇娼女，但是脖子上挂了十八只恶臭的破鞋，又被剃了个阴阳头，敲着一面文武场的破锣在县城里游街，也羞得抬不起头，恨不能地裂一缝，一头钻进去。

周翠霞大难不死，救命的是她的女佣郝二嫂。

她和金宝库双降工资之后，吃不起饭馆子的包饭，从县城以北的桃园村雇了个寡妇，给他们做饭和管家。这个郝二嫂原是个柴火妞子，后来嫁给一个走江湖卖艺的郝二棒槌。郝二棒槌进城改了行，在建筑公司当架子工，她在伙房当了炊事员。全国闹饥荒，她跟着丈夫下放回村。不久，丈夫得了浮肿病，一直肿到胸口窝儿，捯不上气来憋死。郝二嫂埋葬了丈夫，要还清给丈夫治病欠下的一大笔药费，只得出来佣工。

郝二嫂到周翠霞家佣工的时候，周翠霞不但降低了工资，而且角儿的身份也一落千丈。她演起潘金莲和阎婆惜活灵活现，得心应手，把这一套用在现代戏里的革命女性身上，全不对路子。戏班子的嘴澡堂子的水，旧艺人的坏习气是看人下菜碟儿；周翠霞过去是挂头牌的角儿，盛气凌人，架子老大，得罪人不少，现在名利上都跌落身价，便免不了被冷嘲热讽听闲话。凤凰落地不如鸡，她只能一忍再忍。忍无可忍的却是郝二嫂。

有一天，一个唱马童、喽啰、匪兵的跟头虫（武行配角），找碴儿堵住周翠霞的屋门骂大街，周翠霞和金宝库忍气吞声；郝二嫂却咽不下这口肮脏气，挺身而出，跳出门外，破口大骂。那个跟头虫骂不过郝二嫂就动手，谁知郝二嫂跟她死去的男人学过拳脚；跟头虫的武功是花活儿，郝二嫂的拳脚却是过得硬，交手后几个你来我往，跟头虫就被郝二嫂打得鼻青脸肿。

郝二嫂的武艺在县剧团出了名，周翠霞有了这个护身符，日子好过了一些。

但是，造反小将的打、砸、抢、抄、抓，是奉了圣旨的行动，郝二嫂也只能敢怒而不敢言。她祖上十八辈都是贫下中农，造反小将在痛打周翠霞和金宝库之前，对她以礼相待，将她护送出城，回桃园村。

她在桃园村听说金宝库撞墙自杀，周翠霞游街示众，心中不忍，又来到县城看望这个落难女人。

周翠霞早已从五间正房里被赶出来，搬到紧靠厕所的一间小黑屋子住，潮湿骚臭。她形容枯槁，伤口化脓，人不像人鬼不像鬼，照镜子能把自己吓死。郝二嫂走进这个杂院，在小黑屋子里找见了周翠霞，周翠霞双膝跪倒，抱住她的两腿，干咧着嘴，已经不会哭了。

“我带你逃活命去吧！”郝二嫂本想只看一眼就走，谁知一见周翠霞这个惨状，竟不忍相弃，两肋插刀。

“我……不敢……不敢……”

“那你不被打死，也得烂死。”

“我怕……给你……惹祸。”

“天塌了有高个子撑着，砸不着我就碰不着你。”

不走只有一死，逃跑也许是一条活路；周翠霞只得大乱入乡，跟着郝二嫂来到桃园村避难。

北运河浑身河汊子。有个河汊子叫上马封金。上马封金河汊子进入大河的交叉口，桃园村隐藏在绿树浓荫中。

这个村子很小，祖上都是水路护送大船的镖客。大河淤废，镖行关门，镖客便上岸种了地，武艺却没有失传。桃园村的男女老少，不管是过了七十上八十的老头儿，还是裹着粽子脚的老太婆，不管是穿开裆裤的小男孩儿，还是梳着抓髻的小丫头，都能走几路刀枪，打几趟拳脚。从外村搭来的小媳妇，天天过目，也就抬手动脚起来。郝二嫂便是一例。

天下大乱，到处武斗，桃园村的这些镖客儿孙，竟有一半以上扔下锄把子，出外当打手。每天能挣一块三毛二，相当城里一个壮工的最低收入。那时，种地一天挣十分；秋后分红，十分的工值不到两毛钱。当打手比种地收入多十倍，何乐而不为？武斗不是天天有，凡有武斗还另外补贴，打胜了更得奖金，名曰“慰劳费”。

郝二嫂的婆家，旧日曾是镖头。她的丈夫郝二棒槌的胞兄郝大嘴岔子，是眼下桃园村的武魁，到县城的造反团敢死队打头阵，一人挣两扮儿，每天两元六角四分。桃园村距离县城二十来里，但是只要他挣够了十元整数，连夜也要回家交给寡妇弟媳。

郝大嘴岔子武艺高，却长得丑，家里又穷得叮当响响叮当，年过四十还是光棍一条，一条光棍。土命人心实，他是一条直肠子，少思寡欲无所求，只要能吃饱，就能睡得着。他不想女人，也无烟酒嗜好。然而，他却是个戏迷，为了听戏能废寝忘食，每年县剧团下乡演出，他一天也不缺席，肩扛一条长凳追前赶后。这条长凳不但是看戏的座位，而且是睡觉的床铺。他有硬功，也有轻功，睡在扁担上也不会翻身落地。

县剧团下乡演出要巡回各村，在密如蛛网的河汊子中绕圈子，遇到河汊子上没有桥，水浅就得蹚过去。男演员蹚河不成问题，不少女演员见水就晕，只得有劳男演员把她们背抬上岸。后来，她们发现五大三粗的郝大嘴岔子跟剧团形影不离，几个人一嘀咕，便抓他的官差当驮佚。郝大嘴岔子力大如牛，一趟能运送三个女演员；两个夹在腋下，一个骑在脖子上。周翠霞骑着郝大嘴岔子的脖颈过河，少说也有十几回。

光棍汉郝大嘴岔子和新寡落难的周翠霞，本是老相识。

郝二嫂把周翠霞带回家，也有其不可告人的目的。

32

郝大嘴岔子一直没有跟兄弟分家。兄弟带着弟媳、侄子、侄女下放回来，他们就一口锅里搅马勺。三间土房，兄弟、弟媳和侄女住东屋，他和侄子住西屋，堂屋是锅灶。兄弟死了，弟媳守寡，郝大嘴岔子跟弟媳同住一个屋顶下不方便，就搬出去和别的光棍汉搭伴，一日三餐仍回家吃。弟媳到周翠霞那里当女佣，他带着侄子侄女过日子，毫无怨言。郝二嫂把周翠霞带回桃园村的当天晚上，在县城造反团敢死队打头阵的郝大嘴岔子，也风风火火而回。

三间土房，东屋亮着一盏小灯，窗纸上晃动两个女人的头影。

“弟妹！弟妹！”郝大嘴岔子站在屋门外，呼噜气喘连声叫。

“大哥，您回来啦！”郝二嫂好像早就料到他必定跟踵而至，“吃饭了吗？进屋来吧！”

“我吃过了，天黑不进屋去。”郝大嘴岔子严守古礼，立场坚定，一动不动。

“咱家来了贵客，您得见一见。”郝二嫂下炕出屋开了门，“这位贵客在咱家住多少日子，还得您说了算。”

“是不是那个唱戏的周翠霞？”郝大嘴岔子瓮声瓮气问道。

郝二嫂一笑，说：“您真料事如神。”

“城里闹得像开了锅。”郝大嘴岔子低头看着脚尖，“我一听说有个妇道人家偷走了周翠霞，没有三猜两想就料定是你，顾不上吃敢死队的炖肉粉条子，一路飞奔赶回来。”

“您常说‘见死不救是小人’，事到临头我怎能袖手旁观？”郝二嫂目光灼灼刺人，“树叶落下来您怕砸破头，千刀万剐我一人当。”

郝大嘴岔子满脸涨紫，脚下一跺，地陷一坑，说：“那就把这个戏子收下吧！”

“多谢大哥！”周翠霞从屋里扑出来，翩翩下拜在郝大嘴岔子足下。

周翠霞刚到郝家，郝二嫂便烧一锅热水，帮她洗净头脸和身子，整整洗下三盆泥汤。然后，换上郝二嫂逢年过节才上身的半新衣裳，又包了一块郝二嫂女儿的花头巾，虽不妖冶仍很媚气。

弟妹有人相陪，郝大嘴岔子才敢进屋。

坐在炕沿上，郝二嫂犯了愁，说："大哥，周老板到咱家，早晚县剧团得知道。万一造反小将下来揪人，我们孤儿寡母挡不住这些凶神恶煞呀！"

郝大嘴岔子闷头抽了一锅子烟，才说："我也不想吃敢死队那碗饭了，回家顶门立户，看谁敢惹你们母子！"

郝二嫂又眼泪汪汪，说："周老板要长住久留，得想个万全之计。"

"你早该知道捧在手里的是刺猬！"郝大嘴岔子拍着脑瓜想了半晌，忽然好像榆木疙瘩开了窍，"眼下只有一条路可走，那就是改出身，变成分。"

周翠霞忙说："郝大哥，您出口就是圣旨，我俯首帖耳言听计从。"

"这个年月，讲不得老礼了。"郝大嘴岔子吭哧着，"周老板热孝在身，可为了活命也不得不找主儿嫁人。"

"戏班里不出贞节烈女，我在舞台上哪一天不嫁个三回五回？"周翠霞是情场老手，精于此道，"可是，我眼下能嫁谁呢？"

郝大嘴岔子笑眯两眼，说："离我们桃园村六里，有个牛背村，我在牛背村有个刚磕头的把兄弟，跟周老板可算郎才女貌。"

周翠霞眼神闪亮，急着追问道："这人姓甚名谁？"

“原名谷秸，现名谷天佑。”郝大嘴岔子扳着指头，“今年三十六，属马。”

“是他！”周翠霞一声惊叫。

“他……”郝二嫂也惊叫一声，却又忙用手掌捂住了嘴。

“原来你们也听说过这个落难秀才。”郝大嘴岔子憨笑着，“我给桃园村看青，他给牛背村看青，两人在河边碰了几回面，言来语去就换了心。那可是知多见广有才学的人。”

“他……他还没有家眷？”郝二嫂脸色惨白，头上出汗，只是躲在周翠霞背后，郝大嘴岔子看不见。

“错过了初一，又耽搁了十五，谷大兄弟至今一人一口。”郝大嘴岔子的口气充满惋惜，而且愤愤不平。

“他的才学人品，我都中意，只是……”周翠霞一咬嘴唇，狠了狠心，“地、富、反、坏、右，黑五类里他还是末等；我嫁给他黑上加黑，更成了人下人。”

“他在牛背村，比贫下中农还吃香。”郝大嘴岔子虽不会说话，却也有些夸大其词。

周翠霞鼻孔里哼道：“那也不过是一座泥菩萨，自身都难保。”

“你不嫁他，嫁谁？”郝大嘴岔子火了。

“嫁你，嫁你！”周翠霞一口咬定。

郝二嫂好像松了口气，脸上见了笑容，说：“我保这个媒吧！”

柳枝编笆，抹上麦芋泥，郝大嘴岔子在三间土房西侧，搭起两间棚屋。郝二嫂不愿大伯子吃亏，带着女儿抢先搬进棚屋去。又把三间土房的东屋刷了墙，糊了顶，门窗贴上红喜字，就算郝大嘴岔子和周翠霞的洞房。

“领一张结婚证吧！”周翠霞怕自己不是明媒正娶，又无一纸公文为证，不能摇身一变而改换成分。

“公社砸得稀烂，干部跑得四散，找谁领证？”郝大嘴岔子的大嘴一笑，嘴角咧到耳根下，“办两桌酒席，请三亲六友一吃一喝，就不算私姘搭伙。”

“偷来的锣鼓敲不得！”周翠霞心中有鬼，不敢公开亮相，“烧三股香，拜个天地，鬼神做证吧！”

“四旧破了个精光，到哪儿买高香？”郝大嘴岔子一张嘴，喷出阵阵浓烈的旱烟味儿。

周翠霞东躲西闪皱鼻子，说：“呛死人！”

“你摘几片百合叶，堵上鼻子眼儿。”郝大嘴岔子很想嘴上贴封条，可又不能不说话，只得嘬腮缩小口型。

周翠霞眼珠一转苦起脸儿，说：“我头上无毛像个尼姑，你不嫌我丑，我自个儿却败兴，还是等我长出满头青丝，咱俩再同床共枕过身子。”

“我正要向你告假哩！”郝大嘴岔子转身就走，“队长又叫我看青，我得日夜在青纱帐里巡逻串垄，不吃饭不回家。”

“你跟那姓谷的见面，可别跟他说我到了你家呀！”周翠霞慌了神儿，扑上去抱住郝大嘴岔子的腰，“害人之心不可有，防人之心不能无。”

她叮嘱了一遍又一遍，郝大嘴岔子不得不点头称是，才撒手放行。

郝家祖传一口长柄鬼头刀，郝大嘴岔子把这口刀扛在肩上，酷似周仓，唱唱咧咧大摇大摆出了村。

出村沿着上马封金河汊子走，隔河便是牛背村的土地。一河之隔，不过几尺宽窄；郝大嘴岔子远远地就看见，河汊下梢岸边，有飞溅的烟火星子。

“是兄弟吗？”郝大嘴岔子亲热地问道。

那个蹲在岸边抽烟的人站起来，笑问道：“大哥，不想挣那一天两块六毛四，又重操旧业啦？”

“我这个人心软。”郝大嘴岔子飞身一跃，跳过河汊，“我不喝醉了酒，武斗不敢下手，真他妈的不是人干的活儿。”

愁眉锁眼的谷秸苦笑了一下，说：“有你跟我风雨同伴，我就不觉得自己是孤魂野鬼了。”

“你枕边少个说知心话的人，才冷冷清清呀！”郝大嘴岔子把烟荷包递给谷秸，叫他卷烟再抽一支，“兄弟，以你过去的学问、官职，怎么没娶上个如花似玉的弟妹呢？”

一颗贼星，划破夜空，带着一道白光，好像坠落在大河里，惊扰得青纱帐中的蝈蝈慌了腔乱了调儿，嘈杂一片。

夜深人静，星光月色，草声虫鸣，最能引人幽思。

“当年我刚当八路，本想跟堡垒户家的姑娘有情人终成眷属，谁知此事古难全。”谷秸唉声叹气，“等到年近三十醒了梦，想找个女人却又划了右，只落得跟大哥你无独有偶。”

郝大嘴岔子听得入神，问道：“那个堡垒户家的姑娘，是个似天仙的美女吧？”

“她长得并不俊俏，性子又野，只是心肠儿滚烫，侠肝义胆。”

虽然事隔多年，谷秸仍心情激动，“她跟我假扮夫妻，名声受了损害；我也被关了禁闭，调动工作。三年之后我到原地找她，‘人面不知何处去，桃花依旧笑春风’。我想起来就感到亏情欠理，心里十分难过。”

“兄弟，你也够义气！哪个女人嫁给你，吃糠咽菜也甜如蜜。”郝大嘴岔子疼爱地拍着谷秸肩头，“等这个兵荒马乱的日月太平下来，大哥要给你打着灯笼找个千金不换的媳妇。”

33

收了秋，入了冬，看青的扫尾，郝大嘴岔子不得不搬回家。

这几个月，周翠霞在桃园村，大门不出，二门不迈，一天仨饱俩倒，秃头生出了秀发，气色转红脸蛋儿圆，比大乱之前还长了肉添了膘。

这天晚上，全家吃过饭，郝二嫂带着女儿回西厢房歇息。儿子仍旧住在三间土房的西屋。东屋，只剩下周翠霞和郝大嘴岔子俩人。

周翠霞虽然身陷困境，每日也不忘梳妆打扮，灯光下粉面香腮。郝大嘴岔子剃头刮脸，又喝了二两烧酒，面红耳赤，眼中含笑，从周翠霞头上看到周翠霞脚下，好像牲口贩子相马。

“你……你……今夜晚是不是想跟我……”周翠霞脸色一暗，“我依你……依你。”

“我配不上你，你也不入我的眼！”郝大嘴岔子从炕上扯过一床棉被，抱起来到西屋跟侄儿做伴。

周翠霞没想到受此冷落，拍着炕席放声大哭。

西厢房，郝二嫂惊醒，披衣坐起，只当两口子被窝里起了内讧。自己身为弟媳，过去相劝诸多不便，便拍了拍窗户，指着孩子喊道：“他大伯、大娘，你们都压压火，有话天亮说吧！”

“郝二嫂！”周翠霞不改旧称呼，“你家大哥……不上我的炕。”

大伯子的房中事，弟媳更不能过问。但是郝二嫂猜疑此中必有隐情，也就顾不得俗礼，穿起衣裳走出去，站在院里问道：“大哥，您酒喝多了，邪气上升？”

郝大嘴岔子不但敬重弟媳，而且心存畏惧，便在西屋低声下气答道：“前世无缘不聚头，捆绑成不了夫妻。我只当她是我那三岁被拍花子拐走的苦妹子，叶落归根回家来。”

周翠霞一变而为郝家的骨肉亲人，更像住进了保险箱；内有郝二嫂，外有郝大嘴岔子，有如两座门神，两把铁锁，双保险。

乱了一年又一年，一年又一年仍要春种秋收。城里一波未平一波又起，乡村却平静了许多。周翠霞借尸还魂巧取了贫农出身，以郝三妹子的身份出场。

一登龙门，身价十倍，改变了成分便臭的变香，黑的变红，周翠霞竟被村人尊称郝三姑。那年头儿诉苦会流行，周翠霞能编会演，便成了诉苦能手。她不但在本村献演，而且应邀到外村演出，一年四季靠诉苦挣分。

她的诉苦能够惊天地泣鬼神，就是感动不了谷秸。

有一回，牛背村派出代表和马车，恭请她到该村演一场。她知道谷秸猫在牛背村，是个识货的行家，本想不去而又盛情难却，起身便攒足了劲。来到会场，登台便泪飞顿作倾盆雨，涕泗滂沱大放悲声。她一边哭诉一边偷看效果，只见会场后墙角落蹲着一个人，不但滴泪未流，而且面带讥笑。虽然一别十几年，她一眼就认出这个当年曾跟她春风一度的谷秸。自尊心受到损伤不免怀恨，旧情萌动却又十分心痒，心神不定匆匆散戏。

这几年周翠霞一直想跟谷秸暗中幽会，但是牛棚之灾吓破了她的胆，天黑以后不敢一个人上茅房。大白天野外偷情危机四伏，更不敢铤而走险。所以，她虽夜夜思春，却有心无胆。

郝二嫂的女儿出嫁，儿子当兵，便搬到土房东屋，跟她睡一条炕。郝大嘴岔子换到西厢房，夏秋两季还是看青。

这两个孤身女人，各有心思和忧愁；夜晚屋里一团漆黑遮住了脸，便枕在一条枕头上说疯话儿。

周翠霞捏着郝二嫂的前胸后背，说："你身上一没蔫皮二没囊肉，肚子也不起褶儿；找个棋逢对手的男人，少说还能生个三男二女。"

郝二嫂拍她一巴掌，啐道："谁像你，潘金莲投胎，阎婆惜转世。"

"甭跟我心痒嘴硬！"周翠霞贱笑，"你守寡那年三十四，如狼似虎就不想偷嘴打野食儿？"

"人有脸树有皮，我不像你这个戏子，谁都能登船上马。"

"难道你想挣个贞节牌坊？我送你一座狗头的。"

"呸，呸，呸！"

原来，贞节牌坊还分三等。女人在夫死之后，心如死水，一波不起，死后树立龙头贞节牌坊；夫死之后，偶漾春波而能马上收心，树立虎头贞节牌坊；夫死之后，心潮常有起伏而终未失身，贞节牌坊的标记是狗头。

“老戏里有过一个剧目，新社会不叫演了。”周翠霞伶牙俐齿巧舌头，郝二嫂爱听她说古道今解闷儿，“这出戏唱的是三个守节女子，临死之前各家都呈请树立贞节牌坊，知县老爷打发三姑六婆秘审，也没问出个子午卯酉。后来还是观音大士下凡人间，点破了她们各自的隐私，分出了上、中、下三等。”

“我算不上龙头也够虎头。”郝二嫂被周翠霞绕进了圈套，不由自主说了心里话。“我也曾打算走一步，可一想到我家大哥当牛做马，为我把儿女养大成人，又觉得应该给郝家添光争脸，就死了那个心。”

周翠霞吃吃一阵笑，说：“肥水不流他人田，便宜不出自家门，我给你跟大哥牵一根红线吧！”

啪！郝二嫂狠抽周翠霞一个嘴巴，骂道：“你这个烂货！”

这又狠又重的一巴掌，落在周翠霞脸上，疼得她火烧火燎，一对一对儿掉眼泪，委屈地啼哭道：“我是……好意，没有……没有坏心眼儿。”

郝二嫂打出这一巴掌也很后悔。周翠霞惹恼了她，不是因为话不中听，而是无意之中捅破了她心头包火的那层纸。

“三妹子，我冤屈了你。”郝二嫂把周翠霞搂在怀里，打一巴掌揉三揉。

周翠霞是头顺毛驴子，郝二嫂给了好脸儿，她便登上锅台想上炕，破涕笑道：“二嫂，男欢女爱上我比你知多见广，咱家大哥偷看你的眼光，一瞥一瞟都有情。”

郝二嫂翻身扭脸不理她。

但是，她俩谁也睡不着。灶膛没有烧火，炕面子一点不热，她俩却辗转反侧翻烧饼。

“三妹子，睡着了吗？”郝二嫂忍不住开了口。

周翠霞一直在黑暗中瞪大眼珠子，却假装刚被搅醒，吧唧着嘴，说：“你打扰了我的好梦。”

“梦见了谁？”

“野汉子。”

郝二嫂咯咯笑起来，说：“小心24K金的鬼魂儿掐你脖子。”

“24K金是谁，谁是24K金？”周翠霞一副女泼皮的无赖口气，“嗬！想起来了，有过这么一个嫖客。”

“你们是十多年的夫妻呀！”

“他嫖了我十几年。”

郝二嫂太觉得周翠霞厚颜无耻，挖苦地说：“怪不得人家说戏子无情，婊子无义，你占了个两全。”

周翠霞却更死皮赖脸，嬉笑道：“戏子有情婊子也有义，只不过分跟谁。”

“你有过吗？”

“哪个女人没有？”

“说给我听听。”

“你开锣，我压轴。”

“我有过这么一个人。”郝二嫂为了换取周翠霞的风流隐秘，只得舍下孩子套狼，“嫁给二棒槌之前，有个相好；已经是陈谷子烂芝麻，嚼着也没味儿了。”

“我跟那个人，也是前世有因今生无缘。”周翠霞长叹一声又一声。

“听你的话音口气，你跟那个人还藕断丝连哩！”郝二嫂逗她多说一句，好听个下回分解。

周翠霞却在节骨眼儿上拴了扣子，守口如瓶。藏头露尾，蛛丝马迹，引起郝二嫂的多疑。

周翠霞从牛背村诉苦回来，像斗败的画眉，霜打的黄花。夜晚她从不出门半步，今晚却扔下筷子便鬼鬼祟祟溜出门去；郝二嫂也顾不上刷碗，紧随在她的身后。

34

牛背村看青的谷秸，在村外的大小田埂上，东西南北拜了四方，又到青纱帐里出出进进，串了几趟垄，就回到他的河边窝棚；躺在月光下，跷起二郎腿，手拍膝盖，摇头晃脑，哼唱京戏。他多年坎坷，历尽磨难，只见山重水复，不见柳暗花明；便不再自寻烦恼，转而自得其乐。

京戏哼唱了一段又一段，嗓子眼儿唱得十分通畅，肚子也就饿起来。

老天爷饿不死田鼠，也就饿不死看青的。看守不自盗，百里难挑一；看青的想填饱肚子，不费吹灰之力。

但是，谷秸却有个怪癖：在本村的田块上掰几个玉米烧着吃，挖几兜花生煮着吃，手到擒来而缺少贼腥味儿，吃着就不香。跨过上马封金河汊子，偷来桃园村的玉米和花生，吃起来满口香甜。而且，跟盟兄郝大嘴岔子在月夜中捉迷藏，也别有情趣。

他收腔煞尾，挺身坐起，挽了挽裤腿，脚穿热补了不知多少回多少处的塑料凉鞋，蹚水走过河汊子。

郝大嘴岔子知己知彼，并没有粗心大意。昨夜丢了几个马牙珠子玉米，显而易见是被谷秸掰走了。谷秸最爱吃五香粉煮花生下酒，郝大嘴岔子断定谷秸今晚十有八九光顾花生地。于是，他抢早躺在花生地的一条垄沟里，手拿着绳套，静候谷秸来到，抛绳套"贼"友。

天上有云，地上有影，花生地里的月光忽明忽暗，郝大嘴岔子的眼睛也就一会儿眯小，一会儿瞪大。突然，有个人影儿飘进花生地。那人不敢直腰走路，只是弯腰沿着垄沟一溜小跑。此人行迹可疑，八九不离十是个偷青贼，如此明目张胆必定是谷秸。

"兄弟，哪儿跑？"郝大嘴岔子跳起来，甩手把绳套抛出去。

"哎哟！"套住的是个女人。

"谁？"郝大嘴岔子惊奔过去。

"大哥，是我……"周翠霞束手遭擒。

"三妹，你……想吃花生？"郝大嘴岔子一边解开绳套一边问道。

周翠霞说谎成性，也就借坡下驴，哼唧着说："我……想……"

"你坐在这儿等着，我到河那边的牛背村花生地，给你偷几兜子。"郝大嘴岔子嘿嘿笑着，自言自语，"谷秸兄弟，你手下无情，就怪不得我照方抓药了。"

出花生地一下坡，就是上马封金河汊子。郝大嘴岔子走后，周翠霞也坐不住，河汉子水深只过脚面，郝大嘴岔子蹚过去，周翠霞也随后蹚过去。只不过郝大嘴岔子深入牛背村青纱帐，周翠霞却是奔向谷秸的窝棚。

这几年周翠霞虽然没有跟谷秸见过面，但下地劳动，常常隔着河汉子遥望谷秸的窝棚。所以，她早已识途，如走熟路。

谷秸正在冷灶上烧玉米吃。他今晚是肚饿而不是口馋，偷玉米吃实惠。花生下酒开了胃，肚子更饿得慌。郝大嘴岔子躺在花生地时，谷秸早已在玉米地抢攻在前了。

看青的虽不敢说个个耳聪目明，却要眼睛耳朵时刻都不闲着。

正吃烧玉米的谷秸，看见有人跳过河汉子，朝他的窝棚走来，只当是郝大嘴岔子前来相会，便笑道："大哥，你又赏给兄弟一顿野味儿夜宵！"

"姓谷的，你胆大包天！"周翠霞上岸就先声夺人，"你头戴铁帽子，竟敢过河偷青，该当何罪？"周翠霞唱惯了戏，开口吐字都上韵，偷青念成了偷情。

"原来是红五类周老板！"谷秸跟周翠霞多年不见，早已毫无印象；白天听了她的诉苦，才又唤醒记忆。

"你看着眼儿热，气死你！"周翠霞改不了轻浮习性。

"福兮祸所伏，乐昏了头就要露马脚。"谷秸把啃光的玉米棒子像手榴弹投向远处，"你白天的演出，做工太火，说你是'海派'都算抬举你，整个儿一个'外江'！过犹不及，一火就假。"

"老鸹落在猪身上！"周翠霞反唇相讥，"你是个'黑五类'的老右，听诉苦不流眼泪，明眼人一看就知道你是贼心不死的阶级敌人。"

谷秸点头承认，说："我这个'京派'又太瘟了，咱俩应该取长补短。"

"你占我便宜！"周翠霞假装羞恼，"你比过去变得油嘴滑舌了。"

"过去，大小是个官儿，多少有点儿官架子。"谷秸伸胳膊踢腿打饱嗝儿，"眼下无官一身轻，斯文扫地是贱民，何必猪鼻子插葱装象？"

周翠霞看见窝棚旁边的一棵河柳枝头，搭着谷秸的一件汗衫，伸手抻下来垫在屁股下，坐在了谷秸对面，关心地问道："难道你就不争取摘帽子？"

谷秸满嘴乌黑，嘻嘻笑道："这顶帽子，戴不戴不相同，摘不摘一个样。"

"怎见得？"

"我有个姓刘的朋友，摘了帽子还是一不受信任，二不被使用，我才不像他那么傻。"

"摘了帽子才能娶老婆呀！"

"我这种人，只配斩草除根，断子绝孙，免留后患。"

"听人劝吃饱饭。"周翠霞伸出一个兰花指，连点谷秸的额头，"当年是你打开鸟笼，放我飞出来下海唱戏，我这辈子才过了几年风光日子。"

谷秸苦笑道："也害得你落到这步田地。"

"这怎么能怪你？"周翠霞出语更加惊人，"早知道黑夜尿炕，临睡之前少喝水？"

谷秸被逗得哈哈大笑，说："话虽粗俗，不无道理。"

周翠霞几年独身空房，十分冷清，一见讨得谷秸好感，便撒娇装痴起来，说："你爱听我的俗话，我天天夜晚陪你取乐儿。"

"不敢高攀！"谷秸认定周翠霞这个女人是祸水，避之唯恐不及，"你眼下是红五类，好比印度种姓的贵族婆罗门，我是黑五类，就像印度种姓中的贱民首陀罗，白布犯不着下染缸。"

"白天能分出五色，入夜就一抹黑了。"周翠霞呼吸急促，向谷秸身边蹭来。

谷秸怕她扑到身上，慌忙站起身后退，说："你冷清得熬煎不住，那就跟郝家大哥名正言顺做夫妻。"

周翠霞脸子一冷，说："我不唱《拉郎配》。"

"趁着眼下你红得发紫，赶快找主儿嫁人。"谷秸劝道，"夜长梦多，等你紫得发黑，又没人要了。"

"我嫁给谁，听你一锤定音。"周翠霞眉目调情，"我一身只有细皮嫩肉，你是我的主心骨儿。"

谷秸摇头送客说："天色不早，起驾回宫吧！"

周翠霞耍赖，说："你得跟我唱一出《十八相送》。"谷秸正进退两难，被她上前就挽住了手。

走到上马封金河汊子边，谷秸站住了脚，说："送君千里，终有一别，到此为止。"

"你得把我背过河去！"周翠霞扒着谷秸双肩。

事已至此，谷秸只能硬起头皮，有进无退，说："送佛送到西天，我这个'黑五类'该当是'红五类'的胯下马。"

“你想叫我骑到你脖子上去？”周翠霞蹿上谷秸的后背，“等你立下汗马功劳，我才赏你这个脸。”

这个女人肥而不胖，圆溜溜的身子柔若无骨，谷秸像背一条大泥鳅。周翠霞在谷秸后脖颈上吹凉气，吹得谷秸骨酥肉麻浑身发痒。下水走了两步，忽见对岸一簇柳丛中站起个人，狠瞪了两眼扭身就跑，吓得谷秸心惊肉跳手一软，周翠霞扑通一声落下河汊，泡了个透。

夜风吹得周翠霞哆嗦一团，回村路上深一脚浅一脚，跑几步摔一跤，连滚带爬回了家。郝二嫂也正叫门。俩人一前一后，相差不过十步。

“二嫂，你到哪儿去啦？”周翠霞牙齿磕得咯咯响，惊疑地问道。

郝二嫂嘴里像含个秤砣，吞吞吐吐。这时，郝大嘴岔子走出来开了柴门，大笑道：“你们来得正巧，五香煮花生刚出锅！”

35

周翠霞的冤案翻个过儿叫平反，谷秸的错划变过来叫改正，周翠霞的平反在前，谷秸的改正靠后。

流落桃园村，周翠霞也算吃了十年苦，回到县里很想大显身手，再领风骚。然而，县剧团已经解散，她被安排在文化馆当辅导，顶头上司正是那个打骂过她的跟头虫，平了反仍然窝着怨气。而且，过去居住的五间北房早被抢占，她只能在文化馆的办公室里搭一张折叠床，生活上很不方便。

不过，文艺六级的十年工资，两万多元，财大气粗，便在吃、喝、玩、乐上大把花钱，气死跟头虫不偿命。

星期六她无家可归，便返回桃园村郝家过周末。受人滴水之恩当以涌泉相报，知恩不报正如见死不救，都是没良心的小人品行。周翠霞送给郝二嫂一台十二英寸的黑白电视机，又给郝大嘴岔子买了一件二毛剪茬的大皮袄，谁说戏子无义？

星期六下午提早下班，周翠霞骑着她那辆安装电瓶的凤凰牌自行车，将近五十岁的人浓妆艳抹，像一只色彩斑斓的花蝴蝶，一路飞奔，香飘一路，车座上驮着半扇子肉，车把上挂着两瓶二锅头和一网兜水果。青菜在郝家小园里就地取材。

这两年郝家的日子也有好转，三间土房翻了新，前脸换上青砖。周翠霞推车到门外，就闻到院里弥漫着浓烈的炖鸡肉香，进门只见郝大嘴岔子腰里系着围裙，粗手笨脚地正在冷灶上炒菜。

周翠霞拨动一下车铃，问道："大哥，这是招待哪位贵客呀？"

郝大嘴岔子掀起围裙擦湿手，笑道："北京下来个工作人员，给谷秸拨乱反正；谷秸熬出了头，我请他喝酒，给他道喜。"

"这可是苦尽甜来，喜从天降呀！"周翠霞从车上取下酒肉，交给郝大嘴岔子，"这个喜酒我做东，花多少钱我掏腰包。"

"早知道你回来，我就不宰你二嫂这只芦花肥母鸡了。"郝大嘴岔子指了指香气四溢的锅里，"这只母鸡四天下仨蛋，个儿大双黄的。"

周翠霞四下望望，问道："二嫂呢？"

"她心疼这只母鸡，一气躺倒不下炕。"郝大嘴岔子压低嗓子努了努嘴儿，"你进屋劝一劝她，一会儿客人来了，别好像给人脸子看。"

周翠霞拎着那兜水果进屋去。

郝二嫂蜷缩着身子，躺在炕头，听见周翠霞进屋，忙爬起身，两手擦抹了脸上的泪水，又梳拢散乱的头发。

“二嫂，杀一只母鸡就像割你身上的肉呀？”周翠霞高嗓粗声口气大，“我在城里要是听说这个喜信，还得买烧鸡、烤鸭、鲜鱼、嫩虾、香肠、小肚、腰花、口条、杂碎……二锅头也要换成茅台。”

“怪不得我听人家说，吃开口饭的到老落得个饿死。”郝二嫂一脸愁容强笑着，“补发的那些工资，你该存进银行，留着养老。”

“等我有了房，还请你给我管家。”

“哪一天？”

“快，明天就有；慢，到死也分不着。”

“怎么才能快呀？”

“县里的干休所，来了个离休的高干老头儿，老伴死了，儿女不在身边；他相中了我，想娶我当填房。”

“这个老头儿房多？”

“光杆儿一人就占两套三居室，我嫁给他就像选进坤宁宫。”

“你答应了吗？”

“我嫌他老，又是个大老粗，没点头也没摇头，骑驴找马。年貌相当哪怕是个中干，一套三居室，我还是嫁少不嫁老。”

“眼里有人了吗？”

“今晚上听说谷秸东山再起，他的地位不高不低，年岁不老不少，又有文化，还懂京戏，我得叼住他。”

“他……他……他房无一间呀！”

“宁要北京一张床，不要县城两间房；我在这个县城里住够了，揪着谷秸的衣襟儿进京，也算鸡犬升天。”

隔窗，郝大嘴岔子开怀大笑，说：“我保这个媒！”

“求的就是你！”柴门外，有人搭腔。

“谷秸！”郝大嘴岔子笑得嘴更大。“谷秸！”周翠霞惊喜向外跑。“谷秸……”郝二嫂又倒在了炕上。

谷秸双手拎着两盒什锦糕点，四瓶杏花村酒。

“送这么多礼！”周翠霞喜出望外，笑上眉梢，“补发了多少工资？”

“分文不补。”谷秸将礼品放在窗台上，“只不过从下月起又吃国家俸禄；铁杆庄稼旱涝保收了。”

周翠霞不死心，又问道：“是不补你一个人，还是人人都不补？”

“别人补没补，我不知道。”

“你每月工资多少？”

“一百一十六。”

“你哪一年下乡？”

“五八年春夏之交。”

“二十一年多，二百来个月。”周翠霞抱着胸口喊疼，“四万来块呀！”

“算不清这笔账。”谷秸转脸，面向郝大嘴岔子，“你家弟妹呢？”

周翠霞哪容得郝大嘴岔子插话，急着又问道：“你官复原职，还不赶快回北京？”

“骑牛难下了。”

“别跟我转影壁。”

“我在牛背村一住二十年，人亲土亲水也亲；眼下这个村的干部争先恐后外出抄肥，已经无政府，我要把他们撂下的挑子担起来。”

“半疯儿，神经病！”周翠霞像被人戏弄，发火骂道，“我死也不嫁给你。”

“这是从何说起？”谷秸直眉瞪眼，惊出一副呆相，“我本来就没想娶你。”

周翠霞涨红了脸，吵嚷着问道：“你带了这么多礼品，找郝大哥当媒人，想娶谁？”

谷秸跟她话不投机半句多，又问郝大嘴岔子道：“你家弟妹呢？”

“兄弟，你……”

“你家弟妹是我当八路时，堡垒户张大伯的女儿，我们……我们……有过婚约。”

“弟妹，是吗？”郝大嘴岔子向屋里问道。

郝二嫂却在屋里问谷秸道：“姓谷的，你怎么知道我是三鸭头？”

“自从我跟郝大哥拜了把兄弟，听他说起家里人口，就猜疑郝二嫂是你；后来隔着河汉子看见你下地干活儿，就越认定无疑。”

“你怎么不早来找我？”

“头戴铁帽子我没脸见人，平反改正才敢来看望。”

“我老了，你晚了。”

“夕阳无限好。”

“你的心我领了。”

“难道你怕儿女反对？”

“女儿嫁了个修铁路的，远在天边住；儿子当了军官，驻防在海角。他们想拦，也没有那么长的胳膊。”

“你还想着九泉之下的郝二哥？”

“人死如灯灭，我跟他不该不欠，活人不能背死尸一辈子。”

“那你有何顾虑？”

窗里的郝二嫂闷声不响，窗外的郝大嘴岔子双手抱头，蹲在窗根下。“谷秸，你的眼睛长在脚板上呀？”周翠霞挤眉弄眼儿。

一见此时此地的此情此景，谷秸恍然大悟，心中酸、甜、苦、辣、咸五味俱全，咽下差一点夺眶而出的伤感眼泪，笑了笑道：“大哥，咱俩换个角色，我当你的媒人吧！”

郝二嫂在屋里哭了。周翠霞像受了传染，也哭起来。

“三妹，你能不能……发个善心，跟我……换个角儿？”郝二嫂哭问道。

“别打我的主意！”周翠霞像被马蜂蜇了一钩子，“我明天就答应嫁给那个老头儿。”

谷秸从悲凉中解脱出来，一语双关大喊道：“今晚上跟你们同喜，不算我落空！”

郝二嫂从屋里走出来上灶，周翠霞也过去打下手。一会儿，月亮东升，酒饭摆放在院中央，四人四姓，亲如一家，喝的是喜庆酒，吃的是团圆饭。

36

一黑一白是一天，一青一黄是一年；二十多个寒暑，几千个日夜，一晃而过。河还是那条河，村还是那些村，人却变化多端。

下放干部都回了城，或官复原职，或步步高升。插队知青也先后回了城，进入工、农、兵、学、商各界，八仙过海各显其能。黑五类也熬出了头，改变了身份。

金秋声和余家小妹最后收到回城通知，他们到城里重游旧地，只住一夜又返回牛背村。此间乐，不思蜀矣。

老两口子在牛背村度过十多年的风霜雨雪，不知是不是脱胎换骨，反正敢说学有专长，回城并无用武之地，也就热土难离。

牛背村算不上礼贤下士，却可称量才用人。金秋声十多年来一直被安排在菜园和瓜田，日有寸进，年有尺长，已经学成菜把式和种瓜能人。余家小妹体弱多病，一直给花把式打下手，栽花养草早已出了师。

老两口接到通知书，就像捧起个刚出炉的烤白薯，扔了可惜，不扔烫手，左思右想乱了分寸。十多年入乡随俗，没有回过城里一趟，不但早已忘却了过去的大宅门，而且想不起下乡之前租住的三间小南房。瓜田地头，两间窝棚屋隐居藏身，清心寡欲，自得其乐，足以安度晚年，懒得变动浮沉。

吃过晚饭，老两口就上了炕。又圆又大的月亮挂在窗前，屋里不点灯，也被照得亮如白昼。小屋里弥漫着晚风吹进来的瓜香气，窗根下有蛐蛐低吟，葫芦架有蝈蝈浅唱。两位老人躺在打着补丁的蚊帐里，扇着芭蕉扇子难以入睡。

“小妹，我想还是你一个人回去看看。”七十多岁的金秋声，在人前已管余家小妹改口叫老伴，背后仍然老称呼，“我这几天正忙着摘瓜上市，脱不开身。”

“花房比瓜田更忙，人人恨不得生出三头六臂，我怎能忍心歇工？”六十多岁的余家小妹三句不离本行，比金秋声更热心痴迷，“冤有头，债有主，你是正经当事人，理当你亲自出马。”

金秋声停下芭蕉扇，长叹一声像叫板起唱，说：“想当年，被迫下乡，那情景如同羊入虎口；现如今，准许返城，回头路走着令人犯怵。”

余家小妹翻了个身，跟金秋声脸对脸儿，轻笑道：“又不是出生入死，唱的哪家子《文昭关》？夫唱妇随，还是结伴而行吧！”

“多谢娘子！”金秋声说出心里话，“不牵着你的衣襟走路，我哪敢迈出牛背村一步。”

过了两天，花房要给城里的花店送花，金秋声和余家小妹搭乘送花的卡车，重返一别二十多年的北京城。

两位老人并没有昏花两眼，他们看得见，十多年后的北京市内，一是楼房多，二是马路宽；但是，楼房多人更多，马路宽车辆更密，比十多年前挤得慌，也吵得慌。他们人老、胆怯、力气小，挤不上公共汽车和无轨电车，只得沿着十里长街的马路牙子，走一段路歇一阵脚。进城六个小时才走到接待站，工作人员给他们开了一封介绍信，把他们打发到街道居民委员会。居民委员会的一名干部，又带他们到一座简易楼。在简易楼二层把角，分配给他们一间住处。

这座简易楼，楼道窄、陡、黑，走廊脏、乱、挤，他们爬上二层，只听一男一女正声声叫骂。

“月红，你这条‘四人帮’的小走狗，现在‘萧瑟秋风今又是，换了人间’，我不怕你啦！”跳脚叫骂的男子，有一条粗哑的烟酒嗓子，“你不是蹲墙根偷听，就是扒窗户偷看，搅得我阖家不安，是可忍孰不可忍？”

“姓刘的，心里没愧，不怕半夜三更鬼叫门！”那个对骂的女人，肥胖得流油，声如狮吼，“你这个无业游民，投机倒把，坑、蒙、拐、骗，不是销贼赃，就是贩私货，我要到派出所揭发你，不判你坐牢，也得送你去强劳。”

“谁是无业游民，谁是无业游民？”那个男子跳进屋里，拿出一个小红本，在手里晃动，“看看！睁开你的母狗眼看看我的工作证，我是柳湾村服装厂的外贸副经理。”

听到“柳湾村”三个字，金秋声和余家小妹都多看了那男子几眼，想不到此人竟是老邻居刘满街。

刘满街谢了顶，秃头上不剩几根头发，但是发了福，大腹便便。他穿着过膝的大裤衩子，中气充足，吼声如雷。泼皮与泼妇对骂，正是棋逢对手，旗鼓相当，大战三百回合不分胜负。

“满街兄弟，久违了！”金秋声趁他喘气之时，忙叫一声。

刘满街一脸怒气，回头一看来客，突然转怒为喜，嘴甜如蜜，喊道：“原来是金老和金太太，财神爷财神奶奶从天而降！”

虽不是当头一棒，金秋声也被惊吓得发怔，不明所以，难以回答。余家小妹只当他是开玩笑，笑了笑道：“多年不见，满街兄弟还是旧习不改，好说戏言。”

“货真价实，没有半句撒谎！”刘满街口沫四溅，“二老还记得那个在鱼菱村接受再教育，又在柳湾村招了驸马的吴四桂吗？他眼下在查抄办公室工作，也住在这座楼上，说您家被查抄的古玩字画已经折价十万八千块，正等着物归原主。”

“小心扒手！”那个胖女人一声鬼叫。

刘满街像一头被烧着了尾巴的火牛，向那胖女人的屋门冲去。

居民委员会干部把他们带到把角，打开房门，一股潮湿霉烂的气味扑面而来，呛得他们倒退两步，险一些倒栽葱跌下了楼。

屋里，没有床板，也没有桌椅，四壁油渍麻花像满脸牛皮癣，地上一堆堆垃圾发出恶臭。金秋声愁苦着脸不愿进门，余家小妹也掩着鼻子望而生畏。居民委员会干部把钥匙扔给他们，转身就走。

正在进退两难，刘满街拿着扫帚、喷壶、簸箕、鸡毛掸子，兴冲冲而来。

“房子靠打扫，美人靠打扮！”刘满街舞动手中的十八般兵器，“您们老两口子站立两旁观阵，看我打扫得窗明几净，像个总统套间。”

余家小妹递给金秋声一个眼色，金秋声轻轻咳嗽一声，说：“满街兄弟，不必操心费力了。我们过惯了田园生活，回到城里反倒觉得人生地不熟，手脚不知放在何处；办完了事就拨马回头，还住我们那两间瓜窝棚。”

“那我就更要打扫这间空房啦！”刘满街一听，笑得合不拢嘴，“我一窝八口，挤住两间小房，大冬天满身痱子。我又当了个副经理，天天贵客盈门，正想扩张一下领土。”

余家小妹胆小心细，忙说：“这间是公房，我们不敢做顺水人情。”

“金太太，恕我心直口快，您这是僵化保守！”刘满街一边说着，一边把扫帚、喷壶、簸箕、鸡毛掸子扔进屋里，“公房姓公，人人有份儿，您不住我占窝，改变不了所有制。”他反关房门，把金秋声和余家小妹让到他的屋里。

老两口子在刘满街屋里歇息一会儿，就相伴相随着到查抄办公室去。他们领到一张支票和二百元现款，买了烟、酒、肉、菜、糕点，打算招待一下吴四桂和刘满街。谁知他俩回来上楼一看，刘满街正汗流浃背地在走廊上炒菜。

金秋声走上前去，说：“满街兄弟，我们要借用你的炉灶，做一顿粗菜淡饭，请你和吴四桂叙一叙旧情，表一表我们的心意。”

“刘满街敢比刘伯温，三年早知道！”刘满街掂着炒勺，手舞足蹈，“我早就猜到您们必有这个举动，抢先一步替您们筹办了。”

余家小妹在烹饪上十分精通，赶忙洗手系围裙，接替了刘满街。刘满街却不休息，又忙着在把角小屋摆放双人床，搬去茶几和沙发，变相占领了这间小屋。

晚上，灯下一张圆桌，桌上七盘八碗，一瓶雕花坛装古井酒。刘满街跑上跑下，三请四叫，住在三楼的吴四桂和他那位来自柳湾村的爱妻，才双双飘然下楼。吴四桂年已四十，不久前升任副科长，临时抽调到查抄办公室独当一面。他的官不大架子不小，副科长的职位正处长的派头儿，他那位乡女出身的爱妻也有了几分官太太风姿。

“金先生，余老师，您二老请我吃这顿饭，真叫我难以下咽呀！”吴四桂进屋落座，却又打着官腔，“二老的财物折价归还，我是公事公办，并无半点私情，不应接受请客送礼。但是，如果我不下楼来坐一会儿，动一动筷子，又未免冷淡了故人旧交，被人说是当了官就六亲不认。”

金秋声连连称是，说：“应当公私分明，不以私交害公务。”

刘满街忙给吴四桂把盏，忐忑不安地问道，“吴科长，我看见月红刚才从你屋里出来，是不是又在你家嘴里嚼蛆了？”

吴四桂夹起一只大虾送进嘴里，又不慌不忙呷了一口酒，才说：“满街老哥，现今已经不以阶级斗争为纲了，你跟月红这个女人应该忘记旧恨，不结新仇。”

“她害得我一家当了二十年‘盲流’，我本不想找到她的门上反攻倒算。”刘满街吞进一个四喜丸子也堵不住嘴，“谁知打倒了‘四人帮’，月红在原来那条胡同臭不可闻，千人啐万人骂，换房又成了我的紧邻，癞蛤蟆跳到脚面上，不咬人恶心人。”

“冤家宜解不宜结，退一步想天高地广。”吴四桂拍着刘满街的肩膀，“月红也给我打过小报告，但是我却要感谢她。如果我不下乡接受贫下中农再教育，哪里会有我今天的五好家庭？”说着，跟并肩而坐的爱妻碰杯。

“她见你官运亨通，又抱上你的粗腿，你可不要好了疮疤忘了疼呀！”刘满街酒气盖了脸，太阳穴上青筋迸起。

吴四桂的爱妻挂下了脸儿，反唇相讥道：“当年瓜叶书记给您头上戴紧箍咒，脚下穿小鞋，您怎么又到柳湾村服装厂当副经理，把整过你的人当主子奶奶？”

“我马上就要跳槽，跟她牛蹄两瓣子！”刘满街的火气，又从月红烧到瓜叶身上，“厂子刚打开场面，她就要减少提成，压低回扣，整个儿是红眼病。”

“是不是又找到了大财东？”吴四桂的爱妻尖酸刻薄地笑问道，“外商，还是港客？”

“远在天边，近在眼前。”刘满街谄笑着给金秋声和余家小妹敬酒，“您老两口子把退赔款交给我，我当二老的投资代理人，每年给二老自捞三万红利。”

金秋声早有一定之规，连连摆手，说：“我们想交给村党支部，花在村办企业上。”

“您这是一把砂糖撒下了大河！”刘满街急得满头冒汗。

“反正肥水没有流入别人田。”金秋声打定主意便不改变，“只当我们老两口子在牛背村买坟地了。”

刘满街的脸色，一下子晴转多云，多云转阴，黑紫铁青。

金秋声和余家小妹睡在刘满街提供的双人床上，一夜如卧针毡，天麻麻亮便急如星火离城回村。三楼二楼仍在沉睡，老两口子也就不辞而别。

社员集资八万，银行贷款九万，牛背村的厂子已经初具规模。金秋声投资十万以后，灶里添柴，火上浇油，更上一层楼。牛背村在全县富得出了名。

有一回，我下乡走马观花，没想在牛背村停留。谁知路过村外，却巧遇金如土正站立高岗上，向远处眺望。我不能假装视而不见，只得下车交谈。

几年前金如土考上了大学，念完了大学又考取了硕士研究生。媳妇和孩子，仍在鱼菱村。他常到牛背村看望老爹，也到柳湾村看望亲娘。满仓二哥已经作古，没有看到他有了功名。他已是三十岁的人，养儿方知父母恩，很愿多在父母面前尽孝。如果可能，他真想使老两口子破镜重圆。但是，老爹和亲娘各有老伴，今生难以鸳梦重温了。

然而，今天大不一样。余家小妹亲自到柳湾村去，接瓜叶前来牛背村。瓜叶的老伴前几天死了，她的厂子又由于刘满街抽腿拆台撂挑子，破不了产也得下马。金秋声避嫌，余家小妹出面，把瓜叶接来解一解闷，散一散心，金如土迎到村外，恭候亲娘和继母，与我巧遇。

我高高兴兴进村，直奔金家。

金秋声和余家小妹喜欢清静，在村东北角一棵老树旁，盖起一座花园小院，在全村只算中等。金秋声是村办工厂的副董事长，年有红利，月有干薪。余家小妹也已退休，每月从村委会领取退休金，平日在家养花栽草，习字学画。

我看见金秋声正在给门外的一棵老树松土浇水。老树粗可三围，四外圈着花墙，枝丫伸张，遮出大片绿荫。

听见脚步声，金秋声直起了腰，仔细看出是我，满脸皱纹笑得舒展开来，拍着手上的泥土，说："刘先生今天光临寒舍，真是从天而降的见证人。我年已七十三和八十四之间，死后就把骨灰撒在老树下充当肥料，愿老树万古长青。"

我感到他神思恍惚，似有隐情，便又问道："您晚年一片盛景，何以如此悲凉伤感？"

金秋声凄然一笑，突然问道：“您也许还能记得，当年有个跟我配戏的阔太太？”

“听过她的戏，多少还有点印象。”

“我几十年不知她的下落，也没有想起过她。昨天夜晚却梦见她怀抱一根根金条，向瓜叶换煮玉米吃，一根金条换一个煮玉米。”

“我猜这是有感而梦。”

“是我过去那个二太太引出这个梦境。您还记得那个女人吗？”

“毫无印象。”

“连我都想不出她的眉眼了。”

“她现在哪里？”

“解放前跟着丈夫逃到了台湾，一直做小本生意。几年前丈夫死了，她就吃那点积蓄。年将八十身子骨儿却硬朗，这点积蓄不一定够吃到死的。台湾允许到大陆探亲，她又异想天开，写了封信，拐了九十九道弯，转到我手里，打算回到我的身边乐享天年。”

“应该表示热烈欢迎，但是要想个恰当的名分。”

“我把她推给瓜叶，算不上两全其美，却是一举两得。”

“难道双方互惠互利？”

“她那点钱，在瓜叶那个厂子入股。瓜叶在柳湾村，给她安排个归宿。”

“瓜叶肯接受吗？”

“本来我准备酒席，就是为了买动她的人心。现在有您在场，如果替我敲边鼓，十拿九稳。”

“我努力玉成其事，但愿不辱君命。”

这时，金如土满头大汗跑来，说："爸爸，我妈和我姨已经进了村，就要到家！"

"按既定方针办！"金秋声把手一挥，指挥若定。

我和金秋声走进院里，只见满地都是青藤绿蔓早花西瓜。金秋声虽有红利和干薪，足以坐享其成，却不愿闲着两只手，扔了老本行，便在自家院里种瓜，收了瓜都送到村厂当慰劳品。

今年的西瓜还没有下秧，只等瓜叶今天开园。

坐在客厅的沙发上，金秋声六神无主，拔起身子，伸长脖子，听着窗外的动静。

"奶奶！"院里，一个童音欢叫，金如土的小儿子抱着一簇鲜花飞跑出门。

"小兔崽子，也跟你爷爷串通一气，插圈拴套哄你奶奶钻。"瓜叶大笑进门，怀里抱着孙子。

金秋声从沙发上一跃而起，笑道："攻城为下，攻心为上！用不着我画蛇添足。"说着，他抓起一条围裙系在腰上，从后门溜到厨房，给儿媳妇帮灶。

37

云桂香和金如土是青梅竹马、两小无猜的伙伴。几年前云桂香的爹又当上公社家具厂的副厂长。厂长是个吃老本的草包，好酒贪杯，一天三遍醉，甘当桂香爹的傀儡。前门路窄开后门，红头公文顶不上私人二寸宽的一张便条儿；家具是市场上奇缺的热门货，四面八方的采购员到云桂香家烧香上供。整箱的茅台酒，鸡鸭鱼肉是家常便饭，三九天吃三伏天的瓜果，什锦糕点匣子撑破了大墙柜。

公社家具厂招工，云桂香想去。

“公社厂子不过是刷上一层釉子的泥饭碗，老鼠尾巴上长疮没有多少脓水！”桂香爹另有打算，“小河汊子走不了大船，咱们不贪鼻子尖上的小便宜。”

“我不想一镐刨出个金元宝！”云桂香噘起嘴，“队上工值三四毛钱，累折了脊梁骨才挣出糠菜一年粮，我就眼馋公社厂子那每月三四十元的工资。”

“爹正放长线，给你钓大鱼！”桂香爹挤眉弄眼，压低声音，“北京城里有个厂子，想买全堂家具，急得像火上房。我嘴角上漏出半点口风，不给我女儿安排一个美差，连一只垫屁股的小板凳儿也别想从我手里买走。”

“那我就张大了嘴，等着天上掉馅饼吧！”云桂香想了想，“金如土心灵手巧，您收下他。”

云桂香爹一撇嘴，冷冷一笑，说：“一四七，二五八，三六九，颠过来倒过去，也数不到他的名下。”

“人家如土是一颗明珠土里埋，比谁都够格儿！”云桂香嚷道。

“僧多粥少，有多少人眼巴巴盯住这口锅，贪得这只碗？”桂香爹龇牙咧嘴，“金如土不进香，谁肯给他开庙门？”

“兔子还不吃窝边草，您怎么狠心喝本村娃娃身上的血？”云桂香哭闹起来，“如土替您写了多少份认罪书，您才步步高升，当了副厂长，知恩不报是小人！”

“那不是你给我写的吗？”桂香爹跳起来，瞪着眼珠子。

“我这十根手指，最懒得捏笔杆儿，怎能写得出那一篇篇锦绣文章？”桂香大喊大叫，“都是我买空卖空，求人家如土代笔。”

桂香爹咬了咬牙帮骨，拉着长声儿，说；“好吧！明天我给他下个上工的通知。”

云桂香破涕而笑，说：“这才是人心换人心，四两换半斤哪！”

趁她爹被人拉走喝酒，云桂香从大墙柜里拿出一盒什锦糕点和两瓶罐头，给如土姥爷送去，也给金如土报喜。

第二天傍晚收工，云桂香回到家中，一进门就看见她爹坐在八仙桌的电镀沙发椅上，面前煎、炒、烹、炸几个菜，喝得满面油光，两眼水汪汪；放下碗筷，打了一串饱嗝儿，又点起一支过滤嘴牡丹牌香烟。

“爹，如土的上工通知，您带来了吗？”云桂香急煎煎地问道。

“等我润一润嗓子，再给我的千金小姐唱喜歌儿。”桂香爹故意卖关子，打开墙柜，在五光十色、琳琅满目的罐头堆里找来找去，“我那两瓶菠萝罐头呢？”

“借花献佛，我送给如土姥爷吃了。”云桂香笑嘻嘻像个散花的天女。

“胳膊肘儿往外拐的东西！”桂香爹咣当关上墙柜盖子，“这些罐头我都舍不得尝一尝，你竟敢便宜了别人。”

“您一张大嘴吃八方，白来的东西何必那么小气？”云桂香十分恼火，“远亲不如近邻，如土姥爷瘫在炕上，吃您两瓶罐头，是我替您做了个顺水人情。”

桂香爹勃然大怒，吼道：“我不许你再到他家去！”

“两条腿长在我身上！”云桂香也翻了脸。

“我砸断你的腿！”桂香爹暴跳如雷。

“爬着去！”云桂香针锋相对。

“我叫你去，叫你去！”桂香爹气急败坏，掏出金如土的上工通知，三把两把撕得粉碎。

过了几天，桂香爹给女儿找了个婆家，男方家长就是那个要买全堂家具的北京工厂的一把手。这位一把手的公子，因强奸少女罪被判刑，刚从劳改农场放回来。只要云桂香嫁过去，柴火妞子便端上了铁饭碗。桂香爹像个臭棋篓子，见子就吃，也不怕便宜咬了手，没有问一问桂香的意见，三杯酒入肚便许下了这门亲事。

“您这是把亲生女儿推下火坑！”云桂香气得脸像一张白菜叶子。

桂香爹却像吃多了脂油糊住了心，嘿嘿笑道：“爹是南屏山上借东风，一口气把你吹上了九重天。”

“我不嫁给那个流氓劳改犯！”

“虫吃鼠咬的滩羊皮袄，还是比紫花布的对襟小褂儿值钱；长了虫儿的鸭梨，吃起来也比心里美的萝卜甜。”

“婚姻自主！”

“父母做主。”

“花开花落我一辈子不嫁人。”

“女大不可留，我把你扫地出门！”

云桂香一跺脚，舀起一瓢水，泼出门外，说：“走出这个门口，死也不回头！”她收拾了一个小包袱，出门直奔金如土家。

金如土家晚上省一顿饭，早早插门睡觉，云桂香爬墙跳进院子。

“谁？”西屋，金如土惊醒。

“我爹给我挖下一眼陷阱……”云桂香鼻子一酸，扑簌簌淌下泪来，“走投无路，到你的屋檐下避雨。”

金如土只当云桂香跟她爹耍小孩子脾气，一怒之下离开了家，转眼便雨过天晴，躺在炕上玩笑道：“打仗要打持久战，我借你一块宝地安营扎寨。”

云桂香见他并不开门，破窗而入，双脚落在炕上，说：“那你就在饭桌上多添一个人的碗筷吧！”

金如土目瞪口呆，心慌意乱，不知吉凶祸福，如何圆场。

桂香爹追来，两只拳头砸门像擂鼓，喊道：“桂香，回家去！”

“回家吧，桂香！”金如土小声劝道。

云桂香却站在窗台上，冷冷地答道：“扫地出门的女儿没退路。”

“爹给你砌台阶。”

“泼出门的水难收回。”

“爹给你赔礼道歉。”

“生米做成熟饭，晚啦！”

桂香爹哎呀一声，昏倒地上。一辆手扶拖拉机把他送到公社卫生院，抢救及时才没落下半身不遂。

鸟成对，喜成双，半间草屋做新房。云桂香婚后八个月零十天，生下一个男孩，落生那天正是立春，金如土翻了几本书，给儿子取名春草。这时已是一九七八年，金如土报考大学，正等候发榜。春草儿满月，金如土接到录取通知书，喜上加喜，连小春草儿都抓挠着小手，踢蹬着小腿儿，一阵一阵地咯咯笑。

满面春风的金如土，脸上忽然笼罩一层阴云。他想到，自己和云桂香一年三百六十五天不敢偷懒，养活姥爷一个人，每到青黄不接时节便揭不开锅。今后少了他这个大劳力，却又多了春草儿一张嘴，只靠云桂香一双手，怎能挣出三口人的吃穿？而且还要上服侍老人，下拉扯孩子，缝补拆洗，喂猪养鸡，灶上愁柴，锅里愁米；云桂香又不是三头六臂，一身是铁能打多少钉？月子里的云桂香一口不吃娘家送来的米、面、红糖、鸡蛋，他只得到池塘上凿开冰窟窿，下网打鱼熬汤喝，损伤的元气补不回来。过去桃花人面，眼前满脸蝴蝶斑，过去那乌油油的大辫子，眼前像晒干的艾蒿绳，过去身上的衣裳两天一洗，三天一换，眼前的衬衫两大块奶渍，下身的裤子被春草儿尿得一片片湿痕。这位公社家具厂副厂长的女儿，算得上是柴火妞子里的千金小姐，只因唱一出英台抗婚，落得这般光景。金如土不忍看，沉甸甸的高粱穗子低下头。

喜眉笑眼的云桂香，一见金如土愁眉锁眼，纳闷地问道："一没刮风二没下雪，你的脸色怎么晴转阴？"

"苦了你了！"金如土两眼噙满泪花，"我一辈子都报答不完你的恩情。"

云桂香却脸一沉，皱起眉头，说："咱们俩，谁跟谁，要说这些话？这些话挂在嘴边上，就假了。"

金如土咽下一汪泪水，点了点头，说："小春草儿的眼睛，盯着他爹的脚步；我敢走莲房村李茂才的邪路，任凭儿子惩罚我！"

过了几天，金如土便告别生身之地，进京上大学了。

38

这座名气不小的大学，十几年前关了门，被几大强户瓜分，四年前才又挂起牌子，却只收回不到三分之一的失地。红头文件三令五申，被侵占的大学校舍要全部归还，但是，病来如山倒，病去如抽丝，一晃已经四年，那几家瓜分户只不过慢吞吞又退还了四分之一。所以，金如土和几个同学，一直在校园二里外的一户农家寄宿，行政处每月替他们交房租。

京门脸子的农家，三三两两就算一个小小的村落，过去都是以种菜、养鱼、栽藕为生。金如土的老房东尹大伯，入社前只有两块池塘，没有一垄旱地。老两口子一座小宅院，正夹在两块池塘之间。三间正房，两间厢房，金如土他们就住在厢房里。尹大伯和尹大娘三伏天给他们熏蚊子，三九天给他们生炉子，逢年过节四盘八碗吃团圆饭，疼爱他们像自家子侄。这二年，尹大伯又从队里把他过去那两块池塘承包下来，运河边上长大的金如土，一有闲暇就给尹大伯打下手。

这几个大学生，只有排行老大的金如土三十出头，并且已经娶妻生子；那几个人都不过二十挂零儿，还没有交上女朋友。

一个萝卜一个坑，却偏有人要在金如土和云桂香之间插一脚。

这个人名叫金铃兰，是一位三十三岁的女大学生。六六年金铃兰十七岁，刚念高一便赶上了乱世，两年之后，坐闷罐子车到几千里外的农村插队落户。开头一年，十几个男女知青合伙过日子；第二年大家都要靠双手挣分吃饭，便四分五裂，七零八落了。那个地方，地广人稀，干旱少雨，种一葫芦收一瓢；金铃兰难以糊口，只得跟一个外号叫小旋风的赌徒同居。小旋风自从插队以来，没有出过一天工，全靠腰里的一副扑克牌挣出吃喝，同居了三年零一节，小旋风走后门转回北京，撇下她溜之大吉。金铃兰怀着两个月的身孕，一路上讨吃要饭，扒火车不打票，追到北京去。这时，小旋风已经被分配到一家百货商场当售货员，黑了心变了脸，拳打脚踢把她推出门外。金铃兰回到家里，大病了一场，生下一个死胎。她也想转回北京来，怎奈她的爹娘都是平头百姓，一介草民，没有后门可走。也算天无绝人之路，同院有个造反出身，后来走了背字儿，装病不上班，却每天扛着猎枪下乡打兔子的家伙，给她出了个主意，只要拿出五百块钱，可以在京郊农村替她找个落脚之地。但是，转迁户口是个难关，过河搭桥还得掩人耳目，这就得要个花招儿，玩个手段。难得这个小子诡计多端，一肚子鸡零狗碎，眨巴眼儿就想出个鬼点子。他在运河岸上的连环套村，找了个名叫范三筲的穷小伙子，假扮金铃兰的对象，悄悄到公社登记结婚，却并不拜花堂，入洞房，一口锅里搅马勺。半年之后金铃兰在连环套入籍，又和三筲双双到公社离婚，和和气气分了手。然后，金铃兰又以插队知青的身份，转移到连环套的东邻莲房村。她在莲房村又度过两年时光，才被抽调回城，也被分配到百货商场，冤家路窄，又跟那个小旋风碰了头。那个小旋风已经当上业务股副股长，正是她的顶头上司，挖空心思给她穿小鞋儿。她只得打掉了牙咽进肚子里，一头扎进书堆，就像躲进世外桃源。谁想，无心插柳柳成荫，七七年年底高考她金榜题名，而且是带着工资上大学。她拿着录取通知书，挺着胸脯，翘着鼻子，来到百货商场；小旋风因为手脚不大干净，丢了那顶鸡蛋壳大的乌纱帽，又灰头土脸站柜台了。她故意在小旋风的柜台前走来走去，小旋风自惭形秽，恨不得把脑瓜子钻进裤裆里；她大大出了口气，真好像越王勾践把吴王夫差装进木笼囚车，报仇雪耻了。

上大学的前三年，金铃兰一直沉醉在春风得意中，孤芳自赏，人前显贵，头上脚下都是仿洋牌打扮。可是，虽然大出风头，能把无数贪婪的目光吸引到自己身上，却没有遇到一个扒出心来给她真情实意的人；这才想起已经老大不小，不能不打算一个长久之计了。她如梦方醒，恍然大悟，升入四年级便每天蹲图书馆，不再一心二用。

图书馆里，有一张椅子，金如土已经一连坐了三年，留下一个坑。

金如土是鱼菱村人，鱼菱村是莲房村的南邻，相隔一条两步宽的小河汊子。当时，金铃兰算得上是一位知名人士，金如土早已闻名，却没有见过面。而金如土是一个并不引人注目的小伙子，金铃兰不但没有见过他的面，而且也不知道有这个人。两人虽然同入一座大学，却不在一个专业，因此，图书馆里常相见，谁也没有看过谁一眼。

有一天，金铃兰早到一步，坐在了金如土的椅子上。

金如土一进图书馆门口，看见一位花枝招展的女同学抢占了他的座位，皱起了眉头，沉吟半晌，壮起胆子走过去，虽然还有空位子，却不肯就座，只在金铃兰身边团团转。

金铃兰抬起头，狠狠地瞪了他一眼，说："同学，找一张椅子坐下来，不要妨碍别人看书。"

"对不起。"金如土堆起笑脸，"请你……换个地方。"

"哼！"金铃兰柳眉倒竖，杏眼圆睁，撇了撇嘴儿。

"我……三年多来……一直坐这张椅子。"金如土急得满头挂露水珠子，"热土难离。离开这块地方，我踏不下心来，看书走神儿。"

“岂有此理！”金铃兰气呼呼地站起身，收拾书本纸笔，一甩披肩长发，走向远处的一个空位子。

这是一座临时图书馆，原是一座老仓库，因陋就简，裤子改汗褟儿；过去的图书馆大楼，瓜分户还没有退还，而且七拆八卸，改成仓库，堆放鸡毛蒜皮，破铜烂铁。临时图书馆的墙壁和屋顶，爬满层层叠叠的爬山虎藤萝，远远望去，很像花房暖窖，又像前沿阵地上的掩蔽部，还像一艘搁浅沙滩、生满绿苔的大船。

天阴下来，一阵凉风吹得爬山虎藤萝唰啦啦响，窗外掠过一道刺眼的闪电，一个炸雷在临时图书馆屋顶上轰响，顶棚沙沙落土，四壁摇晃起来。大学生们吓得叽喳尖叫，四散奔逃；门口挤不出去，有人便寻找捷径，纷纷跳窗子。

金铃兰也从座位上跳起来，可是无意之中瞥见金如土岿然不动，她又坐下了。

大雨哗哗下个不停，图书馆的挂钟当当响了八下，晚八点闭馆。热土难离也得离，岿然不动也得动，金如土比金铃兰先站起来。

金铃兰后悔刚才一时逞强，恨自己一念之差，也恼金如土坚守阵地，害得她自讨苦吃。

“同学，这把雨伞借给你用吧！”金如土向她打了个手势。

山穷水尽疑无路，柳暗花明又一村。金铃兰就像绝处逢生，嫣然一笑，说：“你真是未卜先知呀！”

“饱带干粮热带衣，六月天出门带雨具，有备无患。”金如土把雨伞放在长桌上，向金铃兰点了点头，就朝门外走去。

金铃兰急起直追，说：“咱们一起走！”

金如土撑起伞，遮住金铃兰整个身子。金铃兰过意不去，向他身边挨一挨，靠一靠，金如土连忙躲闪，大半条身子闪到竹帘子雨中。

金铃兰是走读生，金如土送她到车站。

这一路的公共汽车，平日五分钟一趟，今天雨大，半个小时还不见到来。金如土被淋得手脚冰冷，嘴唇发紫。他看见风雨中车灯闪闪烁烁，明明暗暗，忙把雨伞塞到金铃兰手里，说："你下车还要用，带走吧！"一转身撒腿就跑，瓢泼大雨中一溜烟。

"喂！你住在哪儿？"金铃兰大声问道。

"二里外的尹家小院。"

"明天我给你送回去。"

金如土雨中人不见，金铃兰没有听见金如土的回声。

第二天金铃兰醒来，一看墙上的挂历，才知道是星期日。上个星期日在北海公园，她跟一位衣冠楚楚的陌生男子见面，那个陌生男子是某公司的对外贸易代表，常到国外做生意，被芦风洋气熏染得比外籍华人还要洋味十足，她忍不住一见钟情。两人相约，这个星期日上午再到北海公园，便可以一言为定。于是，她慌忙下床，刷牙、洗脸、换上一件领口开得很低的藕荷连衣裙，坐在椅子上对镜梳妆打扮。

一位艳丽而又丰腴的女子，出现在镜子里，很有魅力；她又把一条项链挂在雪白的脖子上，风采更为动人。搔首弄姿，顾盼自怜，她忽然顽皮地扮了个鬼脸儿，不料额头的皱纹和眼角的鱼尾纹便深刻地显露出来；大惊失色，赶忙恢复原状，浓施脂粉。但是，三十三岁，将近中年，多么巧妙的化妆师精心加工，也不能挽回已经一去不复返的青春。

她正黯然神伤，门外邮递员高声喊道："金铃兰的挂号信，拿图章！”

这一声呼叫，在金铃兰听来，就像敲响了丧钟，身子凉了半截。她呆坐不动，邮递员喊声更高，才拉开抽屉，拿着图章到门外。

不出所料，正是那个陌生男子的来信。信上寥寥数语，全是外交词令：他要出国，整理行装，难以抽身到北海公园相会；虽然连连道歉，却并不预约今后相会的日期，不言自明，到此结束了。

金铃兰把这封信揉在手里，走回卧室，浑身酸软无力。这已经不是头一回乘兴而起，败兴而止。她想扑到床上，把脸埋进枕头里，牙咬着手帕哭一场。

却在这时，她看见金如土那把被扔在墙角落的雨伞。昨天约定，今天归还，不应言而无信，便改变了主意，咽下泪水，拿起雨伞出门，到城外走一趟。

39

京津公路像是从北京伸出的双臂，建国门和朝阳门是两个起点，到八里桥才双臂环抱，合二而一。环抱中，一片村野，分布在通惠河两岸。

金铃兰走下公共汽车，沿一条柳荫中的羊肠小路，穿过一处处葡萄园，绕过一座座果树园，眼前便是一块块大大小小，接二连三的池塘。这一串池塘挂在通惠河岸上，通惠河从这里东下二十里，便进入北运河的通州城北河口。

快到吃午饭的时候了，田野上静悄悄。金铃兰走得气喘吁吁，才看见在一块池塘里，有一个头戴锅盖斗笠的人，正在水中剪荷叶。

“同志，到尹家小院怎么走？”金铃兰站住脚问道。

头戴锅盖斗笠的人直起腰，此人四十岁上下，一副方框眼镜遮住半张脸，他抬起胳膊擦了擦汗，反问道：“你找谁？”

“大学的寄宿生。”

“叫什么名字？”

“我借了他的伞，却不知道他的姓名。”

“只怕是金如土吧？”这个人一指正南，“前面就是尹家小院，金如土在小院门前的池塘里。”

金铃兰一溜小跑起来，一边跑一边喊叫：“金如土，我给你送伞来啦！”

金如土只穿一条游泳裤衩，光着膀子扛一捆荷叶上岸；他像捉迷藏似的闪到一棵大柳树背后，却又探着头问道：“谁告诉你我叫金如土？”

金铃兰抬起雨伞，指了指那边的池塘，说：“戴眼镜剪荷叶的社员。”

金如土已经穿上长裤，又匆匆忙忙套上网眼背心，从大柳树背后走出来，向池塘那边望了望，笑道：“真是形似神似，以假乱真了。”

“他是个什么人？”

“办洋务的，名叫尹荇。”

“嗬！”金铃兰睁大眼睛，“他怎么到乡下剪荷叶？”

“休假日回家，在爹娘的责任田上效力。”金如土从金铃兰手中接过雨伞，“办洋务的人更应该保持土性。”

金铃兰瞟了金如土一眼，嬉笑道："听你的口气，也是农村出身。"

金如土骄傲地一点头，说："吃毛粮长大的。"

"听你的水音，必是运河滩的人。"金铃兰沿路而回，像脚踩着莲花似迈着轻盈的步子。

"怎见得？"

"北京土话，夹带着柳棵子气味。"

"你的听觉和嗅觉，具有特异功能。"

"我也吃过几年毛粮，还在你们运河滩插过队。"

"哪个村？"

"莲房村有个女知青叫金铃兰，你不会没有耳闻。"

金如土吃了一惊，金铃兰的名字，岂止耳闻，而且如雷贯耳，闻名久矣。他不由自主地远离金铃兰一步，却还要撒谎，说："铁打的营盘流水的兵，插队的知青都是匆匆过路，连在我们村插过队的知青，也记不住几个了。"

"你是哪个村的人？"金铃兰追问道。

"鱼菱村，弹丸之地。"

金铃兰脸一红，垂下眼皮，说："鱼菱村和莲房村是一河之隔，你了解我的老底儿，只是不愿当面揭穿。"

金如土紧走两步，路过那块池塘，向那位剪荷叶的人喊道："尹大哥，收工吃饭啦！"

剪荷叶的人仰起脸，眯起眼睛看了看，笑着说："你送客人到车站，赶快回来，我等你共进午餐，不要流连忘返呀！"

金铃兰隐约听出尹荇的话中有话，停住脚盯了尹荇一眼，歪着头问道：“办洋务的尹荇同志，您是外交家，还是翻译家？”

“眼下这个家那个家，纸糊的帽子店，行市太毛了！”尹荇摘下头上的锅盖斗笠，捏在手里耍了一下，“我无家可归。”

金铃兰哧哧笑道：“您是个幽默家。”

“这个‘您’字，也要打个对折。”

“怎么称呼？”

“你。”

金铃兰见金如土已经一个人走远了，说了声：“不敢当。”便匆匆向前赶去。

以后，金如土和金铃兰在图书馆天天见面，也只不过点点头，笑一笑，萍水之交，过眼云烟罢了。

可是，又一个星期日的上午，金铃兰在家里感到寂寞和烦闷，便身不由己地出了门，又到郊外的尹家小院来了。她换上紧身衫和筒裤，撑一把花阳伞，显得年轻得多，像个二十五岁左右的姑娘。她走下京津公路，在葡萄园、果树园和块块池塘之间的羊肠小路上快步奔走，嘴里哼着歌儿，自我感觉像一只飞出笼子的小鸟。

尹荇和老房东尹大伯，正在一块池塘里扯网抬鱼。

“尹老师，打鱼呀？”金铃兰和尹荇已经是熟脸儿，客气之中随便多了。

尹荇没有戴锅盖斗笠，头上扣了一张荷叶，皱着脸说：“老则老矣，只是不配为人师表。”

金铃兰咯咯笑了一阵，说：“那么，删掉师字，就叫尹老。”

“翻一个儿，叫老尹，才算名正言顺。”

尹大娘从小院里走出来，站在树荫下连连扬手，喊道：“老头子，尹荇下午还要坐飞机出国，你还不赶快收网呀！”

金铃兰的眼里迸发出艳羡的目光，摇动着花阳伞问道：“尹老师……老尹，您今天出国？”

“陪同一位经济学家出访讲学。”

“几年？”

“两个月就够难熬了。”

“外国多么好玩，你怎么不感兴趣？”

“野人怀土，小草恋山。”

“唱高调儿，不是心里话。”

“你不了解我的底细。”

“收网！”尹大伯一声令下，“你这张嘴，要多挂两把锁。”

两大篓鱼抬回尹家小院，尹荇不喘一口气，说：“我给朝阳门外菜市场打电话，叫他们快来过秤运走。”

尹大伯拦住他，说：“你吃完饭快走，我打电话去。”

金铃兰又拦住尹大伯，说：“我替您跑腿儿！”一阵风似的跑走了。

等她打电话回来，尹荇已经吃完饭，嘴嚼着馒头正要上路。

“金铃兰同志，过两个月再见！”尹荇挥了挥手，“你到院里吃饭，多玩一会儿，如土下午就回来。”

金铃兰的脸涨得通红，故作镇静地说：“我只不过是到郊外转一转，并不是为了来找他。”

“他回家了。”尹荇不动声色，“过去，他每个星期回家一趟；后来，他的爱人怕他荒废学业，严格规定一个月只许回一趟家。”

“他有爱人！”金铃兰失声叫出来。

“还有个儿子。”尹荇连声赞叹，“贤妻娇儿，大全福人。”

金铃兰脸色苍白，踉踉跄跄地跟在尹荇后面。走出百步，才渐渐定下神儿，又问道：“如土的爱人，有文化吗？”

“十年动乱中初中毕业，只有过去的高小水平。”

“你的爱人并不住在尹家小院，恐怕是个知识分子吧？”

“我没有爱人。”

金铃兰还想问个究竟，尹荇飞跑起来，要赶上正在接近车站的一辆公共汽车。等金铃兰跑到车站，尹荇已经坐车走了。

第二天下午，金铃兰在图书馆开门之前半个小时，早已站立门口，东张西望。

“如土，你昨天下午什么时候回来的呀？”金铃兰一看见金如土的影子，便跑上前去问道。

“两点过五分。”金如土也快步迎过来，“听说你离开尹家小院不到一个小时。”

“你和我都是来去匆匆呀！”金铃兰酸溜溜地笑了两声。

金如土憨笑道：“我们那位春草娘逼我回校念书，把我赶出了家门。”

“看似无情却有情。”金铃兰从眼角偷看金如土的神色，“你的爱人，是一位贤内助。”

“她很会过日子。”金如土抓了抓头皮，“在她看来，我在学校念书，也要像她在家劳动，多多挣分。”

晚八点闭馆以后，金铃兰又跟金如土一路同行，金如土只得送她到车站。

“尹荇是不是跟他的妻子离了婚？”金铃兰突然问道。

金如土沉吟半晌，说：“这也是尹荇自作自受，罪有应得。”

原来，尹荇的妻子是他念外语学院时的同学，六四年结婚。那个女人性情轻佻，好出风头，到处钻营，尹荇多少也沾她的光，对她百依百顺。谁想，六六年天下大乱，那个女人为摆脱自己的困境，抛出尹荇替她解围；栽赃诬陷，把尹荇打成“三反分子”，跟尹荇离了婚，捞到一只红臂章，加入造反团。她以“左”得可爱的面目，花言巧语的舌头，更以自己的身子当礼品，骗取本单位几个新贵的宠信，七二年陪同一个代表团出国，刚到香港就叛逃了。

“可怜的尹荇！”金铃兰一声悲叹，“可是也不该一回被蛇咬，十年怕井绳，四十岁的人便心如死灰。”

“他在忏悔，不能原谅自己。”已经走到车站，金如土点了一下头，“明天见！”

“我们再走一走。”

“天很晚了。”

在葡萄园的羊肠小路入口，金铃兰追上了金如土，扯住他的胳臂。

“金如土，你报考硕士学位研究生吧！”金铃兰在葡萄架的阴影中，泪光晶莹的眼睛令人感动。

“我没有想过。”金如土很怕被人看见金铃兰的拉拉扯扯，也跨进阴影里，“我只想毕业之后，回家乡工作。”

“你想赶快挣钱吧？考上研究生，一个月也能拿到四五十元。”

"我怕考不上。"

"我也报名！"金铃兰的泪眼迸发着刺目的光芒，"难道你这个五尺男儿，贫下中农子女，竟不如我这个小市民的女儿更有志气？"

"好吧！"金如土被她激动，答应了。

"你的爱人，也会感到高兴。"金铃兰娓娓动听地劝道，"一心无挂，不要想家，我们一起准备功课。"

金如土只觉得金铃兰言之有理，并没有感觉已经落入网中。

40

柳梢上挂了一个又大又圆的月亮。

云桂香喂完两口肥猪，关上圈门，把一大筐嫩草扔进羊栏，又搬一块磨刀石顶住鸡窝，防的是黄鼠狼拜年。然后，到天井的冷灶上揭锅，端出一屉玉米面丝糕，舀出一盆白米绿豆稀饭，切一盘青龙卧沙滩的香油细盐腌黄瓜。镜子面似的小院洒了水，月光下摆放四四方方的小饭桌，面对面两只高粱叶子拧成的蒲团，从墙根下扯来捉蛐蛐的春草儿，娘儿俩吃饭。

三岁半的春草儿一边咬着丝糕，一边上眼皮粘下眼皮，前仰后合，磕头打盹儿。云桂香只得放下碗筷，搬来青釉大瓦盆，从锅里舀半盆水，把春草洗得像一只出水的嫩藕，抱进屋去，放在炕上，落下雪白的蚊帐。回到饭桌，将半碗白米绿豆稀饭一仰脖儿喝下去，半块玉米面丝糕三口两口吞下肚里，一阵风收拾了碗、筷、盆、盘，便手拿一把薅锄，挂上铁将军把门，急急忙忙直奔村外自留地。

曲里拐弯的小路上，一团一团的长脚大花蚊子，嗡嗡叫着追赶她，她挥舞薅锄，一溜小跑，杀出重围，来到村外池塘北岸。

六分自留地，四框夹柳篱，头茬豌豆二茬瓜，三茬白菜青萝卜。眼下正是瓜季，女人家黑夜不敢看守瓜田；这几年公安局和防疫站又严禁养狗，云桂香便喂一只盘角大山羊看园，起个名儿叫二牛。二牛的两只角，像两把杀猪的青条子，脖子上挂一只铜铃，叮叮当当围绕瓜园跑来跑去；有人敢来偷瓜，一头撞去，五大三粗的小伙子也被撞得一溜十八滚儿。队上有个小牛犊子，逃出牛棚，跑到云桂香的瓜园外，想闯入瓜园偷嘴，大山羊猛撞一头，撞断了小牛犊子的一条腿。

云桂香走进瓜园，身上的花褂子湿三遍干三遍，散发出酸渍渍的馊味儿，裹在身上粘肉。她脱下花褂子，搭在柴门上，皎洁的月光披银装，手持薅锄上了垄，一边薅草松土，一边鼻孔里哼电影插曲，虽然跑了调儿，却更有民歌风味。

忽然，大山羊咩咩叫了两声，云桂香直起腰，手掩住胸脯四下看，只见柳篱外闪过一个人影儿。她奔到柴门，花褂子不见了，大山羊却欢蹦乱跳，不以为自己玩忽职守。

“哑巴！”云桂香狠狠踢了大山羊一脚，“我的花褂子呢？”

大山羊欢叫着直奔池塘岸上的柳棵子地跑去，柳棵子地里一阵沙沙响，偷花褂子的人正在奔跑。

“站住！”云桂香吆喝，“你不把我的花褂子放下，我扔出薅锄，削下你一只耳朵。”

那人藏头裹脑，蹲下身去，不知去向了。

“二牛，追！”云桂香喊叫，“撞他个人仰马翻。”

大山羊钻进柳棵子地，并没有顶撞偷花褂子的人，却在柳荫深处嬉戏起来。

“如土，别跟我装神弄鬼啦！”云桂香咯咯笑道，“除了我、你和春草儿，二牛六亲不认。”

身穿雪白汗衫的金如土，从柳棵子地里走出来，笑着说：“这只大山羊，赛过一条警犬。”

“二牛替你看门守户，你得给这位有功之臣三鞠躬。”云桂香搂着胸口吃吃笑，“还给我花褂子吧！”

“汗湿的褂子捂在身上，闷出满天星的痱子！”说着，金如土张开胳臂，搂抱云桂香。

“头上挂着一盏天灯，别动手动脚！”云桂香一闪身儿，从金如土手中把她的花褂子夺过来，“我不在人前光膀子。”

“我又不是外人。”金如土一副委屈神气。

“你是男人！”云桂香背转身伸袖子。

他们返回瓜园，金如土向云桂香伸手，要她的薅锄，说：“你已经累一整天，我给你打短工吧！”

云桂香心里一阵甜蜜，眼含春光，说：“你折一条柳枝儿，跟在我身后轰蚊子。”

金如土转了个圈儿，折来一枝香蒿；云桂香已经上垄，他忙赶上去，轻声说：“薅几条垄就回家吧！我明天还得回去。”

“别扰乱军心！”云桂香手脚不停，“草欺秧子，瓜不长个儿，晚一天就赶不上行市。”

“向钱看！”金如土哼了一声，“我有多少话，想跟你说。”

云桂香头也不回，说："等我无债一身轻，你也毕了业，枕在你的胳臂上，三天三夜听你的甜言蜜语。"

金如土的心头一热，站住脚愣了神儿，像一只呆雁。

他上大学三年多，云桂香三年多起早贪黑，风来雨去，一心扑在过日子上。从前，她爱看书、唱歌，更是个电影迷，也喜欢打扮得花光草色水灵灵；当家才知柴米贵，手脚不闲一整天，只盼天黑一头栽倒炕上睡个觉，哪里还有读书、唱歌、看电影的闲情逸致？十天半个月不照一回镜子，早忘了梳妆打扮比俊俏。十个人承包三十亩田，她是副田长；头一年净剩六百元，刚要松口气，不想姥爷病情恶化，住院治疗，姥爷一死又办丧事，花掉了这六百元汗水钱的一大半。春种秋收又一年，净剩八百元挂零儿，云桂香给金如土买了一辆凤凰牌自行车和一块上海牌手表；金如土每月拿二十元助学金，云桂香从这一年起，另外补贴他十块钱。芝麻开花节节高，云桂香分红一千整，扒倒了三间泥棚茅舍，换上青砖红瓦玻璃窗的新房，拉下四百元亏空，却没有减少给金如土的补贴。金如土还有半年就毕业，她要抢在如土毕业之前还清外债；要使金如土走上工作岗位，便没有负担，一心无挂地工作。所以，虽然金如土已经两个月没回家，而且明天起早就走，她也舍不得扔下瓜园，花前月下陪伴金如土一个晚上。晚薅一天草，瓜熟晚一天，一天一个行市，谁知能卖多少钱？

云桂香薅完一垄又一垄，金如土挥动着香蒿寸步不离，满园子杂草一扫光，又大又圆的月亮早离开了柳梢。云桂香关紧了园门，叮咛大山羊不得擅离职守，这才感到身子一阵疲乏，撒娇地叫金如土搀她回家。

一进门，洒满月光的海棠树下，有一块旧席头，云桂香像一捆麦秸似的倒在席头上，呻吟连声，说："我的身子散了架，你替我温半锅水，我要头上脚下洗一洗。"斑驳的月影投在她的脸上，她的脸色青白，眼窝塌了坑。金如土把半筲水倒进锅里，填一灶柴火，点起了火，便又回到云桂香身边。云桂香脸上带着劳苦的神色，沉入黑甜乡了；一只蚊子叮在她的脸颊上，她一点也没有知觉。金如土挥手把蚊子赶跑，又进屋拿出一把芭蕉叶扇子，轻轻地给云桂香扇风。

不知过了多久，灶膛里早熄灭了火光，金如土的两只胳臂也酸疼得抬不起来了，这才低低唤道："桂香，醒醒！"连唤几声，云桂香才醒过来，睡眼惺忪地问道："锅里的水热了吗？"

金如土苦笑了一下，说："天快亮了，水又凉了。"

"你不叫醒我，我能一口气睡到天光大亮！"云桂香伸了个长长的懒腰，"山珍海味我不口馋，绫罗绸缎我不眼馋，馋的只是一年能有几天睡个够，睡个透。"

她挣扎着爬起身，舀一大盆水端进屋去，关上门洗身子。

金如土踏着月光，在院里转来转去，好像打定了主意，在屋门外站住脚，想要一吐为快。

"桂香，这两个月……我没回家……"金如土却又吞吞吐吐，吭吭哧哧起来，"你……没有怀疑我吧？"

"难道我是那小心眼子，喜欢疑神疑鬼的人吗？"水声哗哗响，云桂香不高兴了，"就是送你到女儿国上大学，我也信得过。"

"我回家……太少了。"隔着一扇门，看不见脸色，金如土十分羞愧。

"年轻轻多在学问上修行，不比常拜娘娘庙有出息？"惹恼云桂香的一张嘴，就像捅破了乌云，下起鞭杆子雨，“前二年你每个星期回家一趟，挂念着老婆、孩子、责任田、自留地，我还指鼻子剜眼地挖苦你，是个看不见本村的树梢便分不出东南西北，一瞧见自家的烟囱就来了能耐的恋家子弟；这一年你刚踏下心来念书，我正高兴你长了志气，就是半年不回家也不怨你。”

金如土有话却难以出口了。

云桂香一挨枕头就犯困，金如土却仰躺在炕上，眼望着蚊帐顶子，不能入睡。一句话卡在他喉咙里，是咽下去，还是吐出来？他翻了个身，看见云桂香睡在漏进的月光中，一只胳臂拢住身边的春草儿，母子像瓜儿连着藤，藤儿连着瓜。他的心一阵痉挛，愧悔交加，激情地拥抱住云桂香的身子，哽咽着说：“有个……女同学……绊住了我的腿。”

但是，云桂香只是呢呢喃喃了一句：“别跟……人家……拌嘴……”便在他的拥抱中香甜地沉睡起来。

金如土还想唤醒她，却听得一声鸡啼，又不忍心了，只得叹了一口气，闭上眼睛，扪心自问。

树上叽叽喳喳的鸟儿，咯嗒咯嗒叫着的下蛋母鸡，吵醒了他。他睁眼一看，满屋子明亮的阳光，云桂香和春草儿都不见了。他穿衣下床，刷牙洗脸。锅里放着一碗绿豆粥，两张白面糖饼，一大盘腌鸡蛋，他心里有火，吃不下去，便推起自行车，到河边找云桂香和春草儿母子。

青青河畔草，春草儿骑一只大羊，放两只小羊，在羊背上呜哇呜哇吹柳笛。云桂香带领一群人，正在麦茬晚稻里撒化肥，柳笛声中笑语喧哗。

金如土拨动一下车铃，一串铃声被一阵清风送到稻田里。

云桂香抬起头，眼睛笑了，向河坡上喊道："春草儿，你爸爸要走了，快送一送你爸爸呀！"她放下胳臂上的篮子，跑出稻田。

金如土目光一惊，只见云桂香头戴一顶雪白的竹篾斗笠，身穿柳绿金丝的高领短袖紧身衫，手牵着春草儿，沿着河坡上的柳荫小路，风摆荷叶一般笑盈盈走来。

"你打扮得真像……"金如土目不转睛，"跳插秧舞的女演员。"

"为了给你看呀！"云桂香脱口而出，脸儿红得像一朵荷花开放，"等你一走，过晌我还换上旧衣裳。"

金如土肺腑大恸，猛一转身，强忍住夺眶而出的泪水，推起自行车疾走；云桂香慌忙抱起春草儿，紧紧追赶。

春草娘呀送情郎，
一送送到大路旁；
昨夜晚枕头边上忘了一句话，
临行之时我得给你刻心上……

稻田里，几个淘气的姑娘拍着花巴掌，你一句我一句，七嘴八舌声声高，唱一支小曲相送。

41

金如土返回尹家小院，金铃兰站在他的宿舍门前的绿柳浓荫下，已经望穿秋水，等候多时了。

“回来啦！”金铃兰一溜小碎步迎上前来，抢过金如土的凤凰牌自行车，倚在树上。

金如土却沉着脸问道：“大伯和大娘正在撒鱼食，你怎么不帮个忙？”

“两位老人家怕我搅浑了水！”金铃兰笑嘻嘻地咬着舌儿，像个俏皮的少女，“我只得袖手旁观了。”

“那你就高高在上观风景吧！”金如土哼了一声，走进宿舍，脱下衣裳，只穿三角裤衩，光着脚向池塘走去。

“如土……你……”金铃兰怯生生地尾随着金如土，像金如土拖曳的一道影子，“跟你家春草娘，谈得……还顺利吗？”

金如土并不回答她那急不可耐的问话，却向池塘上兴冲冲喊道：“大娘，杀鸡焉用宰牛刀？您老人家回到中军帐里歇马，末将来也！”

“如土，你可真是救了驾！”尹大娘笑眯了眼睛，“尹荇今天回来，我得给他杀一只鸡，炖几条鱼。”

“好个吉庆有余！”金如土大声喝彩，“靠山吃山，靠水吃水，我也跟着沾光。”

“少不了你的一副碗筷！”尹大娘眼角眉梢都是喜气。

金铃兰也忙讨好，说：“我给您帮厨。”

“有劳了！”尹大娘见金铃兰锦上添花，更加欢喜，“金姑娘，你不见外，也尝一尝我家的粗茶淡饭。”

于是，她们在大柳树下，杀鸡的杀鸡，洗鱼的洗鱼，还没有上灶，只听远远的有人一连声喊叫：“爹，娘，我回来了！”满头大汗的尹荇，大步流星奔跑。

“老尹，从国外给二位老人家带点什么礼品呀？”金铃兰抢着问道。

尹荇早脱下出国的西服革履，换上家常便装。他摊开空空双手，说：“只带回两袖清风，却丢了不少脚印儿。”

尹大娘眼里充满慈母的疼爱，看了又看儿子的头上脚下，心疼地说：“这两个月苦了你，瘦多了。”

尹荇旅途劳乏，不想头顶着火盆子下水，便嬉笑道：“我身上掉了膘，大伤元气，只能参加轻体力劳动，给您们抱柴烧火吧！”

一个小时，四盘八碗上了桌；大柳树下绿荫铺地，主客五人团团围坐。

喝光了五六瓶啤酒，头一阵欢闹过去了，金铃兰哄得尹大伯和尹大娘只跟她一个人张家长，李家短。趁这个工夫，尹荇悄悄在金如土耳边说：“下个星期日，你回家一趟。”

“我刚回来。”啃着鸡大腿的金如土，低声答道，“今年麦收是个好年景，晚稻也是上等成色；长亭大伯和玉盘大姐，买了电扇，搬了彩电。”

金铃兰耳听八方，忙里偷闲，插嘴问道：“是不是莲房村的李长亭大伯，梁玉盘大姐？”

金如土一声不吭，尹荇却反问道：“你怎么认得他们？”

“我在他们家里住了两年！”金铃兰酒气扑脸，管不过自己的舌头了，“想当年我刚到莲房村知青点，是个晚到的外来人，几个男女痞子欺侮我。玉盘大姐菩萨心肠儿，长亭大伯旱天雷脾气，怒骂痛打那几个男女痞子，把我接到他们家里，我这只断了桨的船才找到避风港。”

“现在你跟他们还有来往吗？”尹荇问道。

“我进城当售货员，还回过莲房村两趟。”金铃兰感到惭愧，避开尹荇的目光，“上大学以后，忙得抽不出身子，就没有下乡看望长亭大伯和玉盘大姐。”

尹荇又跟金铃兰碰了一杯，说：“他们也许要骂你一上大学就忘了本。”

“只怕早骂过一百零八遍啦！”金铃兰把一杯啤酒一饮而尽，酒入愁肠，神情懊丧起来，“长亭大伯的儿子李茂才，就是上大学便忘了本的坏家伙，气得长亭大伯跟他一刀两断，不认他这个逆子了。”

“吃菜，吃菜！”尹大娘打断他俩的对话。

尹大伯拿起筷子连连敲酒杯，说：“喝酒，喝酒！”

“长亭大伯那个逆子，也真是丧尽天良，该杀千刀！”金铃兰的口气，颇像村妇诅咒，“玉盘大姐跟他自幼吃一口锅里的饭长大，原是恩恩爱爱的抓髻夫妻；谁想他上大学以后，爱上了同班的一个女同学，喜新厌旧，残酷无情地跟玉盘大姐离了婚。长亭大伯是个多情重义的老人，他跟那个狠心贼断绝了父子关系，给玉盘大姐招了个倒插门女婿，一家人……”忽然，她好像发觉言多语失了，卷起了舌头，咬住了嘴唇。

“如土，你可不要学那个名叫李茂才的家伙呀！”尹荇眨眨眼睛，“假如你背叛了春草娘，金铃兰也要咒你。”

金如土像被鱼刺卡住了喉咙，大声咳嗽了一下。

“我另有主张！”金铃兰舌尖一转，改了口，“夫妻之间，应该以自愿互利为原则，倘若一方得不偿失，提出离婚是无可非议的；相反，不肯离婚的另一方，便是强人所难，不道德的。”

“舶来品！”尹苻嘻嘻哈哈，“进口货。”

“姑娘，你这是歪理！”尹大伯放下筷子，板起面孔，“照你看来，老包铡陈世美反倒是冤、假、错案，咱们人民法院得给陈世美平反？”

“哟！”尹大娘叫起来，“给陈世美平反，那就是秦香莲犯了错误；我们老娘儿们一千个不答应，一万个不答应。”

“大伯，大娘，包拯判处陈世美死刑，当时是正确的，不必翻案。”金铃兰只觉得这老两口子幼稚可笑，应该晓之以理，“时代变了，一千年前的老理儿，不时兴了。”

尹苻拍拍金如土的肩膀，问道：“如土，你是讲老理儿，还是讲新理儿？”

“我认死理儿！”金如土瓮声闷气。

吃完这一顿饭，已经日落黄昏，大家又吃了两个西瓜，也就天色大黑了。

“爹，娘，我回去了。”尹苻吃得腹胀如鼓，艰难地站起身来，“明天上午还要汇报工作。”

“快走吧！”老两口子异口同声，“早就嘱咐你，下了飞机，忙完公事，再来看望我们。”

“如土，我……”金铃兰欠起身子，“也该回家了。”

“回去吧！”金如土一动不动，冷冷淡淡。

金铃兰像被蜇了一下，霍地跳了起来，说：“老尹同志，走！”

尹苻哈哈一笑，说：“铃兰，请！”

他们走在流萤四起的夜路上，弯来拐去；只有晚风拂在草尖树枝的沙沙声，伴着他们那一前一后的脚步嚓嚓响。

“老尹同志！”走在前面的金铃兰，猛然转过身，“我有个难以出口的心愿，只想向你公开出来，希望听一听你的高见。”

尹荇站住脚，倚在路边一棵榆树上，摸出烟盒，说：“有话请讲，也许我能给你出点馊主意。”

“我觉得……只有我能够……帮助如土取得更大成就，不惜落下骂名。”伶牙俐齿的金铃兰，并不理直气壮，“云桂香应该有一点自知之明，不要拖累他。”

“等一等！我要想一想。”尹荇点起一支烟，深深吸了一口，“这样的话，我好像听谁对我讲过。……嗬！十八年前……有个人……”

“我不是你那个叛国的贱货！”金铃兰被尹荇的冷嘲热讽激怒了，“我要到鱼菱村去，说服云桂香。”

尹荇也恼火起来，喝道：“你敢一意孤行，只能当众出丑！”

金铃兰猛又转身向前走去，一边走一边说：“我先到莲房村，在长亭大伯家安营扎寨，跟玉盘大姐商量个万全之计。”

“你找了个多么好的军师！”尹荇怪里怪气地干笑两声，“她会把你骂得狗血喷头。”

“你猜错了！”金铃兰回眸一笑，“李茂才跟玉盘大姐离了婚，玉盘大姐失去的是屈辱，得来的是幸福；有朝一日能跟李茂才走碰头，她要办个酒席当面道谢。”

“这是你的痴人说梦！”尹荇哼道。

“八年前我住在她家里，她亲口说过多少遍！”金铃兰尖着嗓子争吵，“她跟李茂才做夫妻，老是提心吊胆，生怕李茂才看不起她，一辈子过得肉皮子发紧；嫁给眼下这位何大壮大哥，你不嫌我，我不嫌你，男女平等，相亲相爱。”

“李茂才多行不义，遭到了应有的惩罚！”尹荇喃喃自语。

虽然金铃兰还想听一听尹荇的高见，尹荇却连馊主意也拿不出来了。

42

一别几年，金铃兰重返莲房村，只见一片花天锦地，令人目瞪口呆。

过去，村边那一道道长满蓬蒿的沙冈，一片片稀稀落落的柳棵子地都不见了，眼前却是一座连一座的青砖红瓦花门楼的新宅院，而且各具特色，不是一个格局。她走进村口，老街旧房也十有六七新陈代谢了。忽然，两幢小楼映入眼帘，她不禁惊奇得吐出了舌头。她找到长亭大伯家的旧址，已经改建一座篮球场和两座排球场；只得站立路边，等候遇到过路的熟脸儿，打听他们的下落。

这时，一群放学回家的孩子，麻雀满天飞似的奔跑而来。金铃兰拦住一个苹果脸的小姑娘，问道：“小朋友，你知李家搬到哪儿去了吗？”

“二小，你家来亲戚啦！”小姑娘喊道。

一个虎头虎脑蒜头鼻子的男孩儿，看来是三四年级小学生，身背一只双肩书包走过来，睁大圆溜溜的眼睛问道：“同志，您是我家什么人？”

“二小，你长大啦！”金铃兰欢笑着捧起二小的脸蛋，“七八年前，我常背你玩。”

“您是？……”

“我是你的金铃兰姑姑呀！”

“嗬，我娘常念叨您！”二小扯起金铃兰的手，向村外走去，“我家搬到小河边，盖新房了。”

“你娘是不是骂我人一走茶就凉，忘了你家？”金铃兰忐忑不安地问道。

“我娘每天晚上都说起您的故事，敲打我姐姐一心念书，将来上大学。”二小看看四下没人，压低声音，“也盼望我踩着河对岸金家如土叔的脚印走，步步登高。”

金铃兰的心咯噔一跳，忙问道：“你们跟金家常来常往？”

二小点头笑道：“每天下学做完功课，我就蹚过小河汊子，哄他家的春草儿玩。”

金铃兰分外高兴，加快了脚步；二小追着她跑，书包里的铅笔盒叮叮当当响。

又走出村口，便望见沿河绿树葱茏掩映中的几户人家。一个鞭花像一支爆竹炸响，从柳棵子地里冲出一群白的绵羊和黑的山羊；手执长鞭的牧羊老人，像戏台上的大帅出场，在一道沙冈上亮了相。

老人七十开外，是个五尺五的大高个子，却没有树老焦梢人老塌腰；花白光头，雪白寿眉，满面红光，眼不花耳不聋，满口嚼得碎铁蚕豆的牙齿。他上身穿一条夏布汗褟儿，下身穿一条肥大的半截绸裤，赤着双脚，一条柳枝子串起两只凉鞋，搭在肩上。

“爷爷！金铃兰姑姑来啦！”二小抢在前面喊道。

“大伯！”金铃兰一见恩人的面，鼻子一酸，噙着泪喊了一声。

李长亭和玉盘大姐的老爹，自幼拜把子；财主家扛长工，北运河上拉纤，古北口外赶马，都是形影不离的伙伴。四十年前，李长亭的老伴一病身亡，他把两岁的儿子抱到玉盘大姐家，交给玉盘大姐的老爹，吃玉盘大姐的老娘的奶，自己到八路军当马夫。一九四九年复员回村，玉盘大姐的老爹在土改运动中当贫农团团长，被地主还乡团绑架活埋了；玉盘大姐的老娘，拉扯着十岁的女儿，九岁的干儿子李茂才，过着窄巴巴的日子。李长亭回村不到半年，玉盘大姐的老娘多年贫病交加，染上一场时令病死了，他就把玉盘大姐接到自己家里。玉盘大姐和李茂才从小同吃一锅饭，一年年长大，就像开花结果一般相爱起来。李茂才念书聪明，一九五八年考上了大学；玉盘大姐手勤脚快力气大，二十一岁生长得面如满月，胸脯丰满，身子茁壮。李茂才收到录取通知书的那天晚上，吃过晚饭，李长亭出外串门去了，半夜还没有回来。李茂才躺在东屋炕上，听见西屋的玉盘大姐一阵一阵抽泣，便走了过去。两人搂抱着说不尽知心话，却不提防李长亭回来了。李长亭有一身武艺，脚步轻悄像青萍上拂过的微风。老人耳听他们已经私订终身，又转身出去，到河边瓜棚里借宿了一夜，第二天就亲自带领他俩到乡政府登记。谁想，李茂才一入大学，便眼花缭乱变了心；念到四年级，一封冷酷无情的信寄回家来，向玉盘大姐提出离婚。李长亭气得扛起一口铡刀，要到大学亲手铡下逆子的人头。玉盘大姐一身硬骨头，不想死乞白赖，快刀斩乱麻，跟李茂才离了婚。离婚以后，李长亭摆下一桌酒席，邀请几位大队干部和本村的长辈，当众宣告，他收玉盘大姐做女儿，跟逆子李茂才一刀两断是仇人，而且，过了筛子过细箩，要替玉盘大姐挑个白头到老的倒插门女婿。一年不急，二年不忙，三年找到一位如意郎，玉盘大姐嫁给了情投意合的憨厚小伙子何大壮；先生了个女儿叫大丫儿，后生了个儿子叫二小，一家三辈五口人，三辈五口一条心。

“哎哟，女学士金铃兰还没有忘记我这个糟老头子！”长亭大伯的嗓门儿，就像一口铜钟十里响，“这几年不见你的人影儿，我还当你像我家那个畜生。”

“爷爷，咱家哪个畜生？”二小奇怪地问道。

“大人说话，小人儿不许插嘴！”长亭大伯喝道，“快回家去，传我的命令，叫你娘炒几个菜。”

二小一溜烟跑了。

金铃兰正跟长亭大伯说笑，一座游龙起脊的瓦房大宅院里，跑出一个身穿浅花汗衫，人高马大的中年妇人，手搭着凉棚大喊大叫：“铃兰子，哪阵香风把你这个贵人吹了来？”

“哎呀呀，玉盘大姐！”金铃兰也跳着脚嚷叫着，“女大十八变，越变越好看，你变得像个天仙下凡了。”

“死丫头，上了四年大学，学会了油嘴滑舌！”玉盘大姐连啐了几口，“我倒要问你，你可给我找到个人模狗样儿、满肚子墨汁的妹夫？”

“谁也看不上眼呀！”金铃兰走到面前，语意双关，“这才回到运河滩来，求你说媒拉纤，磨破嘴皮子跑细了腿儿。”

“运河滩家家富起来，你进哪家的门？”玉盘大姐轻轻拧了一下金铃兰的细皮嫩肉，“多少钱一斤，要个价吧！”

“该死，你嘴上长疔！”金铃兰握起两只拳头，砸着玉盘大姐的后背。

“二小他娘，书归正传！”长亭大伯假装沉下脸来，“想一想做什么饭，招待咱家这位贵客？”

玉盘大姐喘着气笑道：“今天晌午，四个碟儿吃面，难道还不够风光？”

“再加四个碟儿！”长亭大伯扑哧笑了，“只因铃兰子没有给我带回一个侄女婿，不配吃十二个碟儿。”

运河滩风俗，十二碟炒菜游丝面，是头等喜事的宴席。

走进李家花门楼，一座砖墙大宅院，满院桃、杏、梨、枣、海棠、葡萄，棵棵都是摇钱树；五间大瓦房，上下玻璃窗，屋子里装满花香和阳光，摆满亮堂堂的新式家具。房山一条小路，通到后院；后院是猪圈、羊栏、鸡埘、鸭舍，一片喧哗。

金铃兰眼馋得啧啧打着响舌儿，说：“玉盘大姐，我在北京住的是一间火柴盒，恨不得把你这五间大房搬进城里去。”

“你搬走吧！”玉盘大姐大大方方，“我再盖一座小洋楼，真正当个冒尖户。”

“玉盘大姐，你财大气粗了！”金铃兰在玉盘大姐耳边嘁嘁喳喳，“你应该邀那个畜生回来，臊得他无地自容，才算你扬眉吐气。”

玉盘大姐鼻孔里冷笑，说：“恶有恶报，他那个娘儿们替我报了仇。”

“天下奇闻，快说给我听。”

“那个娘儿们害得他关牛棚，遭毒打，挨批斗，把他折腾得死去活来，才跟他离了婚，落得个活着是孤家寡人，死后是孤魂野鬼。”

“你怎么知道？”

“河对岸鱼菱村，上大学的金如土兄弟，常跟他见面；如土兄弟每趟回家来，都替他捎话，给老爷子请安，向我问好，谁信他的花言巧语！”

说着，玉盘大姐挽起袖子，洗了手，便抻起了游丝面；半个小时，一盆面抻出了千丝万缕，柔细绵长，抖不乱扯不断。八碟菜上桌，也不过一个钟头。金铃兰帮厨，手忙脚乱，湿透了薄绸花汗衫，热得脸红像一株美人蕉。

“二小，请你爷爷，喊你爸爸，回家吃饭！”金铃兰坐在葡萄架下，解开两颗纽扣，掏出手帕擦胸脯上的汗珠。

玉盘大姐拿一只白纱罩，把八碟菜扣在饭桌上，说：“你大壮大哥晌午不回家，一会儿我到责任田给他送饭。”

“我也跟你去。”金铃兰拧着手帕上的汗水，“到河边吹吹风，田野上开开眼界，多吃两碗面。”

玉盘大姐下了几大箸面进锅，水一翻花，便拿起笊篱捞上来；锅台上放一盆清水，游丝面在清水里打了个滚儿，这才捞进一只大蓝花海碗里。浇上鸡蛋青豆肉卤，撒上青蒜末儿和黄瓜丝儿，放进竹篮，又压上小屉；屉上摆一只七寸盘子，她从八个碟里各拨出一点菜，像个什锦拼盘。然后，拿出一只细脖小酒瓶儿，不多不少只装二两酒。

她还进屋梳了梳头，擦了擦脸，这才挽着金铃兰的手出门。

43

下坡便是那条小河汊子，绿树夹岸，水面上倒映着树影幢幢，也倒映着片片白云；两步宽一跃而过，柳荫下一群鸭子。

河那边，绿荫深处，炊烟袅袅，几只下蛋的母鸡咯嗒咯嗒叫。

“那就是金如土的家。”玉盘大姐手指升起炊烟的绿荫深处的小院。

金铃兰的心突然扑通扑通乱跳起来，沉住了气，才说：“我跟金如土是同学，应该到他家看一看。”

“晚上过河，吃他家的西瓜去！”玉盘大姐咂着嘴儿，“如土的媳妇云桂香，种出的西瓜薄皮大个儿，黑子红瓤儿，吃起来甜在心里，香在嘴上。”

“云桂香生得俊俏吗？”

“我变个男人，点名娶她！”

这时，河对岸的柳丛中，探出一个圆葫芦小脑瓜，眨动着乌溜溜的圆眼睛，尖嫩的嗓子叫道：“大娘，您又嚼舌头呀！”

“小春草儿，我揭你的皮！”玉盘大姐吃吃笑，“如土每趟回来，都给儿子带回一本看图识字的书，从小就为上大学下功夫了。”

“可是，云桂香太心狠了！”金铃兰挑剔地哼了一声，“三四岁的小孩儿，怎么就叫他到河边看鸭子？”

“乡下孩子不能娇贵得过了头。”玉盘大姐却觉得理所应当，“如土三四岁，挎着小篮到河滩剜野菜；自幼尝一尝酸、甜、苦、辣，长大才能不怕风吹雨打，旱涝保收。”

清风徐来，绿树婆娑花影动，一个甜脆清亮的嗓子喊道：“春草儿，回家吃饭吧！”

“看，云桂香！”玉盘大姐笑指小河那边。

金铃兰的目光急忙追过河去，云桂香已经转身原路而回，只看见一个体态轻盈的背影。她收回目光，傲然一笑，说：“这位云桂香，上不了大学，能上中专，也就配得上如土了。”

往前走，走到河拐弯，那是莲房村和连环套村交界的大片稻田，稻田直顶到小河汊子的堤腰上。河柳浓荫下，两个光着膀子的人，盘膝大坐在小堤上下棋。

“二小他爹，谁又把你拴在驴桩上啦？”玉盘大姐咋咋呼呼地吵嚷道，“早知道你又偷懒，我应该给你提一桶猪食来。”

“玉盘大姐，我要给大壮大哥喊一声冤！”跟何大壮下棋的矮个子，一副公鸭嗓儿，“大壮大哥那头一茬麦子就达到了包产定额，这一茬稻子可就都卖超产粮了，你嫁给一台印票子的机器，还不心满意足？”

“不打馋，不打懒，单打不长眼。”何大壮笑呵呵站起身，“我刚坐下来歇口气，谁想首长下地视察来了。”

“还带来一位女上级！”公鸭嗓的矮个子嬉皮笑脸，“玉盘大姐，你陪同这位女同志，是电台的，报社的，还是电视台的？眼下冒尖户吃香，当记者的就像吃蜜蜂屎似的围上来。”

“你这个离婚贩子也盖起大瓦房，腰里一张两千块钱的存折，才应该上报……”玉盘大姐忽然警醒，赶快咬住舌尖，心慌意乱地看了金铃兰一眼。

可是，她们已经走到这两个男人的面前，不能拨马回头了。

何大壮四方大脸，粗眉大眼，扇面胸脯，两只长满老茧的大手，但是，满脸憨厚腼腆的神色，一望而知是个心慈面软的人。那个公鸭嗓的矮个子，三十多岁，淡眉毛，小眼睛，鼻梁上洒满雀斑，虽然是一副滑稽相貌，却很注意打扮，手腕上的金表闪闪放光。

“大壮大哥，还认得我吗？”金铃兰笑吟吟问道。

“你……你……”何大壮揉了揉眼睛，“你是谁呀？”

瞪圆了小眼睛的公鸭嗓矮个子，突然慌了神儿，低下头去。

“大壮大哥，你富了起来，就贵人多忘事了！”金铃兰娇嗔地噘起红润的嘴唇，“我是金铃兰！那个借庙修行的女知青。”

“嗬，是铃兰妹子！”何大壮呵呵笑着，“你当年从连环套转到莲房村的模样儿，我还记得，眼下就像变了个人。”

公鸭嗓的矮个子打了个旋转，匆匆离去。

“这个人怎么像见了鬼？”金铃兰迷惑地问道。

“他是井底的蛤蟆，没见过多大一块天。”玉盘大姐放下饭篮，拨转金铃兰的身子，“乍见你这只天鹅，吓得望影而逃了。”

她们回家吃过饭，金铃兰到玉盘大姐那被葡萄架遮住阳光而又河风送爽的大屋，跟玉盘大姐一同歇晌。

刚要入睡，砖墙外响起一阵紧急的脚步声，风风火火进了院。

“二小娘，睡着了吗？”是何大壮站在窗下，呼噜气喘地问道。

玉盘大姐睁开眼，喝道：“低声！”

“出来！”

玉盘大姐披上汗衫走出去，两人嘁喳嘁喳耳语，便踮着脚尖悄悄走了。

金铃兰见这两口子躲躲闪闪，藏头露尾，心神不安起来，瞌睡消失了。

好大一会儿，玉盘大姐回来了，手上托着厚厚一叠十元钞票，脸上左右为难的神气。

“大姐，出了什么事儿？”金铃兰疑惑地问道。

“叫人多么难开口呀！”玉盘大姐叹了口气，“刚才咱俩给你大哥送饭，慌慌张张跑了的那个矮个子，你知道他是谁？”

“谁？”

“连环套的范三筲。”

“哎呀！”金铃兰倒像见了鬼似的叫起来。

她虽然和范三筲扮演过夫妻，但是只见过两回面。一回是到公社登记结婚，一回是到公社办理离婚，而且不过是匆匆一瞥，连淡如烟痕的印象也没有留下来。现在，十来年过去了，她甚至忘记了这个人的名字。

“这是范三筲还给你的五百块钱。”玉盘大姐将手中的钞票递过去。

金铃兰像怕烫了手，把一双手藏到背后，说：“他……只拿了二百五十块，那一半装进了牵线人的腰包。”

“他情愿把全数都还给你。”

“我不想割他的肉。”

“范三筲这几年盖了新房，娶了媳妇，银行里有两千元存款，拿出五百块钱并没有伤筋动骨。”

金铃兰夺过钱来，跳下炕，说：“我给他送回去！”

她一口气跑到河拐弯的稻田，何大壮戴上斗笠，头顶毒热的阳光，在稻田里拔除稗草；范三箮却躺在柳荫下的小堤上，打开半导体，搭着二郎腿，闭着眼睛听评书，一只拖鞋挂在大拇指上荡来荡去。

“范三箮！”金铃兰厉声喝道。

范三箮骨碌爬起来，眨了眨眼，遇到金铃兰那含怒的目光，吓得连忙弯腰低头，蚊子哼哼似的说：“做梦也没想到还能见你一面。”

“我不是来向你讨债的！”

“不还给你这笔钱，我老觉得亏心，过不安生。”

“我带着工资上学，毕了业每月挣五六十元，不要你这笔钱！”

范三箮怯生生地抬起头，连张了几回嘴，才壮起胆子问道：“你……结婚了吗？”

金铃兰脸上罩住阴影，说：“还没有。”

“那就拿回去，置办几样嫁妆吧！”范三箮的眼里噙满泪水，“苦尽甜来，你熬出了头，我心里也高兴。”

“好心的三箮哥，谢谢你！”金铃兰把这笔钱投到范三箮的怀里，扭头就跑，一边跑一边擦抹夺眶而出的眼泪。

范三箮光着一只脚，一只脚穿着拖鞋，在长满蒺藜狗子的小路上追赶金铃兰。玉盘大姐恐怕金铃兰跟范三箮吵架，也从家里追出来，正跟范三箮碰头。

“玉盘大姐，你替我在金铃兰面前多多美言。”范三箮不追了，抬起那只光脚，把扎进脚心的几颗蒺藜狗子拔出来，“求她收下这笔钱，我才能问心无愧过日子。”

河对岸，云桂香正扛锄下地，从绿荫深处看到河这边的情景，向玉盘大姐招了招手，喊道：“这位女同志是谁，怎么女跑男追呀？”

“过去在莲房村插队的一位女知青。”

“谁？”

“眼下又是你那如土的同学。”

“金铃兰！”

“嘻！你是个三年早知道。”

“我晚上把她接过河来！”

云桂香跷着脚，手搭凉棚眺望，直到金铃兰跑回李家大院，才把目光收回来。

44

夏夜，乳白的月光，温馨的晚风，花香水气中云桂香牵着金铃兰的手，挽起裤腿，蹚过小河汊子。

“铃兰，你来看望长亭大伯和玉盘大姐，必有大事吧？”流水潺潺，云桂香悄声问道。

金铃兰一阵心慌，说：“我想念他们了，就下来看看。”

“瞒不了我！”云桂香撇了撇嘴儿，“一定是如土主使你，替他当说客。”

金铃兰又一阵心惊肉跳，说：“你多疑了。”

“如土一直劝长亭大伯，跟他那个冤家儿子李茂才重新和好，是不是又搬出你这个救兵，左右夹攻？”

“我没见过李茂才。”

“有个叫尹荇的人，你没见过吗？”

“难道尹荇……就是李茂才？……”

“李茂才被他那个后娶的老婆卖给了造反团，打得皮开肉绽，斗得七死八活，剃了阴阳头，遣返原籍；半夜三更，走到朝阳门外通惠河边，左思右想没脸回家，又没有退路，就跳进一口池塘自杀。菩萨心肠儿的尹大伯和尹大娘救起了他，收下他养伤；他不忘救命之恩，拜尹家二老做干爹干娘，自己改了名字，对外人只说自己姓尹名荇，也就是隐姓。”

“嗬！”金铃兰打了个寒噤，两腿一软，跌坐在小河汊子里。

云桂香忙把她搀起来。扶上岸，从绿树丛中穿行而过，来到云桂香家门口。云桂香从头上拔下发夹，轻轻拨开门闩。金铃兰走进这个小小的院落，只觉得好像走进一座月光下的小花园。

返身插了门，云桂香笑道：“脱下你的湿衣裳，换上我的裤褂。”

金铃兰不放心地四下看了又看，慢慢解开汗衫扣子，问道：“这个院里只有你们母子二人，你不害怕野狗进门吗？”

“邪不压正。”云桂香大拆大卸，宽衣解带，“一个女人家，心不乱，眼不迷，行得直，坐得正，恶人也不敢生邪念。”

金铃兰像被针刺了一下，手指打了个哆嗦，却又说：“不防一万，要防万一呀！”

“我这个院里，四角八处都有埋伏，恶人闯进来，我随手就能抄起镰刀、斧子、禾杈、铁锹，要他的狗命！”云桂香转着圈指指点点。

“有一回，如土回家，睡不着觉埋怨枕头；他把枕头搬动了一下，看见枕头下有一把杀猪的青条子，吓得他三魂出了窍。”

金铃兰觉得肉皮子一阵发紧，说：“快给我找来衣裳换上吧！”

云桂香忙走进屋去，拉开电灯，拉开立柜，取出柳绿金丝的高领短袖紧身衫和一条筒裤，走出来交给金铃兰，说：“这是我新买的时髦货，只上过一回身，给如土看了一眼，就收进柜里。”

金铃兰穿了起来，不肥不瘦正合身，嬉笑道：“我穿着你这身衣裳，月色朦胧走进尹家小院，如土就把我当成了你。”

云桂香摇头一笑，说：“你骗不了他。”

“怎见得？”

“蒙住他的眼睛，他听得出我的脚步声。”

云桂香从墙角落的水缸里搬出个大西瓜，放在桌面上，找来一把雪亮的片刀切瓜。

“如土打定主意，报考研究生……”金铃兰小口吃着瓜，一粒一粒吐着子儿，“你愿意吗？”

“他越有学问，我越欢喜。”

“学问大，地位高，可就难免要变心呀！”

“他的心留在我的胸口里。”

“难道他是个没有心的人？”

“我的心给了他。”

金铃兰嘴角掠过一个冷笑，说：“也还是要防万一呀！”

“他不敢。”

“怕你跟他拼命？”

“他怕在本乡本土留骂名。”

金铃兰咽下一口西瓜，就像三九天吞下一块冰，浑身发冷，说：“我困了。”

“你睡东屋，我跟春草儿睡西屋。”云桂香收拾瓜皮，擦抹桌子，“那孩子睡觉不安生，扔胳臂踢腿；有一回一拳把如土打得乌眼青，第二天闷在家里不敢出门，怕人家笑他挨了媳妇的打。”

金铃兰洗了澡，云桂香领她到东屋去。进门一看，一张单人床，一架蚊帐，一张写字台，一只书橱。书橱里，也有二三十本书。

“你每天从早忙到晚，还坚持自学呀！”金铃兰大为震惊。

“这是给如土预备的书房。”云桂香脸一红，“他放寒假，回家住半个月，放暑假住三十多天，得有个地方念书。”

“原来你没有看书的兴致！”金铃兰松了一口气。

“等到明年，我还清了欠债，要把如土给我买的这些书，一本本吃进肚子里。”云桂香退出去，回头笑了笑，“我在文化上不长进，人家不跟我离婚，我自个儿也得辞职。”

金铃兰躺下来，蒲席凉浸浸地爽身子，夜风掠过院里的花树，穿透窗前的瓜秧和豆藤的绿叶，吹进屋来。但是，金铃兰却浑身燥热，像一条鱼落到滚烫的沙滩上，横躺竖卧睡不着。西屋，云桂香响起轻柔匀适的鼾声，是那么心安神定。金铃兰忽然感到自己是那么孤单、空虚、寂寞、可怜，忍不住低低啜泣起来。

好像飘进一片月光，云桂香悄悄坐在她的床沿，一只手给她擦泪。

“桂香，我对不起你！”金铃兰紧紧抓住云桂香的手。

云桂香却把另一只手捂住她的嘴，俯下身子悄悄耳语：“铃兰，我早知道你的来意……如土回学校那天，我送他上路，他就告诉我，是你绊住他的腿。”

“你怎么不啐我的脸？”金铃兰抬起惨白如纸的脸儿。

云桂香扑闪着眼睛，说：“你也是一片好心。”

金铃兰抱住她，失声痛哭；云桂香上床去，躺在她身边，柔声蜜语，两心相通了。

天刚闪亮，小春草儿还没有睡醒，云桂香和金铃兰又双双牵着手，蹚过小河汊子，回李家大院去。

“桂香，你可真会过日子呀！”玉盘大姐正抱柴做饭，“连一顿早饭也不招待铃兰。”

“你是存款户，我是欠债户，不吃你，吃谁？”云桂香抢先跑到她面前，压低嗓子，“茂才大哥想回家看看，你不会把他赶出门外吧？”

玉盘大姐拉长了脸，反问道：“你爹看望你，你为什么不许他进门？”

“只要我爹改变了不正之风，我和如土带着小春草儿，给他老人家拜门上寿。”

“只要老爷子点了头，我也笑脸相迎。”

云桂香向金铃兰挥了一下手，两人到河滩去。长亭大伯每日头顶星星，便赶着羊群出门，河滩上跑动。

“铃兰子，我家的饭菜缺少龙肝凤胆，燕窝鱼翅，委屈了你的舌头吧？”长亭大伯大喊道，“怎么才来一天，你就急着要走呀！”

“人家铃兰是大学生，耽误功课，您能给补上吗？”云桂香笑盈盈走到老人面前，“铃兰回去，要捎带您的一个口信。”

“哼！”长亭大伯变了脸，阴云满面，“我的舌头是一条桑木扁担。”

“十年河东，十年河西，大河十八年都要拐两个弯，怎么就是您偏要一条道走到黑？”云桂香争吵起来，“人家尹大伯和尹大娘，不是茂才哥的生身父母，却疼他像自己身上掉下来的肉；您这个亲爹铁石心肠，不依不饶，难道不怕乡亲们戳您的脊梁骨？”

这真是一阵雨打芭蕉，打得长亭大伯猛一转身，挥起鞭子甩了个震天响的鞭花，赶起羊群躲到远处去。

“大伯……大伯呀！”金铃兰追赶着，跌倒爬起来，“茂才大哥经过十年动乱，死里逃生，换了个人啦！”

长亭大伯站住脚，并不转过脸来，说：“铃兰子，替我拜上尹家老两口，我敬他们像自家的长兄大嫂。”

“茂才大哥……”

“尹大哥和尹大嫂的儿子尹荇，也就算是我的侄子。”

“尹荇要来看您……”

“八个碟吃面！”长亭大伯又猛一转身，目光炯炯盯着金铃兰的眼睛，“他哪一天娶媳妇，办喜事，我随一千块钱的份子！”

金铃兰感动得哭了，深深鞠了一躬，说：“大伯，我陪同尹荇前来，给您老人家请安。”

“好闺女！”长亭大伯老泪盈眶，“大伯也像尹家老两口疼爱尹荇，疼你像自己的亲生女儿；你哪一天出门子，我掏一千块压箱子钱。”

“爹！”金铃兰扑到长亭大伯怀里，扒着老人的肩膀哭道，“我不要您的一分一文，只想一辈子孝顺您。”

“把我的口信捎给尹荇吧！”长亭大伯含泪笑道，“下个星期日你俩搭伴来看我，十二个碟吃面。”

天上飞过一对喜鹊，这两三年运河滩上的喜鹊也多起来。

于是，我当起了鲁班，搭的是鹊桥。

45

谷秸和我的冤案平反以后，两人志趣不同，各行其是。我重返文坛，他隐居田园，一年见一回面，我下乡他进城，有如走马换将，外交互访。我在城内被戏称都市的乡下人，他在牛背村也被叫作乡下的城里人，可说很有异曲同工之妙。

冤案平反那年，谷秸已经整整五十岁。五十而知天命，他比我冷静得多；蛰伏牛背村二十又一年，他虽没有四大皆空，六根除净，却也淡薄了功名利禄，甘愿躬耕陇亩了。

他当了三年支部书记，一靠政策二靠科学，牛背村家家吃得饱穿得暖，他就急忙交班，一天也不恋栈。无工不富，无商不活，他又分管了两年村办工厂、建筑队和运输队，看到户户盖上新房，不少姑娘小伙子买上了轻骑摩托，他又及时功成身退。村里还想给他保留党支部委员、村委会委员和村办农工商公司董事三个头衔，他却一个也不接受。退就退个干净，不能拖泥带水。

他一直孤身一人，从一线退下来，年过半百望花甲，却想起了结婚。

牛背村到北京，不过百里之遥，往返只用三个小时，他偏到镇上拍了个加急电报，招呼我赶快到牛背村来，给他当媒人。

谷秸的隐私，只向我一人公开。他虽然大半辈子没有婚娶，却并不是没有沾过女人，而且沾过不止一个女人。他跟这几个女人未能结成夫妻，都怪不得他。平反以后这几年，他从贱民一跃而为本地名人，又有文化，有风度，有气魄，仪表堂堂不见老，想嫁给他的女子不计其数，给他保媒的人也很多。媒人中有他过去的三个相好：干姐姐早青儿、已经官称郝大嫂的张三鸭头、如今嫁给离休高干当填房的周翠霞。但是，他像木雕泥塑石头人，面无表情不点头，不赏这三个老相好的脸。现在，他突然改弦更张，想结婚而又找我保媒，不能不令我感到疑惑。

君子爱财，取之有道。谷秸平反时提前离休，每月拿着百分之百的工资，但是他在牛背村还提成、分红、拿补贴，几年收入也使他成了万元户。村委会为节省住宅占地而兴建牛背新村，谷秸带头盖起一座二层小楼，楼上楼下都是两室一厅，当时惊动了方圆左右的村村庄庄，十分光彩夺目。几年过去，村风民俗大变，楼房更多，规格更高，他这座小楼早已黯然失色，寒酸而陈旧。

我走进小楼的绿栅栏门，就听见楼下的客厅里叽叽呱呱一台戏，几个女人正鸡一嘴鸭一嘴吵成一锅粥。进屋一看，原来是早青儿、郝大嫂和周翠霞。她们虽然各吹各的号，各唱各的调，围攻的却都是谷秸一人。

身陷重围的谷秸见我露面，就像即将淹死的人看见了救生圈，苍白的面孔有了血色，挓挲着双手叫道："兄弟，救我！……"

这三个女人我都有一面之识，她们跟谷秸的瓜葛，我都了如指掌，三人一齐登门，形势必定严重。

“老兄，你是不是被困垓下，四面楚歌？”我强忍住笑，问谷秸道。

谷秸满脸苦相儿，有气无力摆了摆手，说：“还是听她们唱吧！”

“我说！”周翠霞抢先举手，像开会发言，“大老远的我来给他说媒，他却扭转身子掉屁股，不受我这炷香。”

这位女演员出身的离休高干夫人，积重难返改不了舞台习气。抬手投足，眉飞眼动，都过度夸张，像在做戏。她软磨硬泡，想叫谷秸收下的女子，是她被分配到文化馆当艺术辅导之后，独具慧眼发现的一个人才。这个女子是一家服装店的合同工，常到文化馆学舞蹈。她在服装店有时站柜台卖货，有时站橱窗当衣裳架子，也就是活模特儿。这个女子过去跟别人试过婚，却都没有正式登记。通过深入而深刻的切身体会，她认定老夫少妻才是美满良缘。

“模特儿女郎，我消化得了吗？”谷秸哆嗦着手点烟，划不着火柴。

周翠霞还想磨嘴皮子，郝大嫂已急不可耐，说：“不能你一个人包场，也该我唱两段啦！”

郝大嫂已经五十大几，这几年日子富足，天天吃细粮，菜里油水足，眉眼脸蛋反倒比前几年细嫩而又水灵。郝大嫂改嫁原配丈夫的胞兄郝大嘴岔子，虽然合法合理而又合情，并不是伤风败俗，但在本村却难免有人嘁嘁喳喳，指指点点，便来到牛背村投靠谷秸。牛背村村办企业增多，务农的人年年减少。郝大嘴岔子年过花甲仍然力大如牛，好汉不减当年勇，便跟郝大嫂转包了五十亩地，侨居牛背村拿到了“绿卡”，打算盖房子报户口了。

谷秸一副哭笑不得的模样儿，偷偷向我扮了个鬼脸儿，说：“兄弟，你洗耳恭听吧！”

郝大嫂劝谷秸消受的这个女人，是县农科所一位技术员，下乡推广科学种田，常在郝大嫂家落脚，一来二去便姐妹相称。这位女技术员年已四十，曾是工农兵学员，具有大专学历。她只念过小学，能到大学当工农兵学员，并不因为她是贫下中农出身，而是由于她和公社革委会主任的暗中交易。在大学里生活和学习了二年，虽然只不过是镀了一层金，但多少也算学有专长，人品上懂得了自尊和自重。毕业后回到本乡的农技推广站工作，那位革委会主任又来骚扰。她已经今非昔比，十分厌恶革委会主任的粗野、残暴和卑污，但是又惹不起这个地头蛇和土皇上，只得忍辱屈从，堕过两回胎。同时，她偷偷寻找脱身之路。单身女子，孤立无助，只有嫁个强有力的男人当靠山，才能摆脱困境。于是，只要有个男人比公社革委会主任胳膊粗、势力大，她就情愿嫁他。正巧，县革委会有个常委，原是屠宰场的操刀手，造反起家，步步高升，竟在县革委会中分管政法公安。操刀手常委的老婆也是个女造反头子，武斗中重伤致残，半腰截瘫，操刀手常委只当她活不了几天，不等她咽气就急忙找接班人。有人牵线，女技术员便投入操刀手常委怀抱。操刀手常委占下女技术员以后，找个借口给公社革委会主任一个下马威，替女技术员出了气。谁想，截瘫老婆活了一年又一年，不但没有死，反倒能够架起双拐行走，女技术员也就永无转正之日。后来，操刀手常委因血债累累而被捕判刑，女技术员也被隔离审查了几个月。所以，虽然年过四十，两度失身，却仍属未婚大龄女子。郝大嫂心眼好，就想在女技术员和谷秸之间搭座鹊桥。

“三鸭头，你可真是乔太守乱点鸳鸯谱！”谷秸叫着郝大嫂的小名儿，板着脸却两眼含笑，“这位女技术员是我给咱村请来的财神，我比你更摸她的底，人家早有对——象了。”

“她红口白牙跟我说她孤身一人过日子呀！”郝大嫂粗脖子红脸地犟嘴，“你知道她的对象是谁？”

“一个有妇之夫，正打离婚官司的有妇之夫。”谷秸被郝大嫂那目瞪口呆的神气逗得笑出声来，“那个男人是县医院的大夫，离了婚就拿女技术员补缺。”

“这个娘儿们怎就改不了老毛病，一辈子喜欢当姘头拉帮套呀！”郝大嫂被人捉弄，气得脸皮紫黑。

早青儿不慌不忙，慢声细气，说出她想保媒的那个女人。

那个女人是早青儿本家的一个小姑子，今年三十八岁，还是个黑子红瓤女儿身。十八年前，她二十岁时，是牛背村的一名美女，宣传队里的女主角。当时，有个支左的军官想娶她，却被小人捣乱破坏，散布流言蜚语，说她早已是娄瓜烂杏脏身子，那个支左的军官误信谣言，只当她已不是黄花闺女，变心改口打了退堂鼓。她气恨交加，手拿堆麦垛的铁尖禾杈，当众将那个造谣小人穿了三五个透明窟窿，鬼叫一声倒地身亡。小人的老婆哭喊着找她拼命，她的禾杈又把小人的老婆扎了个半死。多亏她是贫下中农出身，那个造谣小人是个上中农，法院才判她死缓。她坐了十八年牢，三次减刑两次改判，刚从劳改农场放回来。虽然仍然清眉俊眼，又在劳改工厂学会了几种技术，现在村办工厂当技工，却因为她背着个杀人犯的名声，男人谈虎色变，也就无人问津。

“我的胆子不小，也不存偏见。”谷秸满怀同情，却又长叹一声，“只是一个萝卜一个坑，不能留有余地；已经有个女同志抢先一步，我不能三角四棱。”

“谁？”周翠霞、郝大嫂和早青儿异口同声问道。

谷秸抬了抬下巴，指了指我，说：“这个新闻发布会，你当发言人。”

我莫名其妙，心中无数，连连摆手道：“你还是不打自招吧！”

谷秸却向我挤了挤眼，说：“大胆揭发吧！不必替我保密。”

我被逼到进退无路，顾不得左思右想，脱口而出道：“方梦菲。”

“正是此人！”谷秸一拍大腿，哈哈大笑。

46

周翠霞、郝大嫂和早青儿，一个个大失所望，离开谷秸的小楼，到早青儿家八碟四碗吃午饭。

早青儿的丈夫邓白脸子坐牢十几年，结交了三教九流各色人等，从劳改农场放回来以后，在家里没有焐热屁股，便一个筋斗翻出十万八千里，左东右西，上北下南，跑码头做生意。他的路子四通八达，多而且广，三年时光大发了横财，盖起的小楼高出谷秸一层，房间也超过谷秸两倍，一跃而成牛背村首富。谷秸将支部书记交了班，兴建村办工厂，邓白脸子马上破私立公，不但掏钱入股，而且甘愿在谷秸麾下当一名马前卒，为村办工厂的产品当推销员。

我曾劝谷秸多加小心。

“鸡鸣狗盗之徒，也应不拘一格，用其所长。”谷秸一副运筹帷幄、决胜千里的神气，“当然，要抓住缰绳，勒紧嚼子，不能失控，防其所短。”

他充分使用邓白脸子，但是并不重用和信用。自他从一线退下来以后，邓白脸子在新任总经理手下，撑竿跳高三级跳远，当上了业务经理，出席过县里的乡镇企业家表彰大会。

谷秸好像变了个人，时时、事事、处处都是利字当头。他聘请周翠霞那个离休的高干丈夫当村办农工商公司顾问，每月敬送大洋五百元。不称劳务费，也不叫辛苦费，巧立名目曰保健津贴。这位离休高干的老上级、老同事、老部下遍布全国各地，牛背村农工商公司的业务人员跑到各地出差，随时携带离休高干的八行书，无往而不利。

谷秸跟我可算亲如手足的生死之交，我也算个社会知名人士，只因在我身上无利可图，他不但舍不得每月送上保健津贴五百大洋，甚至连五十块钱也没花过。他曾送我两件牛背村服装厂出产的短袖汗衫，同时勒令我每次参加盛会，必须身穿他送我的短袖汗衫出场，还要左顾右盼，搔首弄姿，给他们的产品充当流动广告。

企业家的谷秸跟书呆子的谷秸，反差强烈，判若两人。

“你想娶方梦菲，又打算牟取暴利吧？”我满脸轻蔑的冷笑，挖苦地问道。

“我一不从政，二不经商，便回归了本性。”谷秸正色而又郑重，“娶方梦菲为妻，完全出自纯情！”

“老兄，是她害得你划‘右’！”我提醒谷秸。

“那是因爱生仇。”谷秸笑着点起一支烟，怡然自得，喜形于色，

“我们之间暗中相爱三十多年，一直心照不宣。”

“我怎么没听说过呀？”

“对外我们便是秘而不宣。”

“我连一点痕迹也没有看出来。”

“那是你目中无人，眼空无物。”

“事无巨细，从实招来，我要探究考证，评真辨伪。”

“请你当媒人，我就无话不可对你言。”

三十多年前，北京解放初期，方梦菲和谷秸同事时，还是个十几岁的少女。谷秸的书生意气，惹动了少女的春心，两人也曾月上柳梢头，人约黄昏后；逛天坛公园，看天桥杂耍儿，华乐剧院听戏，大观楼影院看过当时尚未禁演的《魂断蓝桥》。谁知，党委书记老佟死了老婆以后，眼睛盯上了方梦菲。老佟胸有城府，手段高妙，他在向方梦菲开口求爱之前，使用迂回战术，一连三个晚上找谷秸谈话，都是通宵达旦。他一不威吓，二不利诱，只是晓之以同志爱，动之以战友情，轻而易举感动和降伏了谷秸，自觉自愿忍痛割爱。于是，方梦菲唾手而得。方梦菲结婚以后，不但跟老佟年龄差距大，而且跟老佟的生活习惯和为人处世的态度差距大，上床毫无热情和活气，脑瓜子里想的是谷秸。她只要一有机会，便向谷秸眉目传情，暗送秋波，甚至偷寄情书，倾诉衷肠，约定时间想跟谷秸幽会。谷秸却比坐怀不乱的柳下惠更死硬，恪守“非礼勿言，非礼勿视，非礼勿动”的旧道德，不肯违背他对老佟的许诺。方梦菲见谷秸不为所惑，爱之深也就恨之极，常在老佟耳边吹冷风。老佟的眼力能够入木三分，早已看出方梦菲对谷秸藕断丝连，旧情浓厚，谷秸也不过是佯装冷淡，却未必心如死水。疑而生嫉，嫉而成恨，老佟早已盘算如何收拾谷秸。因而，大鸣大放反右斗争，头脑简单而又感情用事的方梦菲揭发谷秸反党，老佟一不避嫌，二不兼听，独断专行地把谷秸划了右。谷秸回到牛背村务农十年以后，想不到被折磨致残的老佟和身心交瘁的方梦菲，发配下放到牛背村插队落户。旷男怨女旧情人，相见之下情如隔世，同命相怜也就勾销了旧债。老佟是一具活尸，方梦菲人地生疏，谷秸不能不多方照顾，诸事代劳。方梦菲有重修旧好之意，老佟甘愿不闻不问，但是谷秸又不肯乘人之危，占活人妻。老佟病死，方梦菲返回城里工作，为了保护自己，求得生存，表现得左而又左，当然不跟谷秸来往。谷秸的冤案平反，不肯回城而提前离休。方梦菲却想在改革开放中大有作为，当上处级干部又想攀上局级，一心扑在工作上，不把胸无大志的谷秸放在眼里。谷秸为牛背村脱贫拼了五年命，她也为自己的升官折腾了五年整。谁想，官场行情变化，她累出了更年期综合征，又因年龄偏高而不被提拔。她心灰意冷，一怒之下打报告申请病休，上级领导正求之不得，马上照准，并不挽留。眼下，她孤身一人，在大杂院住两间小房，茕茕孑立，形影相吊。

我听罢谷秸的招供，摇头道："你这是怜悯，不是爱情，方梦菲不会接受你的施舍。"

谷秸笑道："正因如此，才请你这个钟馗打'鬼'，张天师捉'妖'呀！"

"我有这么大威力？"

"她正有求于你，你就够——威够——力。"

"说话别绕弯子。"

"方梦菲离而不休，官瘾不减，成立了一个乡友联谊会，自任会长。听说你跟民政局长是好朋友，想走你的后门，请你美言几句，得到民政局社团管理处的批准。”

“成立这个会，有没有用处？”

“她打算联络北运河在外工作的乡友，包括曾经在北运河工作、插队、站过脚的外乡人，为北运河各村的村办企业招揽人才，引进资金。”

“是个善举，大好事！”

“你有兴趣，当个名誉会长吧！”

“我的有名无实的头衔太多了，还是你担当这个重任，将来办成夫妻店。”

“我只能地下活动，一公开露面就惹恼了方梦菲。”

“又跟我故弄玄虚。”

“这个乡友会的活动经费，是我指使牛背村农工商公司提供的。”

“既有钱财来往，怎能瞒得过她？”

“蒙她的是她的副会长秘书长，只说是从农民企业家的腰包里挖出的赞助。”

“麻雀虽小五脏俱全，连副会长和秘书长都已经全副配备。”

“这两个人是我的内线，也是你的熟人。”

“何许人也？”

“吃过饭你赶快打道回府，替我保媒，我把这两个人的名字写在纸上，回家打开一看，便榆木疙瘩开了窍。”

“你何不短兵相接，偏叫我当个二传手？”

“我跟她是‘买卖’婚姻，不能没有个掮客。”

吃过谷秸的美酒佳肴，我又酣睡到夕阳西下，醒来谷秸端茶送客，催我上路。

一来一往，乘坐的都是牛背村农工商公司的“蓝鸟”牌小卧车。北运河民间有个新编顺口溜：“别看我的官儿小，出来进去坐‘蓝鸟’。”形容农民企业家的阔佬派头儿。谷秸在牛背村虽然已经没有一官半职，但仍享受最高待遇，一声令下便有汽车侍候。我沾他的光，乘“蓝鸟”而奔驰。

回到北京的家，家人已在门前张望多时，说是有三位贵客临门，为首的自报家门叫方梦菲，随行的二位是一男一女两口子，一个叫尹荇，一个叫金铃兰。

我打开谷秸的纸封，只见两个名字赫然入目，原来谷秸安插在方梦菲身边的内线，正是这伴驾的二位。

47

外语学院出身的尹荇，办洋务办得越来越洋气十足。我这位乡亲老弟，几年前还口口声声要当个文学翻译家。不但把外国作家的作品译成中文，而且要把我和其他中国作家的作品译成外文，戏称自己是个文学二道贩子。信誓旦旦，言犹在耳，他却早已弃文从商，眼下在一家不大不小的进出口公司当副经理。他经常出国，奔走港澳，生意场上春风得意，身子一年年发福，头发也一年年谢顶，戴闪闪发光的金丝眼镜，穿料子高级款式上等和硬通货购买的西装，手指上的钻石戒指更衬托出他那吃洋饭的身份。他自己驾驶公司的小轿车，上班下班，四处交际，办公私用，随便驱使。三年前结婚的妻子金铃兰，在一家发行量不多不少的旅游杂志当记者。他俩到这两个单位工作，都找我帮过忙。那家不大不小的进出口公司的党委书记，是我中学时代的老同学；那个发行量不多不少的旅游杂志的社长，是我大学时代的一位学弟。我只不过动了动嘴，方梦菲却给他们跑了不知多少回腿。那家不大不小的进出口公司的总经理，是方梦菲已故丈夫老佟的老部下，那家发行量不多不少的旅游杂志的主管单位人事处长，是方梦菲的密友，情同姐妹。一个篱笆三根桩，一个好汉三个帮。尹荇和金铃兰的工作调动，谷秸的帮忙也不小。进出口公司主管单位的人事局长，曾是谷秸的老同学和老同事，私交极深。牛背村农工商公司是旅游杂志的广告大户，谷秸也就好比是旅游杂志的财东。主编服从上级，重视友情，更不敢得罪财神爷。

所以，尹荇和金铃兰对我、方梦菲和谷秸都执礼甚恭。正因如此，他们一面热心协助方梦菲成立乡友会，一面也充当谷秸在方梦菲身边的内线。

我和尹荇虽是乡亲兄弟，但是他小我几岁，念书也晚我几年，来往不多。不过我和他的老爹长亭大伯，以及他的前妻玉盘大姐，却是多年的深友了。

我小时候，本村没有小学，上学要到邻村就读，每天都要从长亭大伯的门口路过几回。长亭大伯家有一条花条纹白脑门的大黄狗，个头如虎，吠声如豹。小学生没有一个不望而生畏。我们的老师怕学生被大黄狗咬伤，每天早晨、中午、晚上都迎送到村口。老师送走学生，都到长亭大伯家站一站，坐一会儿。我是老师的得意门生，老师有时就把我带进长亭大伯家串门。长亭大伯家有几棵杏树、桃树、枣树，我没少享用他家的香白杏、水蜜桃和老虎眼红枣儿。

日久天长，我也长大了，自己就随便出入长亭大伯家门。那时，尹荇还是个穿开裆裤的黄口小儿，扑前赶后地管我叫大哥，活像一只白鼻子板凳腿的巴儿狗。

后来，我进城念书，寒暑假回村，仍然常到长亭大伯家走动，进门脱鞋就上炕，一点不见外。赶上吃饭，哪怕是贴饼子熬小鱼儿，也要饱餐一顿。在长亭大伯眼中，我贵如两榜进士，他一心以我为样板，塑造他的儿子。谁想，我一帆风顺昏了头，惹怒龙颜划了右，回乡务农成贱民。匿居荒屋寒舍没脸见人，除了下地耕作便闭门不出。过了十天又半月，长亭大伯耳闻此事，大白天亲自登门看望，抻胳臂拽腿把我拖到他家，杀鸡买酒，盛情款待。吃得我顺嘴流油，醉得我哭叫呕吐。

也许这一哭一吐使我散尽了心中的郁闷，从那以后便轻松爽朗多了。落难之中得到长亭大伯的同情和救助，好比数九寒冬穿上老羊皮袄，前胸后背都像被火盆子烤得热烘烘，我就更常踩长亭大伯的门槛了。

但是，考上大学的尹荇，入学之前成了亲。论乡亲辈分，尹荇的媳妇玉盘大姐是我弟妹，我是大伯子。北运河乡俗，大伯子和弟妹之间有很多戒规，我常到长亭大伯家走动不但失礼，而且会招来风言风语。长亭大伯是个严守老礼的长辈，并不嗔怪我因避嫌而疏远，过其门而不入。不过，我给我们村放两头牛，他替他们村放一群羊，差不多每天都在河滩草地上见面。尹荇念到大学三年级，跟一个女同学有了恋情，给家里写了一封断头信，跟玉盘大姐闹离婚。长亭大伯气得把杀猪刀磨得雪亮，要进京找到尹荇和那个女大学生，一刀砍双头，连伤两条命。玉盘大姐劝阻不住，只得请我拦驾。我说尽千言万语，才打通了长亭大伯的思想。但是，老人却又叫我代笔写下一纸文书，收玉盘大姐为女，同时将尹荇开除家籍。我迫不得已，只得俯首听命，但在遣词造句时，尽量使用模糊字句。长亭大伯夸我笔下生花，却不知打了一连串的埋伏。玉盘大姐成了长亭大伯的养女，我的身份也相应改变，从大伯子弟妹，变成了本乡兄妹，说笑不必拘束了。所以，玉盘大姐坐地招夫，相中了憨厚可爱的何大壮，我不但替长亭大伯对何大壮进行内查外调，而且给玉盘大姐敲边鼓帮腔，对何大壮进行婚前训话。

尹荇和金铃兰正式结婚，回家拜见老爹，是我展开穿梭外交活动，不但劝得长亭大伯宽恕了逆子，而且也说服玉盘大姐不念旧恶，笑脸相迎。尹荇和金铃兰回家住了三天，我也陪同了三日，临行之前，我拿出自己的傻瓜照相机，给他们拍摄了一幅全家福。长亭大伯端坐在一张太师椅上，玉盘大姐和何大壮，尹荇和金铃兰，一左一右分站两厢，玉盘大姐和何大壮的一儿一女，半蹲在长亭大伯膝下。照片上充满天伦之乐，谁也看不出这是个拼盘。

金铃兰在运河滩插队的时候，我就见过她，只是当时我小心避嫌，不跟知青交往，也就没有跟她说过话。一九七七年她考上大学，不久我的冤案也得到平反，她那个大学举办文学讲座，派她来找我讲了一回。毕业后，她又为工作分配请我替她说话。所以，她一直尊称我为老师，而不随着尹荇管我叫大哥。

我从“蓝鸟”上下来，在门口跟家人对话，尹荇和金铃兰闻声迎出了门。

“大哥！”尹荇满面红光，神充气足，一望而知不是升官便是发财，万事如意。

“老师！”金铃兰也一身珠光宝气，隐约可见贵妇风采。

我看了看尹荇，又瞧了瞧金铃兰，笑道：“你们两口子双双光临舍下，必是有所吩咐，进院谈吧！”

“慢！”尹荇低声把我拦住，“门外说话方便。”

我家门外，有一棵龙爪槐，金铃兰抻着我的衣角，把我扯进树影里。

“老师，我跟尹荇要到香港工作了。”树影中虽然幽暗不明，我那深度近视眼也看出金铃兰的面带骄色，“临走留下一桩大事，放心不下，要请老师代劳。”

我正要问她有何事相求，尹荇抢过来说：“撮合方梦菲大姐和谷秸大哥的美满姻缘，这个月老儿的角色非您莫属。”

原来，尹荇放了个外任，被进出口公司派到香港设立分支机构，对外是独立经营的商行的经理。金铃兰随夫上任，在商行里当个挂名的职员，平日陪伴尹荇出入交际场合。

“你们哪一天动身？”

“明天回村拜别老爹，后天到牛背村向谷秸大哥辞行，大后天就乘飞机走。”

“你们顺便牵一条红线，一头拴上方梦菲，一头拴住谷秸，不是一举两得吗？”

“我们倒是想当这个媒人，可惜档次不够。”

“我能做谷秸的主儿，就怕碰方梦菲的钉子。”

“方大姐就等你的金口玉言哩！”

“她也有此意？”

“方大姐听说不少人给谷秸大哥说媒，已经急得寝食不安。”

“她又没有到牛背村去，怎么知道有不少人给谷秸保媒？”

“方大姐在谷大哥身边有眼线。”

“谁？”我问。

“不言自明。”尹荇嬉笑道。

我恍然大悟，说：“原来你俩是‘两栖间谍’，在谷秸和方梦菲之间倒卖情报。”

“这也是进出口生意呀！”尹荇三句话不离本行，“我到香港，也要为运河滩乡镇企业的产品开辟市场，充当这边的代办和那边的买办。”

我被尹荇和金铃兰纠缠不放，在院里等候的方梦菲已经很不耐烦。一阵紧急清脆的高跟鞋声，怒容满面的方梦菲带着一股香风跑了出来。

我跟方梦菲早见过面。五十年代我在学校念书时，谷秸曾经带着方梦菲到学校看过我。当然，那是在方梦菲婚前。十几年后，十年动乱中，我跟谷秸暗中常有来往，有时我到牛背村找谷秸，也见过被驱赶到牛背村落户的方梦菲。这几年，谷秸每年进城跟我相见，都有方梦菲陪同。所以，方梦菲每年给我留下的印象，都使我产生新潮老来俏的感觉。头上美发，脸上美容，身上时装，参加健美比赛当中老年模特儿，腰围一尺七还要减肥。每月的退休金，不够这几方面的开支，便另想生财之道吃回扣，拿佣金，工资外的收入超过工资三倍。不过，她虽然喜好时髦，却毫不令人肉麻。她那高贵的风度来自天生的官气。当干事而有科长派头儿，当科长而有处长派头儿，当处长而有局长派头儿。这些超前的官架子并非装腔作势，而是浑然天成。

她走出我家院门，在门灯下站定亮相，牛仔裤蝴蝶衫最引人注目。五十岁的年龄，四十岁的脸蛋儿，三十岁的身腰，二十岁的装饰。

“老刘，我还有个约会。”方梦菲满脸不悦神色，抬起腕子看了看表，手指上的钻石戒指闪光刺眼，“明天上午十点，我在孔膳堂请你吃顿便饭，九点半准时派车来接你。”

这是命令，不是邀请，完全是上司向下属发号施令的口气。

尹荇却苦起脸儿，说：“明天我还要带着金铃兰回老家。”

方梦菲冷着脸子，不许讨价还价，说：“上午吃饭，下午走。”

“下午走一点儿也不晚。”金铃兰十分知趣，“我跟尹荇，正想对刘老师略表敬意。”

尹荇也赶忙逢迎讨好，扔下我跑到对面的街心空场，开过一辆奔驰牌小轿车，金铃兰打开车门，搀扶方梦菲上车。嘀嘀两声，轿车奔驰而去。

“妙不可言！”我望着远去的车影，轻笑着低声自言自语。

这本是谷秸概括方梦菲特点的后半句话。前半句话也是四个字：深不可测。

48

我甘当敲门砖，替方梦菲敲开大门以后，一不要报酬，二不挂虚衔，也不过问她的活动，干涉她的内政。只是耳闻她为运河滩的村办企业招聘了不少离退休的工程师和技术工人，也为了这些村办企业的外向发展而奔走京、津、沪、穗等大城市。还曾飞赴香港，下榻尹荇和金铃兰的商行，一手推销产品，一手引进外资。她走南闯北，东奔西忙，忙得顾不上跟谷秸结婚，却仍旧严禁谷秸娶别的女人。我跟谷秸还是每年互访一回，方梦菲不管多忙也能分身有术，陪同和监护谷秸对我的出访和接见。谷秸多么想跟我倾吐胸中的苦闷，却因方梦菲的紧傍身旁而难以开口。

少年夫妻老来伴，跟谷秸朝夕相伴的只有文房四宝：纸、笔、墨、砚。他的字一年比一年更见功夫，他的画也一年比一年更有特色。凡是自鸣得意之作，便自费裱装，奉送他所看重的人。他画了一幅《青梅竹马》，送给早青儿，画了一幅《风雨归舟》，送给郝大嫂，画了一幅《残荷听雨》，送给周翠霞。这三个女人对书画都一窍不通，看见谷秸送给她们的画却哭了。早青儿泪下如麻，郝大嫂泪如雨下，周翠霞泪如泉涌。

我夸他的画有神来之笔，沁人心脾，感人肺腑，动人心弦。谷秸干笑两声，两声干笑，给我说了个故事，用以自嘲。

他说，当年他在北京上学，有空就到票房走动。一回，名票金大少请他到家做客，金大少不但能唱京戏，而且琴、棋、书、画无所不能。在金大少的书房里，金大少为他弹奏古筝，一曲《高山流水》，又一曲《十面埋伏》；他不懂奥妙，也不知好歹。金大少收了手，却听见门外有女人啜泣声，开门一看，是送茶的老妈子。

“我弹筝待客，你哭哪家子丧？”金大少气得脸子变了色，嗓子岔了声。

“我听您弹……弹……弹这个……这个……玩意儿……心一酸……

就……”老妈子一把鼻涕一把眼泪，泪水哽咽了喉咙。

难得知音，知音难得，金大少急忙问道：“是不是听我弹奏古筝使你浮想联翩，百感交集？”

老妈子点点头，说：“我……想起了我那……死鬼男人。”

“你已故的丈夫也会弹筝？”

“他串乡走村弹棉花。”

我被谷秸逗得笑出了眼泪。

“我的字和画，也就是弹棉花的水平。”谷秸一边自嘲，一边铺纸，又要写字作画白送乡亲。

但是，他的字画却不肯赠送方梦菲。

方梦菲越来越手眼通天，不知走哪道后门，从哪条路子，竟捞来一套三室一厅的公寓。在装修客厅时，她出题叫谷秸给她画两幅画，财气冲天洋味十足，谷秸拒不受命，断然罢笔，两人赌气几个月不照面。

不过，谷秸却上赶着送我一幅画和一幅字，而且是绢裱。

画题《五柳先生》。画面上那个“园田涉以成趣，门虽设而常关。策扶老以流憩，时矫首而遐观”的陶渊明，巾履衣裳是古人风貌，脸子却是借用我的五官。那一幅字，是行草《归去来辞》，走笔随意即兴，不拘一格，可以看出心情很不平静。我把字画挂在陋室正壁，然后面对字画放了一张小桌，摆下八盘我爱吃的酒菜：猪耳朵、猪口舌、猪大肚、酱牛肉、鸡杂儿、五香卤花生、葱花拌豆腐、黄瓜海蜇皮，打开一瓶我爱喝的运河老窖。一边自斟自饮，一边观赏字画的旨趣，捕捉只可意会不可言传的画外音。

半斤老酒下肚，八盘酒菜吃光，头晕脑涨，醉眼蒙眬中，我的视力好像入木三分，穿透纸背，识破画中之话，乃是谷秸向我呼唤：叶未落而归根！《归去来辞》的字里行间，更回响着手足之情的心声。

这使我想起一个多月前，麦收以后西瓜开园时节，我在北运河两岸跑了三十六村一百零八户，回城之前又在牛背村下马。夜晚，在牛背村外，葫芦汊子岸边，陪谷秸看守瓜园，月光下促膝长谈。

谷秸是个离休干部，但自愿列入农村户口，不愿把他那份口粮田转包他人。一定要亲自躬耕，从地里打出自己的口粮，自食其力才心安理得。

喝了酒，又吃了西瓜，半醉半醒；月光被夜风吹得在水面上波动，令人情不自禁产生种种奇思妙想。

谷秸冷不防突然问我道："兄弟，假如你不当作家，现在会是什么样子？"

我毫无思想准备，一时竟被问得张口结舌。

沉吟半晌，我干笑两声，说："创作为业，卖文为生，写了四十年小说，我今生还有什么'假如'可言呢？"

"你本来可以当官，而且能当大官。"谷秸是个杂家，戴着帽子当贱民时，曾研究麻衣神相以自娱，"可惜你下巴短了一点，五官缺相，也就失掉了官运。"

他的神气和口吻，整个儿是一副算命先生的嘴脸。我笑得前仰后合，说："我压根儿没想过在仕途上进取，你何必为我惋惜？"

"当年如果你不从文也不从政，会走哪条路？"

"赶上新中国新社会，我当作家是势所必然。"

"倘若晚解放十年，你还能当作家吗？"

“我想可能。五十年代的同辈作家中，不少人比我大十来岁。”

“假如你早生十五年呢？”

我想了又想，没有马上回答。

早生十五年，解放那年我该是二十八岁，年龄还不算大，当作家仍在可能之中。不过，谋生之路已经确定，身负家室之累，不务正业而迷恋习作，不顾老婆孩子的衣食而沉溺于写小说，又可能性很小。

于是，我接着想下去。假如我解放前已经成人，最多只有五条出路：一是务农，二是经商，三是教小学，四是说评书，五是当八路。

我家在一九四七年老解放区土改时被划为上中农，全家五十二亩半地。我父亲弟兄四人，分家每人可得耕地十三亩。我的同胞弟兄五人，分家我只能得到耕地二亩六分。二亩六分地便是我的全部家底。

祖父和父亲希望我家出个读书人，我有可能读完初中或县立师范，毕业后在本乡教小学。

我有二亩六分地而又教小学，娶媳妇不成问题，但是只能娶贫下中农的姑娘，地主富农家不要没有根基（土地）的女婿。我的外祖父是教私塾的先生，我的外祖母是贫农家的女儿，我在婚姻上只能重蹈旧辙。

早婚是旧社会的陋习之一，我家老人也盼望快一点传宗接代，香火旺盛。所以，我在十六岁到十八岁之间必定结婚，到二十八岁时至少五个子女。五张嘴嗷嗷待哺，等着我给他们填饱肚子，我哪里还会想到写小说当作家？

我的父亲更想送我到金店或钱庄学徒，将来也当掌柜，发大财，成为富商。娶个大宅门的千金小姐，攀龙附凤，爬进上层。然而，这种奢望也许能黄粱一梦，在现实中百分之九十九点九定会落空。即便如愿以偿，整日纸醉金迷，灯红酒绿，沉浸铜臭，尔虞我诈，哪里还会想到和顾得文学创作？解放后被划为资本家而能同时当作家的人，我从未见过。“一切向钱看”之风冲击社会，颇有几个文人投笔从商。据我所知，钱没有赚到，作品也写不出来了。

我的家乡，盛产戏曲和曲艺演员。吃开口饭也是一条生路。我在我的小说中常写乡土艺人，因为那是我的家乡的地方特色之一。小时候，我在本村农闲时节临时拼凑的“狗打架”戏班，学过两出京戏，但是扮相看着顺眼，张嘴唱起来却听着极不悦耳。唱戏没有嗓子，那就是祖师爷不赏饭。相比之下，我对评书艺术既有兴趣，又有天分，如果投师学艺，或有所成。然而，说书卖艺在旧社会是下九流的职业，不但家里老人要严加禁止，同宗本姓也会百般阻挠，此路也肯定不通。

一九三七年抗日战争爆发，一九四二年我的家乡成为抗日游击区。如果我早生十五年，当时应是二十一岁；炕上躺着两三个孩子，想当八路就会束手缚脚，多半是在村里当干部。但是，一九四七年土改时，会因出身上中农而被“搬石头”。从此一蹶不振，脸朝黄土背朝天，三十亩地一头牛，孩子老婆热炕头了。

我生也晚，欣逢开国之初的盛世良辰，自己又有点小聪明，于是当上了作家。然而，从一九五七年“划右”到一九七九年“改正”，我还是回乡当了二十多年农民。至今计算实际出工用时，我当农民比当作家的日子多。

“你蒙冤受屈二十二年，应该重返文坛大显身手。”谷秸抱膝望月，目光迷离，“但是，这几年家乡人才流失，也是你开了个大口子。”

此语我听着恼火，反问道："难道是我带头弃农经商，进城当盲流？"

"农家子弟都不爱上学，文化素质严重下降。"

"那你就该周游各村，挨户劝学。"

"上大学的一年比一年少，还都是有去无回。"

"我可以做一做这些孩子们的思想工作。"

"哪如你这尊菩萨坐定鱼菱村，身教重于言教。"

我们好像无话可谈，只剩下长吁短叹了。

也许，谷秸赠送的一字一画，正是借古讽今，将上回中断的话题婉转陈词。他打发我最喜爱的乡亲晚辈金如土送来，也必有用意。可惜，金如土只站了一站，连口水也没喝，便匆匆赶奔美国驻华大使馆办理签证，准备到哥伦比亚大学念博士学位。

一瓶酒八盘菜，被我风卷荷叶吞入肚腹。夜深人静，我在谷秸的字画前似有所悟。我想把谷秸字画中的深情破译出来，却已困得上眼皮粘住了下眼皮，鼾声如雷，沉睡入梦。

待我醒来时，中风偏瘫了。

49

入院一个月，死里逃生，移居单人病房，家乡的人才知道我身患重病，生死难卜。在他们看来，单人病房好比阴阳界上的路口，一脚阳间一脚黄泉。于是，探视的人一天比一天多。医院大发恻隐之心，限定的探视时间之外也门户开放。

头一个给我送来乡情的是不远千里而来的一份电报，拍电报的人是方梦菲、尹荇和金铃兰，发自香港。方梦菲可算一名女强人，她终于在香港为运河滩村办企业产品打开了市场，同时也为自己捞到了香港、大陆往返的通行证。她的脚走得越来越远，却仍然不肯把蜗居牛背村的谷秸撒手。是的，吃腻了七荤八素满汉全席，也需要轧饸饹榆钱饭换一换口味。

我虽没有一命呜呼，却也丧失了半壁江山。左手不能拿，左腿不能走。半边麻木，下不了床，翻不了身，头晕目眩也看不了书，只能仰面朝天接受三四个小时输液。不是胡思乱想，便是白日做梦。

想的是未来，梦的是过去。

心情苦闷，难得美梦。自幼到老的阴私丑事，都在梦里扭曲变形地再现，令人惊心动魄，冷汗淋漓。有一天，夜晚噩梦中惊醒几回，熬到天亮，晕眩而又疲乏，很想在上午输液时酣睡安息。谁知刚一沉入梦境，我就撕下假貌伪善的伪装，扒掉五光十色的外衣，暴露了无耻小人的真面目。梦中的我，官迷心窍，人面兽心，丧心病狂，见利忘义。我本出身寒门，好像《红与黑》里的于连阴魂附体，聪明绝顶，野心勃勃，为达目的，不择手段。乡俗早婚，已娶一位柴火妞为妻。虽是乡女村妇，却也深明大义，颇具几分姿色。只因下地风吹日晒，哺育一儿一女，二十出头便色衰见老。却在这时，我考上大学，一登龙门身价十倍，也就变得一年土，二年洋，三年看着妻儿不顺眼，四年不认爹和娘。色胆包天，胡作非为，鼓吹性解放，玩弄一个又一个被花言巧语迷惑的浪漫少女。为了扒扯裙带向上爬，想当大官的门婿，便隐瞒已婚的身份，对本班的一位女同学极尽曲意奉承之能事。这个女同学的老爹是一位部长，当上部长女婿便可望一出校门就捞个肥缺，三年五载也许就能荣任司局级的官职。然而，吃着碗里看着锅里，同学中还有个外国女留学生，比部长女儿更有油水，良机不可错过。于是，一仆二主，脚踩两只船，在部长女儿和洋小姐之间左哄右骗，两头下注，随机应变，逢场作戏。忽然一日，部长女儿发觉我用情不专，醋海生波，恨我入骨，必欲置我于死地而后快。我玩火自焚，仕途无望，只有卖身投靠洋小姐，在洋小姐回国时像一条哈巴狗被带出境外。奴颜婢膝拜倒在洋小姐的石榴裙下，一字一泪摇尾乞怜，洋小姐芳心被我感动，开恩答应跟我结婚。但是，有个附加条件，写进公证文书，那就是不许限制她的性自由。为了踏进大洋彼岸的新天地，也就厚着脸皮顾不得面子。然而，拿到出国护照必先办理结婚登记，办理结婚登记又必先甩掉家乡的糟糠之妻。于是，锦衣夜行，天黑回乡，乞求家里的黄脸婆儿同意离婚。怎奈黄脸婆儿满脑瓜子从一而终的旧思想，死说活劝一句听不进耳朵，费尽千言万语就是不点头。黔驴技穷，无计可施，我怒从心头起，恶从胆边生，双手扼住她的喉咙，卡住她的脖子，凶残狠毒地将她掐死。又在房柁上拴个绳套，把她吊将起来，制造自杀假象。青幽幽的月光照进窗口，室内忽明忽暗，我抱起她的死尸，她脸色惨白，目光如炬，怎么面容突变，竟是村西的寡妇杨二婶子的一张脸？我杀错了人，更不敢久留，深一脚浅一脚连夜逃走。一口气跑到大河桥头，只听桥下流水如泣如诉，野草蓬蒿中有个女子嘤嘤啜泣。我毛骨悚然，正想夺路而过，忽然平地刮起一股阴风，愁云惨雾中闪出一个女鬼，披头散发，面如灰土，一身缟素，血迹斑斑，极像《活捉三郎》中的阎婆惜，又似《红梅阁·放裴》中的李慧娘。女鬼伸出枯槁的双手，尖尖十指有如十根干焦的葛针，抓向我的面门。我虽然目瞪口呆，一闪之间却看出这个女鬼竟是周翠霞的舞台扮相。我被吓得大叫一声："救命！"左手左腿僵麻得不能蠕动，右手右腿却抓挠乱踢。我感觉有人轻柔地拍着我的脸，在我的额上擦汗。

从昏迷中睁开眼，眼前竟是在梦中被我掐死的杨二婶子。不过，梦中的她是三十多岁刚守寡时的模样儿，眼前却是满脸皱纹的六十老妪。

"是你！"我的脸色惊慌不安，"你……你……"

"我来有一顿饭工夫了。"杨二婶子挨坐在我的床边，"看你睡得正香，怕惊动了你。"

说着，杨二婶子把地上的一只柳条篮子拎起来，放在床头柜上，满篮子都是鸭梨大的新鲜鸡蛋。

"你把我当月子人了。"我苦笑道。

"病得九死一生，还不忘胡说八道！"杨二婶子啐我道，"你要会生孩子，兔子也能拉犁驾辕了。"

我和杨二婶子虽有辈分高低之分，年龄上却相差无几，从小我便跟她打牙逗嘴儿，甚至动手动脚。只是在她守寡以后，她便横眉冷眼整脸子，拒人于千里之外，我跟她也就疏远拘束起来。想不到她今天放开了嘴，我就故态复萌，口齿不清地笑道："刚才……我梦见了你。"

"贫嘴！"杨二婶子张手要打，手到半空又抽了回去。

我收敛了顽皮耍笑，说:"生命垂危、奄奄一息那些日子，天天想念咱们鱼菱村的男女老少。"

"出了院……回村住吧！"杨二婶子扯起袖子，擦着夺眶而出的泪水，"就住在我家里，我天天服侍你。"

我摇了一下头，说：“你有了儿媳，抱了孙子，我别给你增添负担了。”

杨二婶子更泪流不止，说：“儿子带着儿媳，把孩子搁在姥姥家，跟着老丈人四面八方跑买卖，成年累月跟我不照面，我也不知他们的下落。”

我连忙开心逗乐，给她消愁解闷，说：“等我行动自如，我就回村跟你做伴。”

她扑哧一笑，说：“听说牛背村要给你盖个小院，招你上门当‘侨胞’。你可要狗不嫌家贫，咬定只回鱼菱村。”

“牛背村给我盖小院，你听谁说？”我惊问道。

“郝大嘴岔子是我娘家哥哥，他不会说半句假话。”杨二婶子唠唠叨叨，“长亭大伯、何大壮兄弟和玉盘妹子也想来看你，人多吵得慌，我给拦下了。”

“长亭大伯是你姑父……”我想拱手道谢，却抬不起胳臂，“替我给乡亲们作个罗圈揖吧！多谢了。”

杨二婶子见我面露倦容，连忙起身，又叮咛道：“早出院，快回村，住我家。”

她退出病房，带上房门，踮着脚尖离去。

我闭目养神，打了个盹儿。不知过了多久，只觉得从门缝吹进一股凉风和一缕花香，使我不得不睁开惺忪睡眼。

门开处，伫立着手捧一簇鲜花的金如土。

他见我睁眼看他，忙三步并作两步扑上前来，叫了声老师，又叫了声大姥爷，便喉咙哽咽，泣不成声，半跪在我的床下，把脸埋在我的身边，两肩抽动。

我抚摸着他的头，又瞪大眼睛张望门外，只见门外还站着金如土的一家人：金秋声、瓜叶、云桂香、春草儿，便说：“都进来坐吧！沿墙有沙发，窗前有椅子。”

“不敢吵得您伤神。”瓜叶进门送上慰劳品，含泪笑道，“如土明天早晨要坐飞机到美国念书去了，临走您教训他几句，您说一句顶我们说一万句。”

我望着金如土，问道：“留学几年？”

“三年。”金如土仰起泪眼答道，“我想争取提前拿到学位，拿到学位就回国。”

“快去快回吧！”我紧紧握着他的手，舌根僵硬，哆嗦着嘴唇，吐字不清，“我……我……信得过你。”

“老师，大姥爷！”金如土突然扑倒地上，叩头哭道，“三年不归，死无葬身之地。”

他那站在门外的爹、娘、妻、儿齐声哭起来。

我和金如土挥泪而别。

50

金如土走后．我一连三天感到忧郁。多亏牛背村的人蜂拥而至，驱散了笼罩在我心头的愁雾。

带队的是谷秸，他偏走在队尾。打头阵的是承包牛背村农工商联合公司的李黑牤子，人如其名，年过花甲还健壮如牛，豹头环眼活像李铁牛（逵）的胞弟；穿一身料子上等而做工粗糙的西装。财大气粗，粗犷骄横。紧随其后的是他的老婆曹粉眼子，最喜欢挑三窝四的长舌妇。与她比肩而立的是周翠霞浓妆艳抹花枝招展，年已六十却打扮得像新潮摩登女郎。在她身后的是郝大嫂、郝大嘴岔子和早青儿，土气十足，畏缩不前。

“兄弟，咱们本是过五关斩六将的主儿呀！怎么中箭落马，走了麦城？”李黑忙子大呼小叫，如入无人之境，令人震耳欲聋。

我还来不及寒暄，曹粉眼子早撇了撇薄嘴片子，说：“还不是贪酒好色，糟空了身子，才落得大病临头。”

“哎哟！”周翠霞失声尖叫，“我可得硬逼着我家老头子戒酒……”她发现自己有些失态，忙捂住嘴，言而未尽。

“老弟，谷秸叫我给你盖一座别墅，眼下正在画图。”李黑忙子一屁股坐在沙发上，打了手势，叫曹粉眼子给他点烟，“完了秋动工，明年春暖花开你就住上。”

“老哥费心了。”我千恩万谢，又连连摆手，“我想回到鱼菱村，那是我的生身之地。”

“牛背村是沿河三十六村的首富，你要人往高处走呀！”李黑忙子跷着二郎腿喷云吐雾，大模大样的施舍口气。

“你把死人说得翻了身，老刘兄弟也不赏你的脸！”曹粉眼子又表演她的嘴尖舌巧，“鱼菱村的娘们勾着他的魂，你就是上马金下马银，三日小宴五日大宴，也劝不动他，留不住他。”

我正要据理力争，周翠霞却又抢嘴，说：“我家那老头子，越来越想老家，必定是忘不了他在老家那个离了婚的老婆；哪怕跟他抓破了脸，我也不许他回乡探亲访友。”

谷秸见我脸色不悦，便向郝大嫂努努嘴儿，又朝早青儿眨眨眼。郝大嫂走上前来，送上一篮新玉米，说：“尝尝鲜！”早青儿送给我的是一篮新摘的瓜果，说：“渴了吃。”我感动得落泪，说：“家乡有个老言古语：‘有病吃新粮，当年不遭殃。’看来今年我可以免死了。”郝大嫂和早青儿笑道：“正想借这个吉言。”

李黑牤子在病房中高声喧哗，引起大夫护士的反感，声色俱厉连下逐客令。李黑牤子觉得有伤他的尊严，一怒之下拂袖而去，曹粉眼子如影随形，紧追慢赶。周翠霞、郝大嫂、郝大嘴岔子和早青儿也只得鱼贯而出。

谷秸退出之前走到我的身边，握着我那只病手，说：“我知道你挂念鱼菱村的那些人，我会替你给他们捎信。”

果然，不出两天，鱼菱村和邻近鱼菱村的乡亲，便不断有人前来探视，满收哥和五斗四嫂子来了，还带着他家的房客柳串儿。跟柳串儿有八拜之交的江湖画匠，江湖画匠的表弟袁滚滚儿和袁滚滚儿的老婆幺娥子，二道贩子姜够本儿和五姐儿，逃婚私奔的能哥和美人痣，还有丫姑的妹子红枣儿和红枣儿的女儿……三五成群，络绎于途，给我送来乡土出产的鸡、鸭、鱼、肉，以及眼泪与祝福。

虽然脱离了死亡危险，但是医院仍不肯把我释放回家；我被关在单人病房，有如遭受软禁，变相坐牢。

一个探视日，我午睡刚醒，有人推门而入。我拿过放在床头的眼镜，戴在鼻梁上一看，才看出走进来的是一男一女，手中拎着网兜塑料袋，装的都是糕点、水果、营养品。

“大哥！”

“刘兄！”

听这两声叫，我更看清了他们的面目：女的是锭儿，男的是早稻田。

“难道他们也步能哥儿和美人痣后尘，私奔外逃？”我的脑海中闪过这个念头，便沉着脸问道：“你们怎么知道我得了病？”

黑瘦见老的锭儿一指早稻田，说：“我来探监，遇见了他，才知道……”她掏出手帕，捂住泪眼，泣不成声。

早稻田走上前来，紧握着我的双手，强忍眼泪哽咽道：“我在看守所对面的小吃店买油饼，包油饼的晚报上，有你得病的消息。”

“探监？看守所……”我舌根僵硬，口齿不清，“谁……犯了案？”

锭儿答道：“丈二。”早稻田答道：“一品红。”

丈二行贿包工，偷工减料，一层大楼塌顶，砸死砸伤数人，判处八年徒刑，即将押往新疆劳改。一品红当二道贩子又赔了三万，为了捞钱而走歪门邪道，因拐卖人口被判刑十年，也将押送外地服刑。

“国法难容，罪有应得呀！”我一声又一声长叹，“锭儿，你今后可要吃苦了……”

锭儿抹了抹脸，挺直着腰杆子笑道：“我身上多少还有点铁姑娘的当年勇，承包了一百零八亩地。”

我忙抓住早稻田的手，说：“科技兴农，你可要助锭儿一臂之力呀！”

“助我一臂之力？”锭儿嘿嘿冷笑，“他狮子大张口，亩产千斤跟我要三七开，亩产一千五百斤以上四六开，我忙累一年只能落得赔本赚吆喝！”

“科技是生产力，行情看涨！”早稻田本来书生气十足，现在却商贩气味浓重，“亩产千斤你只肯一九提成，一千五百斤以上才二八开，剥削了我多少剩余价值？”

他俩一点也不念旧情。锭儿不让步，早稻田不下调，在我面前争吵得面红耳赤。

我劝这个吼那个，按倒了葫芦漂起了瓢，急得冷汗淋漓，累得头晕目眩，口干舌焦也无济于事。

“你们……你们……出去！”我气喘吁吁拍着病床，“我……我……不认识你们！”

两人的鸡吵鹅斗被我喝住。他俩你看看我，我看看你，都扑哧一笑，满脸泪珠子。

“你是丈二媳妇，不是锭儿。”早稻田还算得上是个男子汉，忍痛割肉杀了价，“看刘兄的面子，我依你，不过也只能吃一年亏。”

“你更是一品红的汉子，没有了早稻田味儿！”锭儿伸出手指，狠戳了一下早稻田的太阳穴，“我治不了大哥的病，也不能给大哥添病；你依我一年我也依你一年，两年后另说。”

锭儿跟早稻田的合作虽没有散伙，也还是叫我不放心。我多想回乡亲眼看一看，亲耳听一听，亲口问一问。眼里的村，心上的人；剪不断理还乱，是乡愁。

他们都跟我情义不浅，都曾被我写进小说。但是我望眼欲穿的丫姑，却直到我出院也没有露面，这不能不使我产生疑惑，百思不得其解。

一天又一天，一日又一日，病情好转得很慢，但是每日每月都有感得到看得见的进步，也就不想速胜，听其自然了。

又是三伏八月天，我中风病倒一年整，不多不少十二个月，占全了四季二十四节。大建一、三、五、七、八、十、腊，小建四、六、九、十一，二月没有二十九日。从头到尾三百六十五天。

大病使我丧失行走能力，最多只算恢复三分之一体能，出不了屋更下不了楼，每日只能闭门家中坐，或是半躺在临窗的藤椅上。我住的是楼房高层，低头向下一看，仿佛置身悬崖峭壁，令人心惊肉跳。

这一年有如遭受幽禁，心情恰似气象变幻，有时阴转多云，有时多云转晴。我的书房兼卧室，取名蝈笼斋，我真正尝到了笼中蝈蝈的滋味儿。

所以，对于大驾光临，前来看望我的朋友，我都尊称为探监者。同时，我老是梦见自己腿力复兴，弃杖而行，到这些探监的朋友家做客。

我沦为贱民，回乡土里刨食，二十年挂零儿。冤情得到平反，从返城到病倒，九年半时光，除了开会和应酬，我都坐家不出，关在蝈笼斋里写我的乡土小说。北海公园距离我家只有一箭之地，九年半我没逛过一趟；西单商场也是我家的近邻，九年半中也只去过有数的几回。

不逛公园，给超负荷的古典园林减少一分压力；不去商场，给供应紧张的商品减少一个抢购者，未尝不是好事。但是，不串门子看朋友，久而久之便会产生疏远和冷淡，甚至造成误解和隔阂。我的那些高朋贵友，整天被部属和崇拜者前呼后拥，团团打转，脚丫子朝天；我看不看他们无关紧要，他们也不会怪我失礼。自我患病以来，他们都来看过我，一见我的卧槽惨相，个个面容忧戚，声音喑哑，关怀备至，发自肺腑。但是，在我的二十多年坎坷岁月中，曾经以沫相濡的丫姑，怎么不来看我呢？那时候，我有个头疼脑热，她都牵肠挂肚，如今我病得死去活来，怎么竟不屑一顾呢？

我扪心自问，辗转反侧，一日岂止三省？最后虽未彻悟，却也如梦方醒：回城十载，跟她家的走动越来越少；我跟人家没有初一，人家怎么会跟我有十五？平头百姓，重情义而爱脸面；他们以助人为乐，而以趋附为耻。

是我亏情欠理。

我想肉袒负荆，登门请罪，怎奈腿不从心，哀叹寸步难行。

这一日，我一个人在家，仰躺在藤椅上似睡非睡。忽听有人敲门，紧三慢四；稍停，又慢四紧三。我在紧三慢四和慢四紧三之后，便情不自禁，不假思索，咳嗽应声；先是一高两低，后又两低一高。

“活着！”

“没傻。”

门外，两个女人嘁嘁喳喳，吃吃笑。

“丫姑，鹃妹子！”

我不用手杖，扶墙而行，急忙开门。

房门大开，见丫姑迎面而立，身旁站着她的女儿鹃妹子。

我跟丫姑母女每次见面都是惊喜交加，这一回骤然相见更使我喜出望外。丫姑已经花白了头发，鹃妹子的眼角也爬满了鱼尾纹。

丫姑没有摘掉文盲帽子，鹃妹子念完初中赶上十年动乱，心比天高命比纸薄，在村里当干部当到三十二岁，生产队解了体，分田承包到户，她才随便嫁了个男人。我给她道喜，祝愿她婚后过上好日子。她哭了笑，笑了哭，说："什么好呀歹的，合眼就是一辈子。"丈夫虽然傻大黑粗，但是身强力壮，憨厚和顺，又吃苦能干。给鹃妹子盖起大瓦房，买全了彩电、冰箱、沙发、弹簧床，只差没有打个佛龛把鹃妹子供起来。鹃妹子三十三岁生了个女儿，横生倒养是个难产，剖腹掏胎受了一刀之苦。她自作主张，领取了独生子女证，丈夫完全同意没有二话。鹃妹子本是驰骋田野的穆桂英，出嫁后整个儿变了个人，农副业劳动都不参加，关在家里养尊处优。女儿咿呀学语，她便当起了女儿的家庭教师，恨不能把自己那初中文化，在女儿上小学之前，都装进小丫头的脑瓜里。

见到盼望已久的丫姑母女，我高兴得过了头，竟语无伦次，脱口而出，说："亲眼看见你们母女来向我的'遗体'告别，我可以含笑九泉了。"

此话一说，丫姑母女被逗得咯咯一笑；谁知笑过之后又不约而同哭起来，吸溜吸溜好像喝面汤。

"你怎么穿孝袍子拜花堂，不嫌丧气呀？"丫姑走进屋来，擦干了眼泪，就对我指鼻子剜眼，"我跟你妹子，有意等了一年才来看你，是为了给你捧寿，不是前来给你送终。"

"捧寿？"我一时蒙了头，莫名其妙，瞪眼发呆。

"我头年五十九，今年六十；鹃子头年三十九，今年四十。娘儿俩今年整一百，都给你捧来了！"丫姑把我搀回了藤椅，从贴肉的围腰里掏出个长命锁，给我挂在脖子上，"你这个病，比起戴二十年铁帽子，九条牛上一根汗毛，难不倒你这个大命人。"

“你要放宽心，想得开，一不着急，二不生气，三别累着，小河沟子翻不了大船。”鹃妹子更是温言软语，悦耳动听，“大难不死，必有后福，你的好日子还长着哩！”

我的家乡有个风俗，老人最忌讳六十六、七十三和八十四这三个年龄。谚曰：“六十六，不死掉块肉。”又云：“七十三、八十四，阎王不叫自己去。”于是，有孝心的儿女，在父母六十五、七十二和八十三时，便这个献三月，那个献半年，叫作添寿，加起来要达到六十七、七十四和八十五的数目，才算跳过了“坎”儿。若是外姓的亲朋好友献岁，称之为捧寿。为老人的高寿做出奉献，自己当然就减了寿，这是舍生之举，人们是很看重的。

丫姑是我的长辈，鹃妹子是我的平辈，都不是我的晚辈，而且还是外姓人。捧给我的不是三岁两岁，而是整整百年，真是恩重如山，情深似海，怎不感天动地暖心窝？

“丫姑，鹃妹子，借你们的吉言！”我放声开怀大笑。

笑着笑着忽然热泪夺眶，滚滚而下，越擦越多，如捅破了天，漏下来雨。

人活一口气，我是运河边上遍地生长的马齿菜。马齿菜开着小红花，又名死不了。

一九九〇年六月至一九九一年十二月蝈笼斋

注：《孤村》一九九三年二月由作家出版社出版

图书在版编目 (CIP) 数据

孤村 / 刘绍棠著. — 北京 : 北京十月文艺出版社，2018.5

（刘绍棠文集）

ISBN 978-7-5302-1765-8

Ⅰ. ①孤… Ⅱ. ①刘… Ⅲ. ①长篇小说—中国—当代 Ⅳ. ① K247.5

中国版本图书馆 CIP 数据核字 (2017) 第 322586 号

孤村

GUCUN

刘绍棠　著

出　版　北京出版集团公司
北京十月文艺出版社

地　址　北京北三环中路 6 号

邮　编　100120

网　址　www.bph.com.cn

发　行　新经典发行有限公司
电话（010）68423599

经　销　新华书店

印　刷　固安县铭成印刷有限公司

版　次　2018 年 5 月第 1 版
2018 年 5 月第 1 次印刷

开　本　880 毫米 ×1230 毫米　1/32

印　张　9.75

字　数　220 千字

书　号　ISBN 978-7-5302-1765-8

定　价　32.00 元

质量监督电话　010-58572393

如有印装质量问题，由本社负责调换。